高等院校素质教育"十二五"规

U0597956

信息检索与利用

袁守亮 周春宏 主编

人民邮电出版社

北　京

图书在版编目（CIP）数据

信息检索与利用 / 袁守亮，周春宏主编. -- 北京：人民邮电出版社，2015.9（2023.8重印）
高等院校素质教育"十二五"规划教材
ISBN 978-7-115-39785-0

Ⅰ. ①信… Ⅱ. ①袁… ②周… Ⅲ. ①情报检索—高等学校—教材 Ⅳ. ①G252.7

中国版本图书馆CIP数据核字(2015)第158626号

内 容 提 要

　　面对新媒体时代纷繁复杂的信息环境，本书力图以全新的视角，从培养读者的信息素养出发，系统地介绍文献信息的基本原理和方法、现代图书馆的信息资源利用、常用中外文数据库检索、Internet专题资源检索、移动互联网信息检索、特种文献检索、信息利用与学术论文写作等知识和技能，并介绍当前微博、微信、客户端、移动图书馆、云计算、大数据、慕课等在信息检索中的应用。

　　本书既可作为高等学校本科生、研究生文献信息检索系列课程的教材使用，也可作为广大信息用户查找文献信息和专业人员从事科学研究与论文写作的参考用书。

◆ 主　　编　袁守亮　周春宏
　　责任编辑　马小霞
　　责任印制　焦志炜

◆ 人民邮电出版社出版发行　　北京市丰台区成寿寺路11号
　　邮编　100164　电子邮件　315@ptpress.com.cn
　　网址　http://www.ptpress.com.cn
　　三河市君旺印务有限公司印刷

◆ 开本：787×1092　1/16
　　印张：13.5　　　　　　　　　　2015 年 9 月第 1 版
　　字数：331 千字　　　　　　　2023 年 8 月河北第14次印刷

定价：32.00 元
读者服务热线：(010)81055256　印装质量热线：(010)81055316
反盗版热线：(010)81055315

本书编委会

主　编：袁守亮　周春宏

副主编：李　光　何艳香　曾华明　包　瑞

编委（**按拼音顺序**）：陈兰兰　何艳香　黄　琪　李　光　石咏梅　王　砾

席亚军　袁守亮　曾华明　周春宏

前言

　　新媒体的飞速发展和推广带给人们一场信息的革命，新媒体技术的广泛应用和普及使信息获取途径和阅读方式有了很大变化，同时也改变着人们的学习方式和阅读环境。新媒体时代，人们在学习和交流时已不再仅仅满足于文字、图形等传统的文献形式，融合视频讲解、动画演示、语音表达等多媒体的表达形式使得信息交流与传播更加形象和直观；以网络媒体、移动媒体和数字电视为代表的新媒体技术使得信息利用更加便捷，信息产品开发更加深化，信息资源管理更加高效，信息服务平台更加人性化；极强的互动性可以充分满足受众个性化的需求，从而形成了信息服务向着多元化和多样性的方向发展，微博、微信、手机客户端、移动图书馆、慕课（Massive Open Online Courses，MOOC）等带来的异彩纷呈的精彩体验不断冲击和改变着人们的阅读与学习方式。

　　新媒体技术为信息获取带来方便与全新体验的同时，也使得原本就纷繁复杂的信息环境变得更加复杂，信息选择和获取障碍也随之增大。如何在新媒体时代的信息海洋中鉴别、获取和有效管理信息，是每一位信息用户都需要重视的问题。

　　新媒体时代，信息环境发生了巨大变化，大学生的信息素养教育也应该从形式与内容上发生相应变化。传统意义上的文献信息检索与利用课程无论是形式还是内容均已过时，一方面无法适应社会发展和时代进步的需求，另一方面无法满足大学生对信息资源获取与利用以及其他信息素养相关知识的需求。这就需要我们在文献信息检索教学课程中敏锐地感受到这些变化，使教学内容与模式和学生的学习行为变化相适应。移动图书馆能够将定时、定点学习演变为随时、随地学习；MOOC与微博、微信等社交网络的相互配合使得师生之间的互动交流更加直接，激发大学生的学习兴趣，鼓励和引导大学生更加积极地学习与思考，使他们从被动学习转变为主动自主学习，大幅度提高学习效果。所以，将原有的文献检索课程教学转变为大学生信息素养教育，将新媒体技术应用于信息素养教育势在必行。

　　本书在编写过程中特别突出了新媒体时代大学生信息素养的新内涵、移动互联网信息检索与利用，"大数据""云计算""慕课"等带给图书馆的发展机遇，在介绍各类文献数据库检索方法的同时融入了移动媒体信息的获取方式，在介绍图书馆利用的同时，也兼顾了网络信息检索、特种文献检索、信息分析与利用、科技论文写作等内容。本书可作为高等院校信息素养教育用书，也可供普通读者学习使用。

　　本书的编写参阅或引用了国内外已有的一些文献和资料，在此谨向原作者表示诚挚的感谢，所列参考文献如有遗漏之处，敬请谅解。感谢人民邮电出版社对本书的出版给予的支持和帮助。

　　新媒体时代要求信息素养教育不断创新和发展，本书限于编者的学识水平，书中难免有欠妥和错误之处，恳请读者批评指正。

编者

2015 年 5 月

目录 CONTENTS

目录 CONTENTS

目录 CONTENTS

第 1 章

文献信息检索基础

文献信息检索是关于获得所需信息的知识。它不仅是一种技能，而且已发展成为一个专业学科领域。现代社会被誉为信息社会，信息与材料、能源一起被视为社会经济发展的三大支柱，成为社会发展的巨大推动力。及时获取必要准确的信息是个人、社会存在与发展的前提条件。检索技能在我们的日常工作、学习、研究及生活中，无处不在。当学习的时候，你需要查找自己感兴趣的相关知识和信息；当工作的时候，你也会查找与自己的工作技能相关、竞争对手相关以及工作对象相关的"专业知识"；即使在生活休闲中，你可能也会关注旅游、法规、市场价格等与生活密切相关的信息和知识……总而言之，当面临创新和决策的所有过程时，你都需要获取信息。随着信息资源和技术的迅速发展，人们进行信息检索的频率、手段、方法等也都在迅速提高和改进。如何在纷繁复杂的现代信息环境中分辨出资源质量的优劣高下，如何在信息检索的过程中以最短的时间、最经济的手段、最专业的方法，获得最全面、最权威、最准确的信息，来满足我们不同的信息需求，从而提高我们开展各种活动的价值和效益，这是时代赋予信息检索的职责。俗话说，磨刀不误砍柴工；工欲善其事，必先利其器。抓住信息检索这把利器，可以帮助我们从茫茫的信息海洋中找出精华、去除糟粕。这些正是我们将要系统学习信息检索与利用相关知识及技能的原因和目的。

1.1　信息资源及类型

1.1.1　信息资源的概念

关于"信息资源"的概念，无论是国内还是国外都还未形成统一的认识，且对"信息"和"资源"的理解有着较大的差异。国内关于信息资源概念的认识正在逐渐深化，总的趋势是从广义之说向狭义方向突破，面对"信息资源"诸定义的评述，以及对"信息""资源"的解析有以下论述。

（1）信息资源是信息的集合

俗话说"独木难成林"。一棵树构不成森林资源，一滴水构不成水资源，一滴原油也构不成石油资源。同样，一条信息或几条信息也构不成信息资源。只有当信息达到一定的丰度和凝聚度时，才能成为信息资源。从这个意义上说，信息资源应是多种多样信息的总和或集合。

（2）信息资源是经过人类选择、获取的有用信息的集合

信息资源是经过人类选择的、对人类有用或能满足人类需求的那部分信息的总和或集合。有用性是一切资源的本质属性，信息资源也不能例外。从信息海洋中挑选出有用信息，并将之与无用信息区分开来，正是信息管理人员的基本任务之一。

（3）信息资源是经过人类组织、序化的信息的集合

与非信息资源相比，信息资源最显著的特征就是有序性。对水资源、石油资源、矿产资

源等自然资源来说，无所谓有序、无序，只要具备一定的丰度和凝聚度，值得人们开采、获取即可。信息资源却不然，无序的信息不仅无法利用，还会造成信息通道的"栓塞"，阻碍信息的传播、交流、开发和利用。因此，经过组织、序化的信息才能成为信息资源，而没有控制的、未经组织的信息将不能成为信息资源。

信息与信息资源两个概念并不能完全等同。信息是普遍存在的，但并非所有的信息都是信息资源。我们认为，只有经过人类加工、有使用价值或者潜在使用价值的信息才可称为信息资源。信息资源具有客观性、传递性、依附性、动态性、共享性、时效性、增长性等特点。

综上所述，信息资源是经过人类选取、组织、序化的有用信息的集合。

1.1.2 信息资源的类型

人们要开发利用信息资源，就必须首先了解信息资源的类型。信息资源十分丰富，可按照不同的标准划分为多种类型。最常用的划分标准如下。

1. 体载信息资源

体载信息资源是指以人体为载体并能被他人识别的信息资源。按其表述方式可分为口语信息资源和体语信息资源。口语信息资源是人类以口头语言所表达出来的而未被记录下来的信息资源，如谈话、授课、讲演、讨论、唱歌等。其优点是传递迅速、互动性强，但有容易传失、久传易出差异等缺点。体语信息资源是指人类以手势、表情和姿态等方式表达出来的信息资源，如表情、手势、姿态、舞蹈等。其优点是直观性强、生动丰富、印象深刻、极富感染力。

2. 文献信息资源

文献信息资源是以语言、文字、数据、图像、音频和视频等方式记录在特定载体上的信息资源。自人类诞生以来，产生了浩繁的文献资料，文献的类型多种多样，文献的分类依据也多种多样。将文献划分为不同的文献类型，可以方便人们有效地认识、管理和开发、利用人类宝贵的文献信息资源。根据不同的标准可对文献信息资源进行如下划分。

（1）按文献的出版形式划分

按照文献的出版形式，文献可分为图书、连续出版物和特种文献三大类。其中连续出版物包括期刊、报纸、年鉴；特种文献包括标准文献、专利文献、会议文献、科技报告、学位论文、政府出版物、产品资料、技术档案。

① 图书

联合国教科文组织对图书的定义是：凡由出版社（商）出版的不包括封面和封底在内49页以上的印刷品，具有特定的书名和著者名，编有国际标准书号（ISBN），有定价并取得版权保护的出版物。

图书是对已有的科研成果与知识的系统、全面的概括和论述，并经过作者认真比较、鉴别、筛选和融会贯通而成。图书的特点是内容比较系统、全面，理论性强、成熟可靠；缺点是编辑出版周期相对较长，从而导致知识的新颖性不够。如果我们希望获取某一专业或专题较全面、系统的知识，或对于不熟悉的领域要获得基本了解的读者，参阅有关图书是行之有效的方法。

图书的类型主要有专著、教科书、丛书、工具书。

● 专著：也叫学术著作，是对某学科专门主题进行较全面、系统论述的图书。其特点是针对某一专业问题内容丰富、论述系统、观点成熟，具有较高的学术价值。

- 教科书：是系统归纳和阐述某学科现有知识和成果的教学用书。其特点是材料都经过认真选择，释义比较清晰，对某方面知识归纳也比较系统，分析问题比较全面准确、段落分明，文字一般浅显易懂、结构上往往循序渐进，可以让人由浅入深了解专业知识内容。
- 丛书：是汇集多种图书、冠以总书名的成套图书。它通常是为了某一特定用途或特定读者对象，或围绕某一主题而编撰的。
- 工具书：供查找和检索信息及知识用的图书。工具书是文献检索课程要掌握的重点出版物类型。它包括检索型工具书和参考型工具书两大类，前者有书目、索引、文摘等；后者有字词典、类书、政书、百科全书、年鉴、手册、名录、图谱、传记资料等。

② 连续出版物

- 期刊：指有相对固定的名称、开本统一、有编号或年月标志、定期或不定期连续出版、每期内容不重复并由多名责任者撰写不同文章的出版物。图书馆一般把当年的期刊称为"现刊"，把当年以前的期刊称为"过刊"。

期刊上刊载的论文大多数是原始文献，包含许多新成果、新水平、新动向。其特点是出版周期短、报道及时、内容新颖、学科广、数量大、种类多、发行及影响面广，是人们进行科学研究、交流学术思想经常利用的文献信息资源。据估计，从期刊上得到的科技文献信息约占信息来源的 65% 以上。根据出版频率的长短，期刊有周刊、旬刊、半月刊、月刊、双月刊、季刊、半年刊等。

- 报纸：报纸有统一的名称，定期连续出版，每期汇集许多篇文章、报道、消息等，多为对开或四开，以单张散页的形式出版。它的出版周期更短、信息传递更及时，包括日报、隔日报、三日报、周报、旬报等。报纸也是一种十分重要的信息源。
- 年鉴：年鉴是以全面、系统、准确地记述上年度某一领域、某一地区、某一事物的运动、发展状况为主要内容，对一年内的重要时事、文献和统计资料，按年度连续出版的一种资料性工具书。年鉴是一种资料性工具书，也是一种特殊形式的大众传播媒介。与其他工具书和大众传媒相比，年鉴有五大特性：权威性、客观性、连续性、资料性和检索性。

③ 特种文献

- 标准文献：标准是对产品、工程和管理的质量、规格、程序、方法等所做的规定。它由有关主管部门批准颁布，是从事生产、管理的一种共同依据和准则，其中主要为有关工业产品和工程建设的质量、规格和检验方法的技术规定文件。标准文献作为一种规章性的技术文件，具有计划性、协调性、法律约束性等特点，是从事生产和建设的一个共同技术依据和准则。它可以促使产品规格化、系列化，产品质量标准化，对提高生产水平、产品质量、合理利用资源、节约原材料、推广应用研究成果、促进科技发展等有着非常重要的意义。
- 专利文献：世界知识产权组织 1988 年编写的《知识产权教程》阐述了现代专利文献的概念："专利文献是包含已经申请或被确认为发现、发明、实用新型和工业品外观设计的研究、设计、开发和试验成果的有关资料，以及保护发明人、专利所有人及工业品外观设计和实用新型注册证书持有人权利的有关资料的已出版或未出版的文件（或其摘要）的总称。"
- 会议文献：会议文献是指在国际和国内重要的学术或专业性会议上宣读发表的论文、报告。会议文献学术性强，内容新颖，质量较高，针对性强，往往能代表某一专业领域最新的研究成果及水平，从中可以了解国内外科技的新发现、新动向和新成就，有较大的参考价值，是重要的信息来源之一。
- 科技报告：科技报告是指国家政府部门和科研生产单位关于某项研究成果的总结报

告，或是研究过程中的阶段进展报告。科技报告出版特点是各篇单独成册，统一编号，由主管机构连续出版。与期刊论文相比，报告内容新颖、专深、详尽、可靠，出版周期短，报道速度快，能反映一个国家或某一学科领域的科研水平，是一种不可多得的信息源。

- 学位论文：学位论文是指高等院校、科研机构的学生为申请学位而提交的学术论文。学位论文质量参差不齐，但都是就某一专题进行研究所作的总结，一般都是具有独创性的一次文献，既偏重理论，也重视实践，其数据较全、探索较深，并附有大量参考文献，对科研有一定的参考价值。学位论文是非卖品，除极少数以图书、期刊论文的形式发表外，一般不公开出版，仅由学位授予单位和国家指定单位收藏。目前可以通过万方数据库中的"中国学位论文数据库"和 CNKI 数据库中的相应硕士博士论文数据库了解国内学位论文的情况。

- 政府出版物：政府出版物是指政府部门及其专门研究机构发布或出版的文献，分为行政性和科技性两大类。行政性文件包括政府报告、会议记录、法令、条约、决议、规章制度、调查统计资料等；科技性文件包括科研报告、科普资料、科技政策、技术法则等。政府出版物的特点是具有正式性和权威性。通过政府出版物可以了解国家的有关科技、经济发展政策以及有关研究状况，有助于正确地确定科研方向，选择课题。

- 产品资料：产品资料是指产品目录、产品说明书和产品手册一类的厂商产品宣传和使用资料。产品资料通常对定型产品的性能、构造、用途、用法和操作规程等作了具体说明，内容成熟，数据可靠，图文并茂，形象直观，有助于了解有关领域的生产动态和发展趋势，是进行技术革新、新产品开发设计、产品订货等方面不可缺少的信息源。

- 技术档案：技术档案是指生产建设活动中形成的、有具体事物对象的技术文件、图纸、图表、照片和原始记录等的总称。具体包括任务书、协议书、技术指标、审批文件、研究计划、方案大纲、技术措施、调查材料、设计资料、试验和工艺记录等。技术档案是生产建设和科技工作的重要文献，一般由参与该技术活动的单位收藏，通常为内部使用，不公开出版发行，有些有密级限制，因此在参考文献和检索工具中极少引用，但仍然是一种重要的信息源。

（2）按文献的加工深度划分

按照文献的加工深度，文献可分为零次文献、一次文献、二次文献、三次文献。

① 零次文献

零次文献是指未经出版发行的或未进入社会交流的最原始的文献，如传统的私人笔记、底稿、手稿、个人通信、新闻稿、工程图纸、考察记录、实验记录、调查稿、技术档案等，以及现代的 E-mail 通信、论坛文章、博客和讨论文章等。其特点是内容新颖，但不成熟，权威性不高，相当一部分不公开交流，获取相对比较困难。

② 一次文献

一次文献是依据作者本人的科研和工作成果而形成，并公开发表或出版的文献，习惯上称作"原始文献"。这类文献的出版形式主要包括：图书、期刊论文、科技报告、学位论文、会议论文、专利说明书、技术标准、政府出版物、产品样本等；电子形式主要包括电子期刊、电子图书、视频等。一次文献在形式上具有多样性，在内容上具有原创性，在出处上具有分散性，是文献的主体，是最基本的信息源，也是文献检索利用的主要对象。

③ 二次文献

二次文献是指根据实际需要，按照一定的科学方法，对特定范围内分散的一次文献进行筛选、加工、整理，使之有序化而形成的文献。如各种印刷版的目录、题录、简介、文摘和索引等，以及在这些印刷版的二次文献基础上形成的各种二次文献数据库。

二次文献是报道和检索查找一次文献的检索工具，在内容上没有原创性，只是对一次文献的整理加工有序化，提供有关一次文献外部特征（如文献题名、作者、出处或出版情况等）和内容特征（如文摘、主题词等），对一次文献起着报道和揭示作用，从而方便人们对一次文献的检索查考。因此，二次文献通常又被称为"检索性文献""线索性文献"。二次文献提供的文献线索集中、系统、有序，有助于人们全面快速地了解有关领域的情况，减少查找一次文献所花费的时间。

④ 三次文献

三次文献是根据二次文献提供的线索，选用大量一次文献的内容，经过分析、综合和研究而再度出版的文献。

三次文献主要包括三种类型：一是综述研究类三次文献，如专题述评、总结报告、动态综述、进展通信、信息预测、未来展望等；二是参考工具类三次文献，如年鉴、手册、百科全书、词典、大全等；三是文献指南类三次文献，如专题文献指南、工具书指南、工具书目录等。

总之，从零次文献、一次文献、二次文献到三次文献，是一个由分散到集中，由无序到有序，由博而精地对知识信息进行不同层次的加工过程。零次文献和一次文献是最基本的信息源，是文献信息检索和利用的主要对象；二次文献是一次文献的集中提炼和有序化，是文献信息检索的工具；三次文献是在二次文献的基础上，把分散的零次文献、一次文献，按照专题或者知识的门类综合分析加工而成的成果，是高度浓缩的文献信息；它既是文献信息检索和利用的对象，也可作为检索文献信息的工具。

（3）按文献的公开程度划分

① 黑色文献

黑色文献是指非公开出版发行，或者发行范围狭窄、内容保密的文献，如军事情报资料、技术机密资料、个人隐私材料等。

除个人隐私材料外，绝大部分黑色文献都有密级规定，并对读者范围作明确的限定。其制作、保管和流通都严格受控，一般不允许复制。

② 白色文献

白色文献是指正式出版并在社会成员中公开流通的文献，包括图书、报纸、期刊等。这类文献多通过出版社、书店、邮局等正规渠道发行，向社会所有成员公开，其蕴含的信息人人均可利用。这是当今社会利用率最高的文献。

③ 灰色文献

灰色文献是一种新型信息源，一般指非公开出版的文献。它介于正式发行的白色文献与不公开出版并深具隐秘性的黑色文献之间，虽已出版，但难以一般方式获得。目前对灰色文献的定义多取 1997 年举行的《第三次国际灰色文献会议》中所提出"系指不经营利出版者控制，而由各级政府、学术单位、工商业界所产制的各类印刷与电子形式的资料"。

灰色文献品种繁多，包括非公开出版的政府文献、学位论文；不公开发行的会议文献、科技报告、技术档案；不对外发行的企业文件、企业产品资料、贸易文件（包括产品说明书、相关机构印发的动态信息资料）和工作文件；未刊登稿件以及内部刊物、交换资料，赠阅资料等。灰色文献流通渠道特殊，制作份数少，容易绝版。虽然有的灰色文献的信息资料并不成熟，但所涉及的信息广泛、内容新颖、见解独到，具有特殊的参考价值。该类文献生命周期短暂，虽然发行但未经一般渠道销售，发行数量有限，有特殊限定的使用者，出版消息难以取得，书目资料不完整，常为非卖品，获取有一定困难。

（4）按文献的载体形式划分

① 印刷型文献

也称纸质文献，是一种以纸介质为载体，以手写或印刷方式为记录手段，将文字、图像、数字、符号等固化在纸张上所形成的文献类型，如纸质的图书、期刊、报纸等。印刷型文献的优点是可以直接阅读，携带方便；缺点是与现代信息载体相比，它存储信息密度小，占用收藏空间大，难以长期保存。

② 缩微型文献

以光学材料和技术生成的文献形式。常见的有两种胶片产品：缩微胶卷和缩微平片。缩微型文献的优点是便于保存、转移和传递，体积小；缺点是该类型文献必须借助专用的设备才能使用。

③ 声像型文献

也称视听型文献，使用电、磁、声、光等原理、技术将知识、信息表现为声音、图像、动画、视频等信号，给人以直观、形象的感受，如唱片、录音带、录像带、CD 光盘、VCD 光盘、DVD 光盘等。这种类型的文献也要借用专门设备阅读，但其专门设备普及程度比缩微型文献的专用设备高。

④ 机读型文献

所谓"机"指的是计算机。通过计算机对数据的存储与处理，实现文献信息的数字化，形成机读型文献，也称电子型文献、电子出版物。电子出版物包括电子图书、电子期刊、电子新闻、电子会议录等。机读型文献的品种多样，有磁带版、磁盘版、光盘版、联机版、网络版。机读型文献的优点是信息容量大、出版周期短、方便检索，易复制、低成本、高效益、可共享等；缺点同样是要受到设备的限制和网络的限制。

除了按照以上的几种分类依据进行的文献分类外，文献按照学科属性，还可以分为社会科学类文献、自然科学类文献和工程技术类文献；按文献的语种，又可以分为中文文献、英文文献、法文文献、日文文献、俄文文献等。

3. 实物信息资源

实物信息资源是人类通过创造性的劳动以实物形式表达出来的信息资源。依据实物的人工与天然特性又可将实物信息资源分为以自然物质为载体的天然实物信息资源和以人工实物为载体的人工实物信息资源（如产品、样品、样机、模型、雕塑等）。许多技术信息是通过实物本身来传递和保存的，在技术引进、技术研发和产品开发中发挥着重要作用。还有的信息本身就是用实物来表现的，如绘画和雕塑等艺术作品。这类信息资源的特点是直观性强、感觉真切。

4. 网络信息资源

网络信息资源是指通过计算机网络获取的各种信息资源的总和，主要是指互联网上的信息资源。互联网是近年来发展最迅速的信息资源，由于其操作简便，检索界面友好，资源丰富多样，很受广大用户的欢迎。按人类信息交流的方式，网络信息资源可分为以下几种。

（1）非正式出版信息

非正式出版信息指流动性、随意性较强的，信息量大、信息质量难以保证和控制的动态性信息。如电子邮件、专题讨论小组和论坛、电子会议、电子布告板新闻等工具上的信息。

（2）半正式出版信息

半正式出版信息又称"灰色"信息，指受到一定产权保护但没有纳入正式出版信息系统中的信息。如各种学术团体和教育机构、企业和商业部门、国际组织和政府机构、行业协会等单位介绍宣传自己或其产品的描述性信息。

（3）正式出版信息

正式出版信息指受到一定的产权保护，信息质量可靠，利用率较高的知识性、分析性信息，用户一般可通过万维网查询到。如各种网络数据库、联机杂志和电子杂志、电子图书、电子报纸等。

1.2　信息、知识、文献、情报的概念及相互关系

1.2.1　信息、知识、文献、情报的概念

1. 信息

信息指应用文字、数据或信号等形式通过一定的传递和处理，来表现各种相互联系的客观事物在运动中所具有的特殊内容的总称。信息是物质存在的一种形式、形态或运动状态，与能源、材料共同构成支配人类社会的三大因素。

2. 知识

知识是人类在改造客观世界的实践中所获得的对客观事物本质和运动规律的认识。知识的表现形式就是信息，是可利用的信息。知识具有实践性、规律性、渗透性、继承性。

3. 情报

情报是指被传递的知识或事实，是知识的激活，是运用一定的媒体（载体），越过空间和时间传递给特定用户，解决科研、生产中的具体问题所需要的特定知识和信息。情报有知识性、针对性、时效性等特点。

4. 文献

按照我国《文献著录总则》（GB3792.1—83）的定义：文献是指"记录有知识的一切载体"。文献属于存储型的固态载体，而不是瞬时信息的附着物。根据文献的定义，可以看出构成文献的三要素：要有一定的知识内容；要有用以保存和传递知识的记录方式，如文字、图形符号、视频、声频等技术手段；要有记录知识的物质载体，如纸张、感光材料、磁性材料等。这三要素缺一不可。一本白纸再厚，也不是文献；口述的知识再多，也不是文献；存在于大脑中的知识，也不能称为文献。

文献所传递的信息是人对客观世界的反映，因而不一定完全符合客观世界表现出的信息内容，这种"歪曲""失真"的程度取决于人们的认识水平、立场观点、思考方法和时代因素的差异。

1.2.2　信息、知识、文献、情报的相互关系

世界是物质的，物质的运动产生了信息；宇宙间时时刻刻都在产生着信息，人们正是通过对不同信息的获取来认识不同事物，并由此产生新的知识；知识是经人脑思维加工而成为有序化的人类信息；情报是人们为解决特定问题而被活化了的更为高级、更为实用的知识。可见，信息包含知识，知识包含情报，它们之间可以相互转化。文献又是存储和传递知识、情报及信息的介质。情报蕴含在文献之中，但并非所有文献都是情报，而所有情报都是知识。一方面，绝大部分情报以文献形式来表达、传递；另一方面，绝大部分情报又可以通过文献获得。

1.3　信息素质与创新能力

从 20 世纪中叶起，人类开创了一个崭新的社会形态——信息化社会，信息日益成为社会发展的决定性力量和主导因素。信息化社会要求社会群体和个体都必须具有高度的信息觉悟、强烈的信息需求和正确的信息价值观等良好的信息素养。

1.3.1　信息素质的含义

信息素质，也称信息素养。信息素质是伴随着信息产业的形成和发展而出现的一个名词，其含义也随着时间的发展而发生着变化。随着信息技术不断发展，社会信息化程度不断提高，信息素质这一概念内涵不断得到充实和丰富。尽管各种观点的表述有所不同，但对于信息素质的基本内涵已形成共识。即指：有能力从各种不同信息源（图书馆、国际互联网等）获取、评估和使用信息。

信息素质是人文素质的一部分，是个体在先天所赋予的生理基础上，通过后天学习实践形成的信息品质，是认识、创造、检索、评价、利用信息的品质和素养。其中检索、评价和利用信息的能力则是信息素质的核心能力，表现为能够有效、快速地获取信息，熟练地判断、评价和使用信息。

1.3.2　大学生信息素质教育的意义

信息素质作为对人的信息行为能力的整体描述，是信息社会中个人及整个民族都必须具备的一项基本素质。在整个社会信息化进程越来越快的今天，国民是否能掌握足够的信息技能已经成为影响一个国家竞争力的重要方面。信息素质是人们有效参与信息社会的一个先决条件，是终身学习的一种基本人权。信息素质的重要性已经在世界各国达成了普遍共识。越来越多的高等院校开始探讨信息素质教育的目标，开始考虑如何将信息素质教育融入课程建设中。因此，广泛开展信息素质教育具有重要的意义。

（1）时代发展的现实要求

一个现代大学生，具备良好的信息素养是信息时代的需要。很多学生上网是每天的必修课，但未必能很好地利用广泛存在的信息资源。在垃圾信息、不实信息广泛充斥的时代，如何找到切合自身需要的信息资源尤其重要。信息时代的高等教育完全不同于传统的高等教育，两者最根本的区别是从以教师为中心、以面授教育为主的传统教学模式，转变为以学生为中心、学生自主学习的模式，如远程教育、慕课等。师生不见面，教与学照样进行，而信息素质正是学生在现代教育模式中必须掌握的基本素质和能力。因此，开展大学生信息素质教育是时代发展的需要。

（2）终身学习的需要

一个现代大学生，具备良好的信息素养，也是个人自身发展的需要。面对这样一个信息化的时代，每一个人都应该是终身学习者。有关研究表明，一个人从小学到大学所学到的书本知识，只占他一生应用知识的 20%，绝大部分要靠自己走上社会后自学获得。20 世纪 80年代流行的 BASIC 计算机语言，现在早已无人问津；在材料科学、生物科学这样的新兴学科领域，新技术、新方法层出不穷，不学习就会落伍。因此，以学历为目标的高等教育不再是人们的终点教育，取而代之的是以培养大学生终身学习能力为各国高等学校的中心任务。其中，信息素质是大学生离开学校走向社会后，得以进行终身学习的基本能力。大学生走出校门后，良好的信息素养可以让他们知道到哪里去获取自己工作生活所需的文献信息资源，并且往往事半功倍。

（3）创新能力培养的需要

一个现代大学生，具备良好的信息素养，也是当前教育改革的需要。目前高校对大学生的培养模式，是从传统知识积累型向能力培养型发展。具备学习能力，了解各类信息资源的特点和获取方式，是个人学习能力培养的重要内容。培养学生的创新能力，就必须让学生主动地思考问题，独立自主地进行研究、探索、讨论、交流，在这种全新、宽松的学习氛围和环境中，学生必须具备较高的信息素质。信息素质较强的学生，能增加自我设计学习的机会，并在独立思考、咨询问题中与老师、同学加强交流，提高自己。在自主学习的过程中，提高其使用各种信息源、各种信息工具的能力。

当大学生离开学校从事市场经营或企业管理工作时，良好的信息素质教育将有助于他们及时、准确地掌握市场动态，了解消费者的需求，以便及时地抓住商机，研制、生产、经营市场急需的商品，制定正确的营销策略去占领和开拓市场，使企业在市场竞争中立于不败之地。对于当代大学生而言，信息素养的优劣直接关系到就业信息的搜集、筛选与运用，而对信息的把握则关乎就业决策。因此，信息素养的培养对于就业起着举足轻重的作用。

信息素养与就业

广州某公司在报纸上刊登了一则招聘营销人员的招聘启事，应聘条件、工资待遇等内容一应俱全，参加笔试、面试等要求也非常明确，可通篇启事从头看到尾就是没有发现应聘单位的联系方法。

招聘启事哪有不留联系方法的？多数人认为这是招聘单位疏忽或是报社排版错误，于是便耐心等着报社刊登更正或补充说明。但也有三位应聘者见招聘的岗位适合自己，便不去管是谁的疏忽：小王通过互联网搜索，输入公司名称，轻松地搜出了包括通信方式在内的所有公司信息；小张则立即通过114查号台，查出了该公司的办公电话，通过向公司办公室人员咨询，取得了联系方法；小刘查找联系方式的办法则颇费了一番周折，他依稀记得该公司在某商业区有一个广告牌，于是骑车围着城区转了一下午，终于找到了广告牌，并顺藤摸瓜取得了公司的地址和邮编。

招聘启事刊登的第三天，多数应聘者还眼巴巴地等着从新出的报纸中找有关更正和补充，但小王、小张和小刘三人的求职信及有关招聘材料已经寄到了公司人事主管的手中。

此后，人事主管与小王、小张和小刘相约面试。面试时，公司老总对三位小伙子的材料和本人表示满意，当即决定办理录用手续。三人为如此轻松应聘而颇感蹊跷：招聘启事中不是说要进行考试吗？带着这一疑问，他们向老总请教。

老总拍着他们的肩膀说：我们的试题其实就藏在招聘启事中，作为一个现代营销员，思路开阔，不循规蹈矩是首先应具备的素质，你们三人机智灵活，短时间内能另辟蹊径，迅速找到公司的联系方式，这就说明你们已经非常出色地完成了这份答卷。

1.3.3　信息素质教育的主要内容

信息素质教育是以培养人的信息意识、信息能力和信息道德等为宗旨的教育。它不仅包括传统的图书用户教育，还包括计算机运用技术、网络运用技术和信息检索技术的教育以及信息意识、信息观念、信息法规等方面的教育。它并不是一种纯粹的技能教育，而是要培养学生具有适应信息社会的知识结构、继续学习能力、创新能力和批判性思维能力等。对于大学生来说，在进入信息时代以后，信息素质更是其整体素质的一部分，是未来信息社会生活必备的基本能力之一。具体来讲，信息素质教育主要包括信息意识、信息能力、信息道德、信息知识、终身学习能力等方面。

（1）信息意识

信息意识是指人对信息敏锐的感受力、判断力和洞察力，即人的信息敏感程度，是人们对自然界和社会的各种现象、行为、理论观点等从信息的角度理解、感受和评价。通俗地讲，就是面对不懂的东西，能积极主动地去寻找答案，并知道到哪里、用什么方法去寻求答案，这就是信息意识。

信息意识的作用：现代社会是以信息的传递为主要运动特征的，整个社会的运转依赖于信息发出与接受的动态关系，信息价值（真实性、科学性、及时性和可转换性）成为企业无形的财富。公共关系的日常活动，总是从信息的摄取开始，而最终是通过信息传播的方式，实现其获得公众支持、树立良好形象的目的；没有信息，现代社会就失去了发展的基础。企业为了塑造良好形象，更好地为公众服务，以实现其目标，就必须构架一个信息交流的网络，来掌握环境的变化、保护组织的生存、促进组织的发展。这是创新人才的必备意识之一。

（2）信息能力

信息能力主要是指能够得心应手地运用有效的方法，迅速、准确而全面地获取所需信息的能力。它具体包括对信息的认知能力、获取能力、处理能力和利用能力等多种能力。通过信息能力教育，促使大学生在网络信息环境下快速、主动认知所需信息，灵活运用信息技术，及时、有效地获取所需信息，并对所获取的信息进行综合评价，从中提炼和加工有价值的信息，创造新的有用信息。只有具备了一定水平的信息能力，才能在信息的浪潮中游刃有余。

（3）信息道德

信息道德是指调节、制约信息的生产者、传播者和使用者三者之间道德规范的总和。信息道德教育包括信息法律、法规、责任和义务、知识产权等内容。其目的就是引导大学生严格遵守各项信息法律、法规与政策，自觉遵守健康向上的信息伦理与道德准则，规范自身的行为活动，不制造和传播虚假信息，能自觉抵制有害信息。良好的信息道德素质是推进信息化社会健康有序运行的重要保障。

（4）终身学习能力

获得终身学习能力是信息素质教育的目标。信息素质概念应该把焦点放在用户身上，即受教育者或者被培训者身上，而不是放在指导者或者教员身上，让用户学会学习，获得终身学习能力。信息素质教育目标就在于提高人们自觉学习、自助学习、自主学习的意识和能力，使得终身学习成为我们自觉自愿的行为和良好的生活方式。

1.3.4 信息素质教育与创新能力

创新能力是人们运用知识和理论，在科技和实践活动中破旧立新，创造具有经济价值、社会价值的新思想、新理论、新方法和各种新发明的能力。创新能力一般都有发现问题、分析问题、提出假设、论证假设、解决问题的过程，对事物勇于批判、敢于质疑。创新能力构成的基本要素有创新意识、创新智能、科技素质和创新环境等。创新意识是创新的前提，是激发创新能力的动因；创新智能（包括观察能力、思维能力、想象能力、操作能力）决定了创新的成功和水平；科技素质是创新的基础；创新环境则为创新营造氛围，是提高创新能力的重要条件。

信息素养和创新能力的培养与提高不是一蹴而就的，需要进行长期、有计划、有步骤的训练。培养和提升大学生的信息素养既是个人终身发展的要求，也是信息时代对高等教育的必然要求，关系着国家的前途和发展。我们应以信息技术教育为基础，以信息能力和创新能力的培养为核心，注重大学生信息道德、文化、社会责任感等方面的发展，为社会培养大批高素质的优秀人才。

1.4　信息检索的基本原理

1.4.1　信息检索的含义

信息检索是指对信息按一定的方式进行加工、整理、组织并存储起来，再根据信息用户的需要找出有关信息的过程。它的全过程又叫信息存储与检索，这是广义的信息检索的含义，主要是对信息工作者而言的。狭义的信息检索则仅指用户根据需要，借助检索工具，从信息集合中找出所需要的信息的过程。

信息检索的目的是信息利用，信息利用能力的强弱直接关系到人们终身学习能力的高低。即一个人的信息素质在一定程度上能够反映其终身学习的能力，以及其成长、发展的空间。

1.4.2　信息检索功用的主要体现

（1）科研课题立项

科研课题立项也叫科技查新，是国家科技部为避免科研课题重复立项和客观正确地判别科研成果的新颖性而设立的一项工作。通过查新检索：①清楚即将开展的研究是否具有必要性，能否成为有研究价值的科研课题项目。②获得科研项目的背景材料及相关资料，使研制者对所确定的科研项目心中有数，在现有成果的基础上进行具有开创性的工作。

（2）科技成果鉴定

科技成果鉴定是对已经完成并准备申报成果（奖励）的研究项目进行系统而全面的信息检索。旨在通过客观、正确地判别科技成果的新颖性、创造性，而证明所鉴定成果的级别、档次、水平。

（3）经营、产品、决策

经营、产品、决策是企业所必需的对于生产经营实践活动中的项目筹划、企业管理、发展计划与组织活动等方面的相关信息的检索。经营信息包括客户资料、资源情报、招投标文件、营销计划、经营决策和策略等；产品信息是关于产品从设计、制造工艺、性能价格、销售及市场的一系列信息，包括产品图片、产品类型、产品名称、产品规格等详细资料；决策信息是指决策者在做出某项决策前能够对其起到参考、帮助、指导等作用的各种信息，是实现正确决策的基础。对经营、产品、决策信息进行及时检索，旨在使企业知己知彼、百战不殆，在激烈的竞争中始终立于不败之地。

（4）各种应聘及谈判活动

应聘信息是指关于招聘者自身特点及对应聘者的要求、取向等方面的信息，诸如招聘单位名称、性质、规模、主要业务、资产情况、招聘职位、招聘要求等；谈判信息包括技术引进谈判、商品贸易谈判以及政治、军事谈判等活动中关于"敌"我双方的各种信息。应聘信息和谈判信息有些类似，如果在应聘及谈判活动前能尽可能多地掌握对方的相关信息及把握自身的特点，则能胜券在握、如愿以偿。

（5）学术水平评价与鉴定

学术水平评价与鉴定是指具有某种权威性的单位（机构）为了客观地考察、评价或奖励在学术研究方面做出贡献的个人或组织，借助国际国内公认的著名检索系统（如《中国科学引文索引》《中文核心期刊目录》、SCI、EI 等），对一定时限内某地区、某组织及有关个人所撰写的研究论文进行全面检索，以便从一定的层面上反映和评判相关地区、组织及个人的学术水准、研究能力、学术影响力等。这一检索活动更是促进了人们对国内外著名检索系统的认知和利用，在一定程度上也刺激了人们学术创作的积极性。

1.4.3　信息检索的原理

人类的信息检索行为总是从特定的信息需求而开始，并在特定环境和信息检索系统中完成，这里所说的环境包括产生需求的环境、信息检索系统的运行环境和其他制约因素。特定的检索系统包括完成检索过程所需的一定设施和工具，可以是图书馆、信息中心或信息经济人，也可以是某种工具书（如文摘索引、目录、资料集、手册、词典等）或机读信息源（如各种机读数据库）。

人类的信息需求千差万别，获取信息的方法也各种各样，但信息检索的基本原理却是相同的。可以把它最本质的部分概括为一句话：对信息集合与需求集合的匹配与选择，如图 1-1 所示。

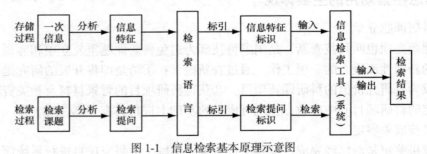

图 1-1　信息检索基本原理示意图

1.4.4　信息检索的类型

1. 按检索对象划分

按检索对象，即按信息检索结果的内容，信息检索可分为文献信息检索、数据检索、事实检索。

（1）文献信息检索

文献信息检索是以获得各种类型文献信息为目的的，包括文献信息线索检索和文献信息全文检索。文献信息线索检索是指利用书目、索引、文摘等检索系统和工具进行文献信息查找，其结果只是获得文献信息的线索，要获得相关文献信息还需要进一步进行信息检索；文献信息全文检索是以搜索文献全文为目的的检索，其结果是获得全文信息。

（2）数据检索

数据检索又称数值检索，是指从各种数值数据库和统计数据库储存的数据中查找用户所需的数据信息。其检索结果包括各种参数、调查数据、统计数据、特性数据等；也包括各种图表、图谱、市场行情、化学分子式、物质的各种特性等非数字数据，并提供一定的运算推导能力。例如，查找某一企业的年销售额、某一国家的人口数、物质的属性数据等。

（3）事实检索

事实检索又称为事项检索，是以事实作为检索对象，针对特定的事件或事实的检索，包括检索事物的性质、定义、原理及发生的时间、地点和因果关系等信息。例如，查找某一人物的生平事迹；查找某一企业的名称、地址、业务经营范围等信息。

2. 按信息检索的方式划分

根据信息检索的基本原理，实现信息检索的基本方式可分为传统信息检索和现代信息检索。传统信息检索，简称"手检"；现代信息检索，简称"机检"。按照检索的操作方式，信息检索分为手工检索和计算机机器检索。

（1）传统信息检索

传统信息检索，即手检。手工检索是检索人员利用手工检索工具手翻、眼看、大脑思维判别、索取原始文献的一种方式。其优点是：①检索条件简单，成本低；②在检索过程中可以随时获取反馈信息，及时调整检索策略；③可对不同的检索工具同时进行对比，从而提高检索质量；④可以参阅检索工具中的附图。其缺点是：①速度慢、效率低，检出的文献款目必须抄录；②手工检索工具提供的检索点有限，很难进行多元检索；③难以找到涉及几个概念组合的多主题文献。

（2）现代信息检索

现代信息检索即机检，是检索人员利用计算机检索系统查找文献的一种检索方式。所谓计算机检索系统包括数据库技术、计算机技术和通信技术等。计算机检索已从单机检索、联机检索发展到今天的网络检索，并正向着智能化的方向发展。

3. 按检索要求划分

按照用户对检索的要求，信息检索分为强相关检索和弱相关检索。

（1）强相关检索

强相关检索也称为特性检索，强调检索的准确性，向用户提供高度对口信息的检索。这种检索注重查准，只要检索得到的文献信息能够满足用户的需求即可，通常对于检索结果的数量多少不做要求。

（2）弱相关检索

弱相关检索也称为族性检索，强调检索的全面性，向用户提供系统完整信息的检索。这种检索注重查全，要求检索出一段时间期限内有关特定主题的所有信息，为了尽可能避免漏检相关信息，一般对于检索的准确性要求较低。

4. 按检索性质划分

按照检索的运行性质，信息检索可分为定题检索和回溯检索。

（1）定题检索

定题检索又称为 SDI 检索，是查找有关特定主题最新信息的检索。其特点是只检索最新的信息，时间跨度小。定题检索需要对检索主题进行随时跟踪检索，即在文献信息库更新或加入新的文献信息，就运行一次定题检索，从而查找出特定主题的最新信息。这种检索非常适用于信息跟踪，以便及时了解有关主题领域的最新发展动态。

（2）回溯检索

回溯检索也叫追溯检索，是查找过去特定时期内有关主题信息的检索。其特点是既可以查找过去某一段时间的特定主题信息，也可以查找最近的特定主题信息。

5．按检索的信息形式划分

（1）文本检索

传统文本检索已发展了几十年，是以文本特别是二次文献为检索信息源的。查找含有特定信息的文本文献检索，其结果是以文本形式反映特定信息的文献。目前，文本检索在信息检索中依然占据着主要地位。

（2）多媒体检索

多媒体检索是指能够支持两种以上媒体的数据库检索，查找含有特定信息的多媒体文献的检索，其结果是以多媒体形式反映特定信息的文献，如文字、图像、声音、动画、影片等，是在网络环境下发展起来的全新检索类型。

（3）超文本检索

超文本检索是将文本、声音、图像等媒体数据的内容信息分隔为若干可独立利用的结点，结点间以链路相连接，构成网状层次结构，检索由指令激活某一结点，通过链路查询所有相关信息。超文本检索的检索界面生动，信息的表达和交互方式丰富；可展示文献多方位信息；提供动态阅读；检索内容多样、复杂、多变；可跨库检索和批任务处理；时效性强。

1.5　信息检索的语言

1.5.1　信息检索语言

检索语言是信息存储与检索过程中用于描述信息特征和表达用户信息提问的一种专门语言。它把文献的存储与检索联系起来，使文献的标引者和检索者取得共同理解，从而实现检索。所谓检索的运算匹配就是通过检索语言的匹配来实现的。检索语言是人与检索系统对话的基础。

1.5.2　检索语言的类型

检索语言有多种类型：如按检索语言是否受控，可分为人工语言和自然语言；按检索时的组配实施状况，可分为先组式和后组式检索语言；按描述信息特征的不同，又可分为描述信息外部特征的检索语言和描述文献内容特征的检索语言，如表 1-1 所示。

表 1-1　　　　　　　　　　　　　　　　检索语言的类型

检索语言的种类	描述信息外部特征的检索语言	题名（书名；刊名；篇名）
		著者
		文献序号（专利号；报告号；ISBN 号／ISSN 号等）
		引文
	描述文献内容特征的检索语言	分类语言
		主题语言

1. 描述文献外部特征的检索语言

描述文献外部特征的检索语言主要是指直接使用文献本身的篇名（题目）、责任者、出版者、报告号、专利号等作为标引和检索的语言。对不同的文献按照题名、责任者名称的字顺或按文献的各种代码（ISBN、ISSN、报告号、专利号等）序号进行排列，可以为读者提供题名、责任者和代码检索途径。

（1）题名语言

题名语言是指直接使用文献的名称作为揭示和检索的一种检索语言。题名包括正题名、并列题名、丛书名、其他题名等。这种揭示文献特征的方法简单、直接，符合人们的检索习惯。使用题名语言检索时应注意以下问题。

① 文献名称的规范

一部著作有多个不同题名，或不同版本、译本使用不同题名时，选用其中最有影响、最有代表性的题名为统一题名，其余名称作单纯参照，指向统一题名。例如，《红楼梦》又名《石头记》，可选择《红楼梦》为统一题名。

② 连续出版物的名称统一

会议录和连续出版物是人们检索中经常遇到的问题。对这类文献检索时要注意名称的选用。著录规则规定，为了使标目一致，会议名称标目一般按会议名称、届、次、时间、地点著录。

（2）责任者语言

责任者语言是根据已知文献著者姓名来查找文献的途径。文献的著者包括个人著者和团体著者。因为从事科学技术研究的个人或团体都是各有所专的，同一著者在一定时期内所发表的文献，在内容上常常限于某一学科或专业范围之内，因此能在一定程度上集中同类文献。即著者途径也隐含着内容途径的特点，但不能满足全面检索某一课题文献的需要。

使用责任者检索时应当注意以下几个方面的问题。

① 一个作者可能有多个不同称谓，如姓名、别名、笔名、艺名、室名、法名、封号等名称，选择通用的名称为检索标目。如周树人，选用鲁迅。

② 外国责任者的名称倒置。检索外国责任者的作品时，一般使用其姓名的汉译名。对除日本、朝鲜、越南、新加坡、匈牙利等国及海外华人外，其余国家的责任者姓名中一般是名在前，姓在后。检索时要注意取其姓氏作为检索标目。

③ 直接使用外文名称检索时，要将姓名中的姓氏作为检索入口，格式为姓氏后加逗号，然后是名。如沃特斯（Bryan Waters），检索时用 Waters，Bryan。

④ 团体责任者名称的规范。团体责任者包括政府机关、政党组织、企事业单位、学术机构、社会团体等的名称。为了确保团体名称的选取具有简明性、唯一性、一致性，通常需要通过规范档的方式加以控制。

2. 描述文献内容特征的检索语言

（1）分类检索语言

分类语言也称分类法或分类表，是用分类号来表达学科体系的各种概念，对各种概念按学科性质进行分类和系统排列，是产生最早、使用最多的图书加工和组织方法。分类法是按照文献信息的内容、形式、体裁和读者的用途，在一定的哲学思想指导下，根据学科之间的逻辑关系，采用层次型或树权型结构，列举人类所有的知识类别，并对每一知识分别标以相对固定的类码，从而形成的分类表。分类表是从总到分，从一般到具体，层层划分，逐级展开的有某种符号代码体系的知识体系表。

我国主要用的是《中国图书馆分类法》（简称《中图法》），《中图法》将知识门类分为"哲学""社会科学""自然科学"三大部类；马列主义、毛泽东思想、邓小平理论是指导我们事业的理论基础，故作为一个基本部类列于首位；此外，考虑到文献本身的特点，对于一些内容庞杂、类无专属、无法按某一学科内容性质分类的图书，概括为"综合性图书"，作为一个基本部类置于最后。

《中图法》的标记符号采用英文字母与阿拉伯数字相结合的混合号码。其中字母表示大类，数字表示其大类下进一步细分的小类（下位类）。一般情况下，数字位数的多少代表其类目划分的级数。

《中图法》作为我国文献分类标引工作的国家标准，被我国图书信息行业广泛应用。其一级类目，如表 1-2 所示。

表 1-2 中图法大类表

基本部类	基本大类
马克思主义、列宁主义、毛泽东思想	A. 马克思主义、列宁主义、毛泽东思想、邓小平理论
哲学	B. 哲学、宗教
社会科学	C. 社会科学总论
	D. 政治、法律
	E. 军事
	F. 经济
	G. 文化、科学、教育、体育
	H. 语言、文字
	I. 文学
	J. 艺术
	K. 历史、地理
自然科学	N. 自然科学总论
	O. 数理科学和化学
	P. 天文学、地球科学
	Q. 生物科学
	R. 医药、卫生
	S. 农业科学
	T. 工业技术
	U. 交通运输
	V. 航空、航天
	X. 环境科学、安全科学
综合性图书	Z. 综合性图书

（2）主题检索语言

主题语言是直接以代表信息内容特征和科学概念的概念词作为检索标识，并按字顺组织起来的一种检索语言。主题语言分为单元词语言、标题词语言、叙词语言、关键词语言。

① 单元词语言

单元词语言亦称元词，是一种最基本的、不能再分的单位词语。它从文献内容中抽出，再经规范，能表达一个独立的概念。如"天气雷达"不是单元词，只有"天气"和"雷达"才是单元词。在英语中，单元词经常是一个单词。单元词具有灵活的组配功能，在检索时可将某些单元词组配起来使用，属于后组式语言。

② 标题词语言

标题词语言是一种先组式规范词语言。标题词大多分为主标题词和副标题词，如果采用多级标题，其副标题词还可细分为第三、第四级标题。标题词语言有较好的通用性、直接性和专指性，但由于检索时只能按既定组配执行，因此灵活性较差。

③ 叙词语言

叙词是以概念为基础，经规范化且具有组配功能并可以显示词间关系的动态性词或词组。它可以用复合词表达主题概念，在检索时可由多个叙词形成任意合乎逻辑的组配，形成多种检索方式，是计算机检索系统中使用最为广泛的规范化语言。

④ 关键词语言

关键词语言是由直接从文献的篇名、文摘或全文中摘取出来的词汇构成的。关键词语言没有经过处理，也不需要编制关键词表，凡是有意义的信息单元都可以用作关键词。但是为了提高计算机检索效率，通常建立了非关键词表或禁用词表。这些词都是无实际检索意义的词，如冠词、介词、副词、连词、感叹词、代词、助动词及部分形容词。

1.6　信息检索策略

检索策略是为实现检索目标而制定的全盘计划和方案，是对整个检索过程的谋划和指导。所谓检索策略，就是在分析情报提问实质的基础上，确定检索途径与检索用词，并明确各词之间的逻辑关系与查找步骤的科学安排。为了达到检索目的，必须按照一定的方法和策略分步骤来查找文献信息。一般而言，文献信息检索要经过以下步骤。

1.6.1　分析课题，明确检索目标

分析和研究检索课题是信息检索的根本出发点，也是信息检索效率高低和成败的关键。实施检索前，首先必须对检索课题进行认真分析和研究，只有明确课题的实质所在、课题所要解决的关键问题是什么，才能使检索"有的放矢"。

1. 课题分析方法

一般来说，研究课题有前沿探索研究性、调查研究性和面向应用研究性三类。

（1）前沿探索研究性课题

这类课题以揭示某种事物或现象的本质，阐明某种事物的运动规律及其机理，实现研究创新为主要目标。它回答的是"为什么"的问题。例如，"先进生产力的发展要求研究""科技创新法律环境研究"以及"新闻传播语言研究"等课题都属于探索研究性课题。这类课题的文献信息要求是找到的相关文献不在于多，而在于精，也就是文献信息在时间上没有特别的要求，但对专业问题针对性越强价值越高。

（2）调查研究性课题

这类课题的目的是弄清问题发生、发展以至归宿状况。科学研究成果评价、发展述评、趋势预测性质的课题都属于这一类。它回答"水平如何""过去、目前或者将来怎么样"一类的问题。例如，"亚洲法律研究""中小企业发展战略研究""社会主义市场经济条件下的社会研

究"等都属于调查研究性课题。这类课题的文献信息要求是尽可能地找到密切相关的文献，即在文献覆盖的时间上有一定的跨度，在专业范围上有一定的宽度，在数量上则表现为多多益善。

（3）应用研究性课题

这类课题适用于应用或检验理论，评价它在解决科学技术实际问题中的作用。应用研究具有直接的实际应用价值，解决某些特定的实际问题或提供直接有用的知识，回答"以什么解决什么"的问题。例如，"旅游业经济学""应用语言学"等都属于应用研究性课题。这类课题的文献信息要求介于上面两种课题之间，既要有一定的数量，也要有较高的质量，才能有助于课题研究的进行。

通过课题分析，确定研究检索课题的内容、性质、特点、发展水平等，确定研究检索课题是属于理论性问题还是应用性技术性问题，确定研究检索课题的内容是为了申请专利还是为了技术引进。然后从中确定该课题的主题内容和学科范畴，并根据检索目的确定主题的特定程度和学科范围的专指程度，力求主题概念能准确地反映课题的核心内容，为用户检索出真正所需的文献。

因此，当课题涉及多门学科时，应一一列出，并分清主要学科与次要学科，以主要学科作为检索重点，次要学科作为补充，这样才能全面系统地检索出所需文献。

2. 课题背景知识的获取方法

了解课题的背景知识是进行课题检索的基础。课题的背景知识包括课题研究的对象，研究对象所属的学科，主要涉及内容包括研究方法、主要研究单位和人员等。

获取背景知识方法，可以通过询问专业人员，也可以通过阅读一些入门的相关印刷型文献和浏览网上相关信息。经过对课题背景知识的了解，应形成100～200字的表述材料，以有助于下一步分析课题概念。

3. 确定恰当的检索词

分析课题概念的一个目的是获得检索词。一般来说，通过对课题描述语句的分析，将课题所涉及的词语分成主要检索词、辅助检索词和禁用词三类。主要检索词是指与课题所研究的对象、方法有关的特指性事物名词。辅助检索词是指泛指性名词，只在检索结果过多需要限制时使用。禁用词是指介词、连词等虚词，一般不作为检索词使用。选择检索词是检索核心问题，是表达信息需求或检索课题内容的基本元素；检索词选择正确与否，直接影响着检索结果。在选择时应注意以下问题。

（1）根据检索工具的标引特点选择检索词

在全面了解检索课题的相关问题后，提炼主要概念与隐含概念，排除次要概念，以便确定检索词。各检索工具是根据其所收文献的学科内容、地域范围以及文献类型特征进行主题标引的，对语词标识的选用重点不同。因此，要摸清各种检索工具的标引特点，以便选准检索标识。

（2）注意上、下位词的选取，防止漏检

根据检索课题的要求，及时调整上、下位词的选取，进行扩检或缩检，以免只取上位概念造成误差，或只取下位概念造成漏检。

如"吸烟与肺癌的关系研究"，经过分析后得出吸烟、肺癌两个检索词，分析、补充上位词可增加检索词：烟、癌症、恶性肿瘤。

（3）注意概念的提取和扩展

分析课题概念，获得检索词的一个更重要的问题是概念扩展问题。概念的提取和扩展可提高查全率。在手工检索过程中，检索者根据对课题的分析，需要不断地调整检索概念。计算机信息检索系统本身不具备智能思考能力，因此必须在分析的概念基础上列出与概念有关的词，从中做出选择，以达到较好的检索效果。

文献作者、标引者、检索者因专业习惯不同，使用的词语也不完全一致。如果无词表可循，就要多设几个同义词、近义词，以防止漏检。

如"食盐"与"氯化钠"，"非典"与"SARS"等。在检索的时候我们就要把这些词的另外一些说法加进去，以提高查全率。

如"绿色包装"中的"绿色"实际上是环保、无污染、可降解等含义，应替换为"环保""无污染""可降解"等表达明确、不易造成混淆的词；又如"煤气"中毒也就是"一氧化碳"中毒；"公交"为"公共交通"等。在检索时就应注意用相应的词去替换，以提高信息的查准率。

总之，在选择检索词的实际过程中，并不是每个课题都需要调整上、下位词，或补充其同义词、近义词，一定要具体情况具体分析。分析和研究检索课题具体应注意：课题内容要准确定位；自由语言与数据库标引语言的对应；充分运用与选定检索词概念相同或相近的词；多主题概念的选词以"简"为主；少用或不用对课题检索意义不大的词；充分利用所选主题表达的上位或下位概念；明确课题的"学科归属"。

1.6.2 确定信息检索范围

1. 首先确定检索文献的类型

由于科技文献形式多样，不同类型的文献各具特点，在内容上各有侧重，适应条件也有所不同。明确所需文献的类型，可进一步提高检索的针对性，缩小检索范围。

（1）对基础理论研究，侧重检索期刊图书、论文和科技报告。

（2）撰写开题报告或进行某项技术攻关或研究项目，侧重研究报告、科技论文、学位论文、会议文献等资料。

（3）对应用技术研究，侧重检索标准、专利及产品资料等文献类型。

（4）若是从事某项发明、工艺改革、新产品设计，侧重检索专利说明书、标准文献和产品资料。

（5）若是引进设备、签订合同，侧重标准文献、产品资料和专利文献。

（6）了解动态，侧重检索期刊论文和会议文献。

2. 确定检索时间范围

检索时应该从研究课题的背景出发，了解有关知识发展的形成期、高峰期与稳定期，最终确定检索的时间范围，以避免不必要的时间和精力浪费。对研究层次低、发展较快的学科，检索时段可以适当缩短，应优先查找最近几年的文献。检索回溯年限要视具体的检索课题而定，应考虑三个因素。

（1）检索课题所属学科的历史背景

通过学科的历史背景可估计有关课题文献的高峰期，在选取回溯年限时，应尽可能把文献发表的高峰期包括进去。

（2）检索课题的技术水平状况

一般技术水平较高，回溯年限短；技术水平一般，回溯年限长一些。

（3）检索者的目的，解决问题的类型

检索者的目的为申请专利查新或写作一本有关某研究领域的专著，则回溯年限要长些；检索者为摸清某一课题的研究水平、动态，回溯年限可短些。

3. 确定不同课题的特殊要求

（1）文艺课题

要考虑作者国家、文种、写作时代、作品主题，主要经典名著和书评。由于概念的广泛性，主要考虑用分类号，以图书为主要的信息类型，书评等则以期刊论文居多。

（2）化学课题

信息很专业，要考虑用途、反应、性质、制备过程、分子式、化学物质登记号、化学物质名称、别名。例如，如果输入药物的普通名来检索中国专利，往往没有结果，应该改用化学物质名称或者化学记号等进行检索。

（3）工业课题

多考虑产品资料、专利信息、标准信息，要分析产品性能、生产原理、产品结构、原材料、工艺过程。

（4）农业和生物课题

农业和生物信息的老化速度比工业信息缓慢，要考虑地域性、季节性、品种差异、同名异种情况，检索时间跨度可能较大；若发现新的生物种类要鉴定，需要回溯100年检索信息。有的农业生物检索课题有地域性，如我国和日本研究蚕学较多，美国和欧洲则研究较少。

（5）临床医学类课题

要从患病部位、疾病种类、病因、诊断方法、治疗方法、治疗用的药物等来分析课题。

（6）社会科学类课题

教育文献包括教育理论、教育思想、教育制度、教育机构、教育人物、学校管理、教学法、各级各类教育。历史文献包括国家、地区、朝代（历史时代）、民族、人物、机构和团体、事件（如革命、起义、战争等）、政治经济军事文教制度、政策、改革举措、会议、法规、著作等。地方文献包括历史变迁、经济（各业）状况、自然、气候、矿藏、物产、民族、风俗、语言、文化、教育、人物、行政管理、机构和团体、事件、山川、河流、交通、名胜古迹等。

1.6.3 选择检索工具，明确检索途径

1. 选择检索工具

在网络环境下，数据库是用户检索使用最多的工具。选择检索工具一定要根据检索项目的性质、内容来确定，保证检索工具所覆盖的学科范围和课题保持一致。例如，查找某一专业专指性很高的课题时，应以专业性检索工具为主，辅之以综合性检索工具。如果是检索多个专业的文献，则首先选用综合性检索工具。

2. 明确检索途径

检索途径又可以称为检索入口，是数据库编制者为用户设立或提供的检索与查找其数据库中所有信息的路径。检索路径的设置主要根据文献所表现出来的特征，包括其文献的外部特征（如文献的名称、作者、出版信息等）和文献的内容特征（如文献所描述的主题、所属的学科分类信息等）来标识具体文献。常见文献信息检索系统的主要检索途径有以下几种。

（1）外部特征途径

文献的外部特征，是从文献检索载体的外表上标记的可见的特征，如题名（书名、刊名、

篇名）、责任者（作者、编者、译者、专利权人、出版机构等）、号码（文献原有序号、标准号、专利号、报告号、索书号等）。

① 文献名称途径

文献名称途径是以文献的名称为线索进行检索的途径。文献名称主要是指书名（图书）、刊名（期刊）、篇名（学位论文篇名、期刊论文篇名、会议论文篇名等）、专利发明名称、标准名称、产品名称、文件名称、机构名称、作者名称、事物名称、事件名称等。由于文献名称比较直接、准确地反映了文献特征，便于用户识别、判断文献的相关信息，符合用户检索习惯，因此无论什么样的检索系统都把它作为最基本、最重要的检索途径供用户使用。

② 著者途径

著者途径是以著者姓名为线索进行检索的途径。著者包括个人著者和团体著者、专利发明人、编者和译者等。

③ 代码检索途径

代码检索途径是以某些文献所具有的特指或特定的代码为线索开展检索的途径。这类代码包括专利号、专利公开号、文摘号、化学物质登记号、标准号、科技报告号、合同号、ISBN、ISSN 等，其特点就是一个代码只代表一件特指的文献。前面介绍的分类号却不具备特指某一具体文献的特点，原因在于同一篇文献涉及的主题概念、反映的学科属性往往不止一个；同时，同一学科主题的研究往往具有众多的研究者和研究成果（论文等），使得同一文献具有多个分类号、不同作者的文献具有同样分类号的情形经常可见。因此，采用文献分类号检索的结果，可以使我们获得一系列的相关文献；而采用文献代码检索的结果，却能使我们准确地获取特定的、唯一的所需文献。

（2）内容特征途径

文献的内容特征，是从文献所载的知识信息中隐含的、潜在的特征，如分类、主题等。以文献的内容特征作为检索途径适用于检索未知线索的文献。

① 分类途径

分类途径是以文献所反映的内容所属学科的分类体系为线索开展检索的途径。即根据一定的文献分类规范，按照所描述对象的学科分类体系，赋予每一个文献（一本书、一篇论文、一件专利等）一个或多个能够揭示文献内容特征、能够表征所属学科分类等级、具有特殊含义的由字母或数字（或共同）构成的代号即分类号，供用户从学科体系、专业属性方面检索文献，以得到一系列内容上具有从属关系或相互关联、前后继承的相关文献。

② 主题途径

主题途径是以文献所反映的主题内容为线索开展检索的途径。具体而言，就是把每一个文献（一本书、一篇论文、一件专利等）中的能够体现文献主题概念、事物特征、具有实际意义的词语抽取出来，作为检索标识供大家检索，从而使得用户可以从不同学科背景、不同检索需求出发，检索到同一主题的所有文献。主题检索途径的优点在于检索词具有直观简洁、通俗易取的优点，能够很容易地查找到大量含有所选用的主题词的文献，但同时需要用户对检索结果进行认真筛选。在选择主题检索途径时，如果能同时采用一些必要的检索技术，则会取得较好的检索结果（相关的知识，我们将在之后的章节中结合数据库的使用做进一步阐述）。

（3）其他检索途径

此外，还有一种根据引证关系建立起来的检索途径，即引文途径（见下面引文法）。

在进行文献检索时，检索途径的最终选择既受课题已知条件和课题检索深度的影响，同时更取决于检索系统已经为我们提供的各种检索入口。要取得既完善又准确的检索结果，正确地选择检索途径是很关键的；同时，用户所具有的数据库知识、检索技能以及对检索目标的把握情况也是非常重要的。

1.6.4　选择检索方法

所谓文献检索方法，就是根据用户的自身条件，以最少时间、最佳途径、获得最满意检索效果的方法，也就是采用什么形式、手段来查找信息及其原始文献。在检索过程中，按照检索工具使用与否区分为直接检索法（分散性检索法）和间接检索法（系统性检索法）。

1．直接检索法（分散性检索法或直接浏览法）

所谓直接检索法，即直接从书刊文献中通过浏览获取所需信息的一种方法。直接检索法是科研人员比较习惯、较方便的方法。由于科研人员在长期的科学研究中，基本上掌握了有关专业的知识密度在一些期刊中的分布情况，即该专业的"核心期刊"，所以使用该方法很多，主要用于查找新近发表的文献。但直接检索不能适应现代社会信息数量庞大、高度分散的特点，因而很难快、准、全地查获所需信息，可以说具有盲目性。

2．间接检索法（系统性检索法）

所谓间接检索法，系在有组织的知识客体中获取所需信息。

（1）常规法

常规法即通过检索工具（或数据库）的指引进行查找，获取所需信息的一种方法。这种检索方法能以较少的时间、较好的途径获得需要的检索效果。按检索的时间顺序又分为顺查法、倒查法、抽查法三种。

① 顺查法

顺查法是一种以课题研究起始年代为起点，按时间顺序由远而近的查找法。（如果已知研究成果最初产生的年代，现在需要了解它的全面发展情况，即可从最初年代开始，按时间顺序，一年一年地往近期查找。）用这种方法所查得的文献较为系统全面，基本上可反映某学科专业或某课题发展的全貌。（适用于课题研究面宽，需了解课题提出的历史背景或历史演变的项目及课题研究的全过程。）它查全率和查准率高，但费时、费力、检索效率低。

② 倒查法

倒查法与顺查法相反，是一种由近而远按时间逆序查检的方法。此方法多用于新兴的研究课题或了解学科发展动向等的查检。它省时省力，但着重于近期文献的查找，有时可保证信息的新颖性，对早期发表的一些重要文献可能漏检，故查全率不如顺查法。一般适用于查新型检索、学习型检索及新兴学科研究课题的检索。

③ 抽查法

抽查法是针对学科发展一般为波浪式的特点，抓住某一学科发展迅速、文献发表较多的一段或若干时间段进行重点抽样检索的方法。使用抽查法省时，查的文献较多，检索效率较高，但前提是检索者对课题研究的历史背景有较多的了解和掌握。

（2）引文法（追溯法）

① 利用原始文献所附的参考文献进行追溯，即查看参考文献的参考文献

参考文献追溯法是从已知的文献后面所附的参考文献入手，逐一追查原文，再从这些原文的参考文献逐一查找下去，直到查获相当数量的相关文献为止。这种方法可以弥补检索工具的不足，寻求新的检索点，但得到的文献比现有文献旧。

② 利用引文检索工具进行追溯，即查看引用文献的引用文献

引证文献追溯法是由远及近查找引文的一种检索方法，主要依靠专门的引文索引来实现。即找到一篇有价值的论文后，进一步查找该论文被哪些文献引用过，以便了解后人对该论文的评论，及与此论文相关问题的进一步研究成果与最新研究进展等。被引用的次数越多，表明该文献越重要。这种方法追查出的文献越来越新，可检索出交叉学科、边缘学科的文献，但是检索准确性欠缺。通过引文法对某文献被引用情况的分析可作为个人、机构、论文、期刊等方面的计量与评价的重要指标，也是对被引用文献质量水平一种重要的衡量指标。

在实际检索中，究竟采用哪种检索方法最合适，应根据检索条件、检索要求和检索背景等因素确定。只有视条件的可能和课题的需要选用相应的检索方法，才能迅速地获得相关的文献，完成课题检索的任务。

1.6.5 实施检索，获取原始文献

1. 拟定检索式

检索式也称检索提问表达式，是计算机信息检索中用来表达用户检索提问的逻辑表达式，也是要求检索工具执行检索指令的核心内容。最简单的检索式可以是一个词、一个字母、一个数字或符号，复杂的检索式是由多个检索词和字段名用各种检索算符联结构建而成的。

构造检索式时，首先，要充分利用搜索工具支持的检索运算、被允许使用的检索标识及各种限定；其次，准确把握各种检索算符的用法，如布尔逻辑算符、位置算符、截词符等，将选定的检索词用合适的算符连接起来，充分反映课题的要求；此外，还要考虑各个检索项的限定要求及输入次序等。

许多用户在信息检索时往往只对检索问题中的每一个概念用一个检索词表示，这样很容易造成漏检。我们应该遵循"从少到多，循序渐进"的原则调整检索式，即对于检索问题中的每一个概念，尽可能全面地列举表达该概念的同义词、近义词、相关词甚至上位词、下位词，并将它们用布尔逻辑运算符连接起来，形成一个子检索式。再用适当的布尔逻辑运算符把所有子检索式连接起来，构成一个总检索式。

2. 调整检索策略

在检索过程中，要对检索策略进行反复调试，即用户每次对检索结果做出判断，并对检索策略（检索式）做出相应的修改和调整，在前次检索结果的基础上缩小或扩大检索范围，直到得到比较满意的结果。

在实施检索时，将检索策略输入检索系统后，系统响应的检索结果有时不一定能满足课题的要求，输出的文献量过多或者极少，有时甚至为零，这时就需要调整检索策略。应根据检索结果对检索提问做相应的修改和调整，直到得到较满意的结果。

在检索文献时，应根据具体检索结果来调整检索策略。

（1）扩大检索范围

当检索结果过少时，就应放宽检索要求，扩大检索范围，提高检全率。

① 放宽检索范围：如学科领域、时间、文章类型，关键词出现的字段等。

② 扩大检索课题的目标，使用主要概念，排除次要概念或增加相关词：如同义词、近义词、缩写词等。

③ 使用单词的单数检索，可以检索到大多数单词单数、复数和所有格，不规则单词除外。

④ 减少用"AND"或"NOT"算符联结，增加用"OR"联结检索词。

⑤ 采用截词检索法。

⑥ 增加或修改检索入口，如改"题名"为"主题"或"文摘"或"全文"。

⑦ 改精确检索为模糊检索。

⑧ 利用某些检索工具提供的"自动扩检"功能进行相关检索。

（2）缩小检索范围

如果检索结果过多，或检索结果不相关，则需要进一步限定检索范围，提高检准率。

① 严格限定检索范围：学科领域、时间、文章类型，关键词出现的字段等。

② 减少同义词与同族相关词或一些相关性不强的检索词。

③ 选择与检索主题密切相关的词和专业术语。

④ 使用词组检索或位置检索。

⑤ 在检索结果的基础上进行二次检索。

⑥ 增加用"AND"或"NOT"算符联结。

⑦ 改模糊检索为精确检索。

一般来说，提高检索效果的措施有两项，一是选择质量较高的检索系统，二是提高检索者的检索水平。影响检索效率更重要的因素是检索者本身，也就是说要提高检索者自身的检索水平。检索效果与检索者的知识水平、业务能力、工作经验，特别是检索技能的熟练程度和外语水平密切相关。

3. 获取原始文献

（1）就近借阅

手工查找的印刷版文献可以就近借阅。先查询所在图书馆的馆藏目录；若是没有，可以利用联合目录查看附近的图书馆或其他信息机构是否有收藏。

（2）直接下载

现在许多全文数据库可以直接下载全文，如 CNKI 系列数据库、维普科技期刊数据库、万方数据资源系统、超星数字图书馆、方正数字图书馆等。这些系统在界面上提供有全文链接下载按钮，用户可直接阅读和下载原文文献，但一般需要下载并安装系统相应的阅读器。

（3）馆际互借

合作馆之间根据馆际互借制度、协议等共享资源，这是图书馆开放服务的一个重要方面。它主要通过自取、物流等方式来进行互借与归还。

（4）文献传递

文献传递是指图书馆根据读者的需求，为读者查找文献资料的服务。如果用户在其他任何平台上搜索到相关资料，但不能获取全文，此时便可将有关信息通过图书馆的文献传递到服务平台提交给图书馆工作人员，图书馆工作人员在接到读者请求后，通过传真、复制、电子邮件或 QQ 等形式，直接将文献发送给读者。网络环境下，许多数据库虽然不能直接得到原始文献，但提供了收录文献的全文链接，具备网上检索和发送原文传递请求的功能。例如读秀知识库的原文传递，便是通过机器自动完成。用户提交咨询传递表单后，登录电子邮箱获取文献链接地址，从而立即获得所需文献原文。

（5）利用题录信息

网络环境下，许多数据库虽然不能直接得到原始文献，但提供了收录文献的题录信息。

书目、文摘型数据库的著录款目中都有作者姓名和地址，或利用作者姓名和地址直接向作者索取原文。

1.7　检索结果的评价

检索效果指利用检索系统或工具检索信息资源的有效程度，直接反映了检索系统的检索性能及能力，是评价一个检索系统性能和用户检索策略的质量标准。

1.7.1　信息检索的基本要求

信息检索的基本要求就是要用最少的时间和精力，快速获取所需的文献信息，同时检出的文献要全面、准确。

* 全面：是根据课题需要，将有关文献尽可能地全面检索出来，尽量做到系统、完整、无重大遗漏，也就是要提高查全率。
* 准确：要对检出的文献进行严格筛选，信息内容要准确可靠，使其符合课题需要，力求避免查出与课题无关的文献，也就是要提高查准率。

1.7.2　检索结果的评价

信息获取后，要认真分析、比较、概括和综合，以保证信息的真实性、准确性。当检索结果显现太多和研究课题不相关的记录、显现太少和研究课题相关的记录或没有和课题相关记录时，必须重新思考并建立检索命题，对检索策略进行优化、缩检或扩检。然后对检索结果进行组织整理：检出的资料是否与研究主题相关？是学术性文章，还是通俗性文章？是否新颖？资料是否具有权威性？是否可信？等等。

衡量检索效果有两个主要指标，即查全率和查准率分别用字母 R 和 P 表示。

1. 查全率

查全率指系统实施检索时检出的与某一检索提问相关的信息资源数与检索系统中与该提问相关的实有信息资源总数之比。表示为：

查全率（R）=（检出有关信息资源量/系统中有关信息资源总量）×100%

查全率反映的是检索系统检出相关信息资源的能力，既是评价检索系统效率的一个重要指标，也是反映检索效果的重要指标。

2. 查准率

查准率也称检准率、相关率、检索精度，指系统实施检索时检出的与某一检索提问相关的信息资源数与检出的信息资源总数之比。表示为：

查准率（P）=（检出有关信息资源量/检出信息总量）×100%

查准率是反映检索系统排除与检索提问无关信息资源的能力。

研究表明：世界上最好的搜索引擎其查全率也只有 45%，查准率更低。对于一个检索系统来讲，查全率和查准率往往不可能两全其美：查全率高时，查准率低；查准率高时，查全率低。

3. 查全率和查准率的局限性

查全率的局限性主要表现在：它是检索出的相关信息量与检索系统中的全部相关信息量之比，但系统中相关信息量究竟有多少一般是不确知的，只能估计；另外，查全率或多或少具有"假设"的局限性，这种"假设"是指检索出的相关信息对用户具有同等价值，但实际并非如此，信息的相关程度在某种意义上比它的数量重要得多。查准率的局限性主要表现在：如果检索结果是题录式而非全文式，由于题录的内容简单，用户很难判断出检索到的信息是否与课题密切相关，必须找到该题录的全文才能正确判断出该信息是否符合检索课题的需要；同时，查准率中所讲的相关信息也具有"假设"的局限性。

1.7.3 提高检索效果的措施

信息检索效果是评价检索系统性能优劣和检索策略高低的标准，贯穿于信息检索的全过程。用户在进行信息检索时，总希望获得满意的检索效果，既要求有满意的查全率，又要有理想的查准率。然而，具体到每一个用户，对检索效果的关注点不一样，对查全率和查准率也有不同的标准，这取决于他们的检索目的。不同的检索者和检索课题对文献信息的需求都不尽相同，用户应根据自身需要和课题特点，选择质量高的检索工具，适当调整查全率和查准率，并努力提高检索水平，优化检索策略，以达到最佳检索效果。

1. 选择质量较高的检索工具

评价检索工具的优劣主要看它的存储功能和检索功能，即"全""便""新"。"全"是指收录范围全面、内容丰富，文献量大，摘储率高，著录详细，这是实现检索的物质基础。"便"是便于利用，它是检索系统的必备条件，一般指编排机构是否简便易用、检索语言是否准确实用、检索途径是否完备可行等。"新"是指收录的文献内容新、时差短，以保证提供的文献新颖及时。

2. 合理提高查全率和查准率

查全率和查准率之间存在互逆关系。如果对检索系统要求较高的查全率，则查准率必然下降，反之亦然。所以，在实际检索中，欲达到较好的检索效果，必须根据课题的具体要求，合理调整查全率和查准率，使其达到一个最佳比例。

（1）跨库检索

首选综合性检索工具，结合专业性检索工具。

（2）分类途径和主题途径等多途径结合使用

分类途径结合主题途径兼顾查全率和查准率。

3. 提高检索者的检索水平

检索者的检索水平是提高检索效率的核心因素。检索者应具备一定的检索语言知识，能正确理解检索课题的实质要求，选取正确的检索词，并能合理使用逻辑组配符完整地表达信息需求的主题；还要能灵活运用各种检索方法和检索途径，制定最优的检索策略；同时在检索过程中采用严谨的科学态度，耐心细致地检查检索步骤的各环节，以减少人为的错检和漏检。

第 2 章

图书馆与信息资源利用

图书馆是搜集、整理、收藏图书资料以供人阅览、参考的机构。早在 3000 年前就出现了最早的图书馆，据《在辞典中出现的"图书馆"》说，"图书馆"一词最初在日本的文献中出现是 1877 年的事；而最早在我国文献中出现，当推《教育世界》第 62 期中所刊出的一篇《拟设简便图书馆说》，时为 1894 年。中国最早的省级图书馆为 1904 年创办的湖北省图书馆。图书作为一种成熟而稳定的出版物，是对已有的研究成果、生产技术、实践经验或某一知识体系的概括和论述，是记录人类关于自然界、社会以及对人类自身认识的知识。图书可以帮助人们全面系统地了解某一特定领域的知识，指引人们进入自己所不熟悉的领域，从而推动人类社会的科技进步。我们常见的图书包括各类专著、教科书、科普读物和工具书等。

2.1 图书馆馆藏查询系统

馆藏书目查询系统（Online Public Access Catalog，OPAC）是利用计算机终端来查询基于图书馆局域网内的馆藏数据资源的一种现代化检索方式，通过联机查找为读者提供馆藏文献的线索。OPAC 检索系统除了能够满足馆藏书刊查询外，还可以实现馆藏书目查询、新书通报、图书预约、图书续借、借阅情况查询等一系列功能。读者可访问图书馆网站上的馆藏书目检索系统链接或者到图书馆使用检索机进行馆藏目录 OPAC 检索。国内大学图书馆使用较为普遍的是汇文 libsys 系统的 OPAC，下面是对其模块各种功能的详细介绍。希望读者能了解并掌握 OPAC 的功能和使用方法，提高利用图书馆资源的效率。

2.1.1 书目检索

书目检索栏目为读者提供简单检索、全文检索和多字段检索 3 种方式。简单检索执行单一途径索引检索，检索途径有题名、责任者、主题词、ISBN／ISSN、订购号、分类号、索书号、出版社、丛书名、题名拼音和责任者拼音，查询模式分为前方一致、完全匹配和任意匹配，如图 2-1 所示。

图 2-1　书目检索

多字段检索和全文检索可利用各检索途径进行组合检索、布尔逻辑检索和限制检索，提高了查准率。读者查询书刊时，在选定检索入口后，输入检索内容，选择查询模式，按回车键或单击"检索"按钮，即开始检索。检索后，屏幕会显示命中数及查询结果一览表，包括题名、索书号、作者、出版信息和出版年代等；在结果左侧，有一栏分类限制检索，读者可根据结果的数量再进行限制检索；单击任何一条记录，系统将进一步显示该项记录完整的书目信息和机读 MARC 格式,读者可根据系统提示的馆藏地和书刊借阅状态(分为可借与借出)到相应的馆藏地借阅；如果馆藏图书已全部借出，读者还可完成预约申请。

2.1.2 热门推荐

热门推荐栏目下包含了热门借阅、热门评分、热门收藏、热门图书和借阅关系图 5 个子栏目，如图 2-2 所示。其中，热门借阅是根据汇文系统设置的统计开始时间、排行方式、记录数量、数据更新周期等进行统计的。此栏目统计分为分类统计和排行榜统计两种，在分类统计中读者单击分类，可以得到相关分类的统计结果；在具体排行榜统计中单击某本图书，可以查看到此书的详细情况。

图 2-2　热门推荐

热门评价是根据读者对图书的评价进行各种统计，热门收藏、热门图书这两个子栏目和热门评价的使用方法基本一致。值得一提的是借阅关系图，此栏目是对图书馆馆藏图书的数据进行可视化分析，可选择不同的读者类型和读者类别，查看这一类型的读者所借阅的图书近三年的节点关系图，双击书名可查看图书之间的关系，如图 2-3 所示。

图 2-3　图书借阅关系图

2.1.3 分类浏览

进入分类浏览栏目，读者可以通过系统提供的《中图法》树形学科分类导航菜单，逐级进行学科细分，浏览相关学科、相关主题的馆藏书刊书目信息。如果用户欲了解某一学科入藏的书刊信息，即可选择分类浏览，如图 2-4 所示。

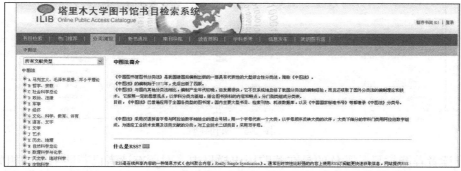

图 2-4　分类浏览

2.1.4 新书通报

新书通报是对最后入藏的新书进行通报，方便读者了解图书馆又增添了哪些新书、新书的具体情况如何。读者可根据此栏目的具体选项，选择不同的条件定位到相关新书，如图 2-5所示。

图 2-5　新书通报

2.1.5 期刊导航

期刊导航栏目下设有字母导航、期刊学科导航和年度订购期刊 3 种分类方式，读者可依据不同的分类方式查找到相关期刊。使用方法与分类浏览差不多，并无特别需要注意的地方，如图 2-6 所示。

2.1.6 读者荐购

读者荐购栏目只有在读者正常登录的情况下才能使用，主要分为荐购历史、读者荐购、详细征订目录 3 个子栏目，如图 2-7 所示。在读者成功荐购以后，根据应用服务的设置，系统会以邮件方式通知读者他所荐购的书籍情况，具体请参看应用服务设置。

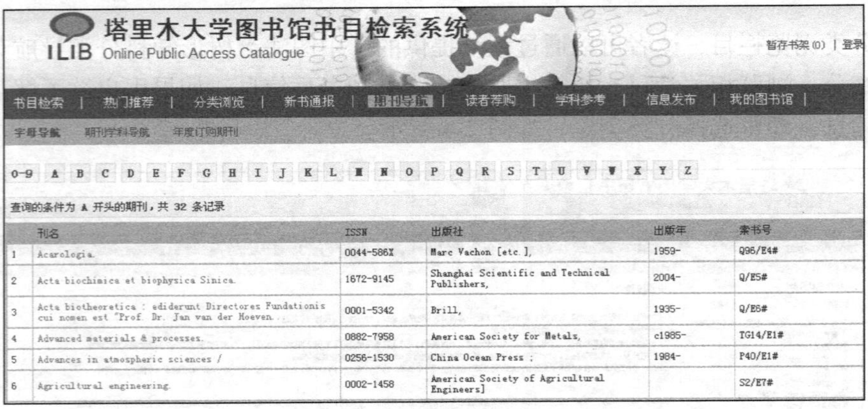

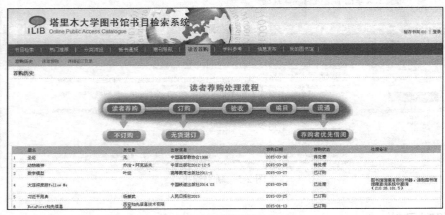

图 2-6　期刊导航

打开读者荐购栏目，默认的是在荐购历史栏目中，对所有读者已荐购书籍的相关情况进行列表显示，该功能并不要求读者登录；第二栏是读者荐购，读者可直接输入自己想要荐购的书刊相关信息进行荐购，也可以输入题名，单击搜索按钮查找，在检索结果里选中自己想要荐购的书刊进行荐购，应注意搜索功能需要服务器能访问外部网络，否则无法使用；第三栏是详细征订目录，在此栏目下，查看征订书目，选择自己看中的书刊来进行荐购处理。查看征订书目时，本系统提供了根据征订目录浏览、根据征订分类浏览两种方式。在使用征订目录浏览时，还可以通过关键字查找来找到想荐购的征订书目。需要注意的是，这里的查找仅仅是在征订书目中查找，因此并不要求服务器能访问外部地址。

图 2-7　读者荐购

2.1.7　学科参考

学科参考栏目下有课程参考书、公共书架和学科导航 3 个子栏目。其中，课程参考书根据输入具体课程等信息得到相关图书的一个栏目；公用书架是一些特定书的集合，如对于一些常用的书，或者在某个特定的读书节推荐给读者的书，可以通过该栏目来实现；学科导航是根据哲学、经济学、法学等 12 个一级学科对馆藏图书进行分类，读者可单击二级学科的具体类目，查看该学科下的热门书籍，如图 2-8 所示。

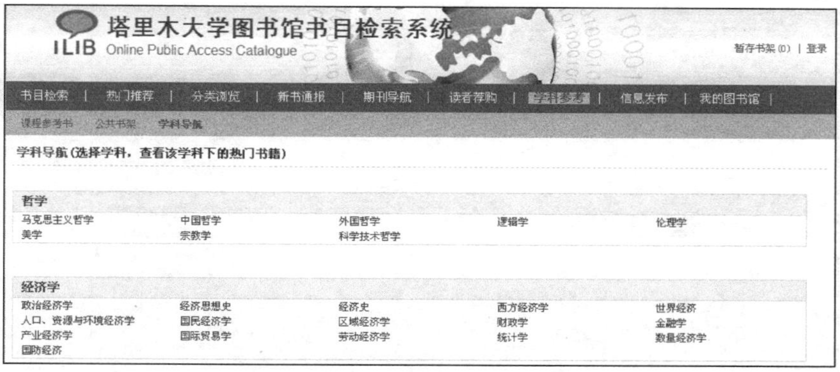

图 2-8　学科参考

2.1.8　信息发布

信息发布包括预约到书、委托到书、超期欠款、超期催还 4 项内容。把馆内相关信息发布在相关页面上，读者可依据证件号或者条码号查找到相关预约到书、委托到书、超期欠款、超期催还的信息。预约到书栏目是通知读者的预约到书情况，包括预约读者的条码号、单位以及预约书刊保留截止日期，读者必须在截止日期前到相应馆藏地办理借阅手续，否则该预约将自动失效；超期催还栏目显示所借书刊已经存在超期的读者，这些读者应及时查询自己的借阅信息，并立即归还超期书刊，否则在书刊存在超期情况下读者将不能再借阅书刊，同时书刊滞纳金按日期递增，将造成不必要的损失，如图 2-9 所示。

图 2-9　信息发布

2.1.9　我的图书馆

读者进入我的图书馆前必须输入正确的用户名、密码和验证码，如图 2-10 所示。值得注意的是，验证码需按提示输入红色部分。

通过身份验证进入系统后，默认的是证件信息栏目，如图 2-11 所示。读者能看到自己所借图书即将过期的数量、已经过期的数量以及预约到书和委托到书的数量，通过这些提示办理相关业务；另外，读者还可以单击"读者信息"来修改个人密码和联系信息，在联系信息里设定个人 E-mail 地址，并完成 E-mail 有效性验证，通过 E-mail 获得密码找回、借阅逾期催还、即将到期催还、预约到书提醒等服务。

图 2-10　登录我的图书馆

图 2-11　我的图书馆证件信息

进入当前借阅栏目，读者可以查看当前借阅情况，如有没有欠款，违章；自己借的书有没有超期，如图 2-12 所示。如果即将到期，读者可以自助办理续借手续。

图 2-12　我的图书馆当前借阅

读者还可以进入我的图书馆借阅历史栏目，查看自己借阅图书的历史情况，如图 2-13 所示。在我的图书馆栏目下还有其他一些栏目，如预约信息，本栏目可以查看或者取消读者的书刊预约信息；委托信息，本栏目可以查看或者取消读者的书刊委托信息；书刊遗失，显示读者遗失书刊的相关信息；读者挂失，读者可通过密码自助挂失借书证；账目清单，显示读者所有的出入账记录，方便读者查看；荐购历史，可查看读者所荐购书籍的具体情况；我的书评，可以查看读者自己所做出的书评，以及相关认可情况；系统推荐，显示系统根据读者所借书籍推荐的相关书籍；检索历史，可查看或删除读者的检索历史，并可单击检索内容重新检索。

图 2-13　我的图书馆借阅历史

2.2　电子图书检索

电子图书（Electronic Book，e-Book）指将文字、图片、声音、影像等信息内容数字化的出版物和植入或下载数字化文字、图片、声音、影像等信息内容的集存储和显示终端于一体的手持阅读器。电子图书包括两种类型，一类是将印刷型的图书转换为数字式、用计算机存储和阅读的电子读物。经过数字处理后的电子图书保留了原印刷型读物的图表、照片等，并可实现全文检索。另一类是原生数字图书，即以电子文本出版的电子图书，存储和阅读方法与第一类相同。电子图书能借助网络通信技术提供大量文本，这些文本下载简便、节省空间，可以大幅度降低各项费用。由于电子图书制作格式的不同，阅读不同公司开发的电子图书需要使用不同的专用浏览器软件。阅读电子图书时，用户可根据自己的需要进行批注、翻页、版面设计或更换字体等，而且通过限制使用权限保护作者和出版社的版权利益。

目前，国内市场上主流的电子图书系统有北京世纪超星电子技术有限公司开发的"超星数字图书馆"、北大方正电子有限公司开发的"方正数字图书馆"等。这种电子图书系统也形成了一定的规模，拥有独立的网站和一定数量的电子图书资源。

2.2.1　超星汇雅电子图书

1．简介

超星汇雅电子图书数据库是由北京超星公司推出的新一代电子图书数据库的管理和使用服务平台，功能齐全、检索便捷、易于阅读。数据库共有电子图书 100 余万种，涵盖包括 22 个学科分类，涉及哲学、宗教、社科总论、经典理论、民族学、经济学、自然科学总论、计算机等各个学科门类，是全球最大的中文电子图书资源库。其网址为 www.sslibrary.com，如图 2-14 所示。

2．检索方法

阅读超星汇雅电子图书需要下载并安装专用阅读工具——超星阅览器（SSReader）。除阅读图书外，超星阅览器还可用于扫描资料、采集整理网络资源等。超星图书浏览器可在超星汇雅电子图书主页上免费下载、安装及升级。简版所占空间较小，但不含 OCR 识别的功能；完全版占用空间较大，含 OCR 识别功能。

图 2-14　超星汇雅电子图书主页

持有读书卡的会员必须先注册，取得用户名和密码，才能阅读超星电子图书。非读书卡会员不需要注册，可直接检索图书，只能阅读免费图书和每本图书的前 17 页。超星数字图书馆提供 3 种检索方式，下面简单说明一下检索方法。

（1）分类检索

超星数字图书馆的电子图书根据中图分类法分类，分为三级类目，用户可逐级检索，其层级的多少视该类图书书目的多寡而定，单击到最后一级分类即可看到具体的书目，单击书名下方的阅读按钮即可进入阅读状态。

（2）字段检索

简单检索：提供书名、作者、目录和全文检索字段的单条件模糊检索。

高级检索：提供图书的多条件查询，可对书名、作者、主题词、分类号和出版日期等多个字段进行组合检索。

（3）其他检索方式

除以上图书检索方式外，还可以从超星浏览器的"资源"选择书籍阅读。运行超星阅览器，单击"资源"按钮，可以从左侧的"数字图书馆"中查看到网上最新的图书分类，单击图书分类前的"+"，双击书名，图书即自动打开。

对于一些阅读频率较高的图书，可以添加"个人书签"，这样就免去了每次检索的麻烦，必须先注册个人信息使用这一功能。

3. 阅读与下载

超星电子图书可阅览、下载、打印。每本电子图书分成目录与正文，在其阅读器左上方设有章节导航，选择要看的章节，出现读书界面。在读书界面自动出现翻页快捷键，利用"翻页"翻到想看的页面，在页面显示框中出现所在页面页数显示。

利用工具栏的"工具"按钮或单击右键，可进行翻页、文字识别、区域选择、自动滚屏、更换背景、书签、标注、缩放、旋转、下载、打印等操作。

如要摘录一段文字，可利用"文字识别"功能，选择"文字识别"，在所要识别的文字上画框，框中的文字即会被识别成文本显示在弹出的面板中，选择"导入编辑"可以在编辑中修改识别结果，选择"保存"即可将识别结果保存为 TXT 文本文件。

图书标注具有重要的阅读功能。阅读书籍时，单击标注图标将会弹出标注工具栏。标注有 6 种工具：批注、铅笔、直线、圈、高亮、链接。

超星电子图书可以下载，但限于读书卡用户或本地镜像用户，下载之前运行"注册器"程序，下载后的图书可在本地机阅览。如果下载后的图书在非下载电脑上阅读，请在非下载电脑上重新运行"注册器"程序，用下载时的用户名重新注册。

打印功能较多，可以根据需要设置打印页数、打印范围、方式、打印纸张大小、打印文字比例，设置完毕单击"确定"按钮即可。

2.2.2 方正数字图书

1. 简介

北京方正阿帕比（Apabi）技术有限公司（以下简称"方正阿帕比公司"）是北大方正信产集团旗下专业的数字出版技术及服务提供商。方正阿帕比公司为出版社、报社、期刊社等新闻出版单位提供全面的数字出版和发行综合服务解决方案。目前，方正数字出版系统提供包括电子书、数字报、数字博物馆、各类专业数据库及移动阅读的技术解决方案，并提供丰富多样的数字资源产品的运营服务。中国 90%以上的出版社都在应用方正阿帕比技术及平台出版发行电子书，每年新出版电子书超过 12 万种，累计正版电子书近 70 万册，并与阿帕比共同打造推出了各类专业数据库产品；中国 95%的报业集团、800 多种报刊正在采用方正数字报刊系统同步出版数字报纸。在数字出版产业走向 2.0 时代的今天，方正阿帕比正在研发全球领先的前沿科技技术——知识服务技术，与各界合作伙伴共同打造并推出各类专业领域的知识服务产品及服务。此外，全球 8000 多家学校、公共图书馆、教育城域网、政府、企事业单位等机构用户应用方正阿帕比数字资源及数字图书馆软件为读者提供网络阅读及专业知识检索服务。其网址为 www.apabi.com。

2. 检索方法

单击数字图书馆下的 Apabi 电子图书，进入方正 Apabi 数字图书馆。首次访问 Apabi 电子图书的用户请按照 Apabi 数字图书馆页面左上角的"注册中心"一栏顺序操作注册本机。

先单击"免费下载 Apabi Reader"，接下来在弹出的窗口中单击下载后按内容提示安装。回到 Apabi 电子图书界面或者弹出窗口，进行本机注册。有两种注册方式：对于校园网内的读者可采用无密码用户注册，填入真实的姓名和单位。

方正 Apabi 的电子图书依据《中图法》排列，提供学科浏览及检索，用户可按学科分类检索图书，提供书名、作者、出版社、关键词、书号等字段的单一检索和组合检索，并可进行学科和出版时间等的限制检索。在方正 Apabi 阅读器中也具有检索功能，但仅限于对已下载到本地的 Apabi 电子图书进行检索。

3. 检索结果

检索结果的简单显示信息包括书名、作者、出版社、出版时间和电子图书借阅状态（是否可借）等，显示为"此书可借"的图书可供下载阅读。在简单结果显示界面单击书名，可进入该书的详细结果显示界面，查看摘要、书评和其他详细信息；单击"下载"按钮可下载该电子图书，已下载的电子图书可通过 Apabi 阅读器分类、检索和阅读。

阅读 Apabi 电子图书时，可对图书的版面进行放大、缩小和旋转；可任意翻页；可随时添加书签、批注、标注等；可摘录部分文字以供编辑；也可实现书内的全文检索。

单击"菜单">"打印"，进入打印对话框，可以打印未加密的 CEB、PDF 格式文件。已加密的文件，"打印"命令显示为灰色，表明该文件无法打印。

2.2.3 Wisebook 外文电子图书

1. 简介

Wisebook 外文电子图书数据库是由北京维思数图科技有限公司引入的高端电子图书数据库。数据库具有界面简洁、功能便利、数据内容丰富等特点，涵盖了 McGraw-Hill、COMPASS、Kessinger、University of Nebraska Press 以及 Palgrave Macmillan、National Academy Press、Dover publication、University of California Press、University of Michigan Press 等众多知名出版社所出版的丰富外文电子图书。其网址为 http://218.246.35.67/。

2. 检索方法

Wisebook 外文电子图书数据库读者界面功能齐全，操作简单，分为快速检索和高级检索。其中，在远程访问中只能显示快速检索，在镜像站点 http://210.26.181.6:81 才能使用高级检索。

（1）快速检索

在快速检索栏目中可以输入关键字，如图 2-15 所示。然后根据后面的选择项选择不同的学科进行限制检索，以达到缩小检索范围的目的。

图 2-15　快速检索

（2）高级检索

高级检索中提供书名、作者、出版社、ISBN 和全文检索 5 个检索提示项，用户可在 5 个检索提示项中选择不同字段并输入检索词完成逻辑"与"检索，如图 2-16 所示。同简单检索一样，在检索栏目的左侧有检索结果分类。

图 2-16　高级检索

3. 检索结果

按照题名检索，结果在屏幕中部显示，包括图书封面、简要描述。单击"简介"可了解图书概要；单击"本书搜索"可在全书内搜索关键字词；单击"在线阅读"可进入全本电子图书阅读。

2.3 现代图书馆服务与利用

2.3.1 CALIS 联合目录检索

1. 简介

中国高等教育文献保障系统（China Academic Library & Information System，CALIS）是经国务院批准的我国高等教育"211 工程"的公共服务体系之一，是国家支持的中国高校图书馆联盟，于 1999 年 1 月正式启动。其宗旨是在教育部的领导下，将现代图书馆理念、先进的技术手段、高校丰富的文献资源和人力资源整合起来，建设以中国高等教育数字图书馆为核心的教育文献联合保障体系，实现信息资源共知、共建、共享，为中国的高等教育、科学研究服务。

CALIS 管理中心设在北京大学，下设了文理、工程、农学、医学 4 个全国文献信息服务中心，华东北、华东南、华中、华南、西北、西南、东北 7 个地区文献信息服务中心和一个东北地区国防文献信息服务中心，迄今参加 CALIS 项目建设和获取 CALIS 服务的成员馆已超过 500 家。

目前 CALIS 已完成或在建的数据库有：CALIS 高校学位论文库、CALIS 联合目录数据库、CALIS 会议论文库、CALIS 中文现刊目次库、CALIS 西文期刊目次库、CALIS 专题特色数据库、CALIS 重点学科导航库。这些数据库和 CALIS 联合引进的数据库一起构成丰富的数字资源，并采用独立开发与引用消化相结合的方式开发了联机合作编目系统、文献传递与馆际互借系统、统一检索平台、资源注册与调度系统，形成了较为完整的 CALIS 文献信息服务网络。在此基础上开展了公共目录查询、信息检索、馆际互借、文献传递、网络导航等网络化、数字化文献信息服务，对保障高校的重点学科建设、支持科研创新等发挥了重要的作用。其网址为 http://www.calis.edu.cn。

CALIS 联机合作编目中心是中国高等教育文献保障体系的两大服务中心之一，其秉承"实现信息资源共建、共知、共享，发挥最大的社会效益和经济效益，为中国的高等教育服务"的宗旨，致力于 CALIS 联合目录数据库的建设，并提供相关服务。联合目录数据库建设始于1997 年，目录数据库涵盖印刷型图书和连续出版物、电子期刊和古籍等多种文献类型，分中文、英文、日文 3 个数据库，书目内容囊括了教育部颁发的关于高校学科建设的全部 71 个二级学科、226 个三级学科（占全部 249 个三级学科的 90.8%）。其网址为 http://opac.calis.edu.cn/。

2. 检索方法

输入网址 http://opac.calis.edu.cn/，进入 CALIS 公共目录检索系统。数据库提供简单检索和高级检索两种方式，如图 2-17 所示。

（1）简单检索

简单检索提供检索字段有：全面检索、题名、责任者、主题、分类号、所有标准号码、ISBN、ISSN。选择字段后，可在检索输入框内输入字、词或词组等进行检索。

图 2-17　CALIS 公共目录检索系统

（2）高级检索

提供 3 个检索提示项，所包括的检索字段同简单检索界面相同。用户可在 3 个检索提示项中选择不同字段并输入检索词完成复杂检索和组配检索，各个检索项的检索词输入及检索限定的选择同简单检索方式，各检索条件之间的组配关系包括"并且""或者"和"非"。除此之外，还可以选择限制检索，对内容特征、出版时间、语种、资源类型等进行选择。

3. 检索结果

（1）检索结果的显示

检索结果显示出分类统计和简单记录格式栏目，如图 2-18 所示。简单记录格式栏目中显示有检索结果的题名、责任者、出版信息、资源类型和馆藏等信息。单击具体记录中的一篇题名可显示该记录的文本格式、下载 MARC 记录、馆藏信息、资源链接等。通过馆藏信息和 CALIS 馆际互借系统的链接可以向收藏单位请求文献传递服务以获取原文，单击馆藏信息下的"馆际互借"按钮，按提示输入相关信息即可完成；如果您的所属馆没有安装 CALIS 馆际互借系统，因此无法实现系统之间的挂接。这时您可单击"发送 E-mail"按钮，采用 E-mail 方式向馆际互借员发出馆际互借申请。

（2）检索结果的标记和输出

● 标记：在简单记录显示页面，单击每条记录前的单选框，出现"√"即完成标记。

● 输出：对需要输出的记录，先选择引文方式或文本方式，填入成员馆的用户名和密码，根据自己的需要选择下载本地或者填好 E-mail 信息选择发送 E-mail。

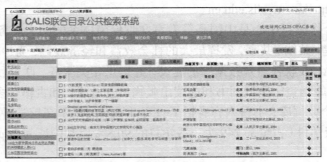

图 2-18　CALIS 馆藏目录检索结果

2.3.2　参考咨询服务

参考咨询服务是一种服务方式，是各种服务方式的重要组成部分，包含了目录查询、QQ 实时咨询、FAQ 咨询、推送服务和信息导航服务等。

1. 目录查询

建有网站的图书馆都会将本馆的馆藏书目、期刊目录公布于网上，有的还购买了期刊目次库。用户既可查询本馆书目和期刊目录，也可利用联机公共目录查找外馆书目以及期刊的收录地点。

2. QQ 实时咨询

在线咨询又称在线客服，是新一代的网络商务即时通信系统。它以网页为载体，为网站访客提供方便快捷的交流方式。图书馆馆员可借助此方式实时回答用户的咨询问题。

3. FAQ 咨询

将用户经常提出的问题收集、整理，把问题和解答都公布于网上并及时更新，使用户遇到这些问题可随时找到答案。

4. 推送服务

推送服务中推送技术的基础思想是将浏览器主动查询信息改为服务器主动发送信息，按用户指定的时间间隔或根据发生的事件把用户选定的信息自动发送给用户。基本过程是：先由用户向系统输入自己的信息需求，包括用户的个人档案，用户感兴趣的主题，由系统或人工在网上有针对性地搜集信息，定期将有关信息推送到用户的电脑上。目前的信息推送服务分为两种，一种是借助于电子邮箱，由人工参与的推送服务；另一种是由系统完成的自动化推送服务。它最大的特点是用户一次输入请求，可定期不断地接收到新的信息。

5. 信息导航服务

信息导航服务是网络时代图书馆提供的新的服务内容。网络信息资源以无限、无序为特征，图书馆对网络资源进行选择、整理、组织，按照学科建成信息导航平台，对不同学科专业科研人员进行信息导航，可以大大节省用户的信息搜索时间。

2.3.3 学科馆员服务

学科馆员是系统掌握图书馆学专业知识，并较为熟悉乃至精通某一门或几门图书馆学以外的学科知识，能深入地从事文献信息开发和用户咨询等图书馆工作的高层次图书馆员。

建立学科馆员制度，组织一批既熟悉本馆信息资源，具有较强的文献信息检索能力，又熟悉某学科专业知识的图书馆员，承担起专门为某学科用户提供深层次信息服务的工作，建立起一种对口服务的新机制十分必要。学科馆员最主要的工作在于能够有效地促进图书馆专业资源的利用，为对口院系用户提供最符合专业需要的图书馆利用指导，扮演着图书馆与院系的桥梁角色，既为图书馆的资源建设提供依据，又参与院系的课程建设及发展。

2.3.4 文献传递与馆际互借

从外馆获取用户所需而本馆缺藏的原始文献的服务。在网络环境下，利用电子邮件或文献传递系统开展文献传递服务，缩短了服务周期。

1. 文献传递服务

文献传递服务也称原文传递，是把用户需要的原始文献从文献源中提取出来，通过一定的途径提供给用户的一种服务。具体来说，是对用户特定的已知的文献需求，由文献服务机构通过适当的方式在一定的时间内将用户需要的文献或替代品以有效的方式与合理的费用直接或间接传递给用户的一种服务。它是从馆际互借发展而来的一种服务，满足了用户个性化文献信息需求，提高了文献资源利用效率，是促进资源共享的重要服务方式。

2. 馆际互借

馆际互借是图书、期刊等文献载体的直接外借服务，而文献传递则不提供原件，只提供复制件的文献外借服务。它是一种非返还式的馆际互借，是馆际互借的延伸，具有返还式馆际互借难以比拟的优点，是资源占有量较少的信息机构获得文献的重要途径之一。

早在 19 世纪，西方一些国家的图书馆就出现了馆际互借服务。20 世纪初，一些国家从立法的角度规定了图书馆必须提供馆际互借服务，馆际互借服务才得以真正地开展起来，但规模还很小。直到 20 世纪 60 年代，以馆际互借为主要形式的文献传递服务在欧美国家普及开来，服务项目包括图书借阅、资料复印等，一般采用邮寄方式开展服务。但当时的馆际互借并不是直接为读者服务，而是图书馆之间利用彼此的馆藏弥补和延伸本馆服务的一种手段。

20 世纪 70 年代以后，由于文献资源的剧增，文献价格的大幅度上涨，图书馆意识到仅仅依赖本馆的能力难以构筑一个完备、系统的馆藏文献保障体系，必须依靠图书馆之间的资源共享、相互协作来满足用户不断变化发展的文献需求，即图书馆以及文献服务机构的功能从如何购置更多的资源发展到如何利用更多的资源。文献传递服务通过利用更为广泛的文献信息资源平衡了馆藏文献资源发展和用户文献需求之间的矛盾，被认为是最直接、有效的资源共享手段，已经与馆藏建设有机结合起来，为图书馆的信息服务提供资源后盾。

2.3.5　科技查新

科技查新是文献检索和情报调研相结合的情报研究工作。它以文献为基础，以文献检索和情报调研为手段，以检出结果为依据，通过综合分析对查新项目的新颖性进行情报学审查，写出有依据、有分析、有对比、有结论的查新报告。也就是说，查新是以通过检出文献的客观事实来对项目的新颖性做出结论。因此，查新有较严格的年限、范围和程序规定，有查全、查准的严格要求，要求给出明确的结论。查新结论具有客观性和鉴证性，但不是全面的成果评审结论。这些都是单纯的文献检索所不具备的，也有别于专家评审。

可见，科技查新工作是由具备一定信息资源基础与相应查新咨询资质人员的科技信息咨询机构，通过手工检索和计算机检索等途径，运用综合分析和对比的方法，为评价科研成果、科研立项等的新颖性提供文献查证结果的一种信息咨询服务工作。

1. 科技查新工作的服务范围

科技查新工作的服务范围包括：申请科研立项、科技成果验收、评估、转化、申报科研奖励、申请国家发明专利、技术引进查新、博士生课题开题报告和新产品开发等。

2. 科技查新报告

查新咨询服务的结果是为被查课题出具一份查新报告，这一份报告一般包括封面、正文及签名盖章等内容。而正文又是查新报告的核心部分，一般包括 3 项内容。

（1）课题的技术要点

根据用户提供的研究报告及其他技术资料写出的课题的概要，重点表述主要技术特征、参数、指标、发明点、创新点、技术进步点等。

（2）检索过程与检索结果

包括对应于查新课题选用的检索系统、数据库、检索年限、检索词、检索式及检索命中的结果等。

（3）查新结果

对查新课题与以上命中的结果进行新颖性、先进性的对比分析，最后得出查新结果。

第 3 章

常用数据库检索

20 世纪 60 年代，数据库技术作为现代信息系统基础的一门软件学科应运而生。如今，数据库技术已成为计算机领域中最重要的技术之一。它的出现使得计算机应用渗透到工农业生产、商业、行政、教育、科学研究、工程技术和国防军事的各个部门。管理信息系统（MIS）、办公自动化系统（OA）、决策支持系统（DSS）等都是使用了数据库管理系统或数据库技术的计算机应用系统。

3.1　数据库基础及应用

3.1.1　数据库的概念

数据库（Database，DB）是按照数据结构来组织、存储和管理数据的仓库。按照国际标准的组织标准 ISO／DIS5127 的规定，数据库（Database）是指至少由一种文档（File）组成，能满足特定目的或特定功能数据处理系统需要的数据集合。

3.1.2　数据库的构成

数据库主要由文档、记录、字段 3 个层次构成。

1. 文档（File）

文档是文献或数据记录的集合。一个数据库至少包括顺排文档和倒排文档两种文档。

顺排文档（Linear File）也称主文档，是按记录存取号的大小顺序排列而成的文档。每一篇文献为一条记录单元，一个存取号对应一条记录，文献信息越新，记录存入文档的时间越晚，记录的顺序号就越大。

倒排文档（Inverted File）也称索引文档，是将全部记录中的某一文献或数据特征标识（不包括存取号），即把主文档中的可检字段（如主题词、著者）抽出，按一定的顺序（字母或数字顺序）排列而成的特征标识文档。不同的字段组织成不同的倒排文档（如主题词倒排文档、著者倒排文档等）。

2. 记录（Record）

记录是有关文献或数据的整体描述，是构成数据库或文档的基本单元。在全文数据库中，一条记录相当于一篇文章；而在书目数据库中，一条记录相当于一条题录。如果以传统图书馆作比较，传统图书馆采用手工借阅，利用的是卡片式目录，数据库的一条记录则对应着一张卡片。

3. 字段（Field）

字段是记录的基本单元，是对实体的具体属性进行描述的结果。在书目数据库中，记录含有的字段主要有题名、著者、出版年、主题词、文摘、ISBN 等。字段由字段名和字段内容构成。如果有些字段内容较多，还可以进一步划分为若干个子字段。

在书目数据库中，一条完整的记录由若干个字段及其内容构成，反映了一种图书较全面的信息。许多记录按照不同的方式排列，又组成顺排文档或不同的倒排文档，这些文档是若干数据的集合，进一步构成数据库的主体。

3.1.3 数据库的类型

按照数据库反映文献类型的不同，可将数据库分为如下几类。

1. 参考数据库（Reference Database）

参考数据库是指包含各种数据、信息或知识的原始来源和属性的数据库。数据库中的记录是通过对数据、信息或知识的再加工和过滤，如编目、索引、摘要、分类等，然后形成的数据库。参考数据库主要是针对印刷型出版物开发的，指引用户能够快速、全面地鉴别和找到相关信息的数据库，提供文献信息的基本特征和属性以供用户参考，同时提供相关来源信息使用户可以找到原始文献。

2. 全文数据库（Full–text Database）

全文数据库是指收录有原始文献全文的数据库，以期刊论文、会议论文、政府出版物、研究报告、法律条文和案例、商业信息等为主。全文数据库免去了文献标引著录等加工环节，减少了数据组织中的人为因素，因此数据更新速度快，检索结果查准率更高；同时由于直接提供全文，省去了查找原文的麻烦，因此深受用户喜爱。

3. 事实数据库（Factual Database）

事实数据库是指包含大量数据、事实，直接提供原始资料的数据库，又分为数值数据库、指南数据库、术语数据库等，相当于印刷型文献中的参考工具书，如百科全书、手册、年鉴、名录等。数值数据库，指专门以数值方式表示数据，如年鉴数据库、统计数据库、化学反应数据库等；指南数据库，如公司名录、产品目录等；术语数据库，即专门存储名词术语信息、词语信息等的数据库，如电子版的百科全书。

3.1.4 常用的文献数据库

国内外文献数据库很多，常用的文摘索引数据库有世界著名的四大权威检索数据库：美国《科学引文索引》（Science Citation Index，SCI）、《科学评论索引》（ISR-Index to Scientific Reviews，ISR）、美国《工程索引》（the Engineering Index，EI）和美国《科技会议录索引》（Index to Scientific & Technical Proceedings，ISTP）；以及英国《科学文摘》（Science Abstracts，SA）、美国《化学文摘》（Chemicol Abstracts，CA）；国内常见的《全国报刊索引》《报刊资料索引》《科学技术研究成果公报》《中国学术会议文献通报》等题录型和文摘型数据库。

常用的国内全文数据库包括中国知网、万方数据库、维普中文科技期刊数据库、读秀学术搜索、超星数字图书馆等，常用的国外全文数据库有 EBSCO 全文数据库、Springer Link 数据库、Elsevier 数据库和 ProQuest 系列数据库等。

3.2 中国知网

3.2.1 中国知网介绍

中国知网，又名"中国国家知识基础设施"（China National Knowledge Infrastructure，

CNKI)。国家知识基础设施（National Knowledge Intrdstructure，NKI）的概念，首先由世界银行于 1998 年提出，后由清华大学光盘国家工程研究中心、清华同方光盘股份有限公司等单位发起，以实现全社会知识资源传播共享与增值利用为目标的信息化建设项目，工程于 1999 年 6 月开始实施。经过十几年的努力，建成了世界上全文信息量规模最大的"CNKI 数字图书馆"，并启动建设《中国知识资源总库》及 CNKI 网格资源共享平台，通过产业化运作，为全社会知识资源高效共享提供了最丰富的知识信息资源和最有效的知识传播与数字化学习平台。目前 CNKI 已建成了十几个系列知识数据库，其中《中国知识资源总库》是 CNKI 的核心产品。

《中国知识资源总库》拥有国内 9044 种期刊、1000 多种报纸、420 多家博士培养单位的博士学位论文、650 余家硕士培养单位的优秀硕士学位论文、约 900 家全国各学会/协会重要会议论文、1600 种各类年鉴、数百家出版社已出版的图书、百科全书、中小学多媒体教学软件、专利、标准、科技成果、政府文件、互联网信息汇总以及国内外 1200 多个各类加盟数据库等知识资源。《中国知识资源总库》已经囊括除图书外我国 80%的知识资源，是目前中国最具权威、资源收录最全、文献信息量最大的动态资源体系，也是中国最先进的知识服务平台与数字化学习平台。

《中国知识资源总库》是通过中国知识门户网站——"中国知网"（http://www.cnki.net/）来进行实时网络出版和信息服务。其核心资源是 CNKI 系列数据库。

1. 中国学术期刊网络出版总库

中国学术期刊网络出版总库（China Academic Journal Network Publishing Database，CAJD）是目前世界上最大的连续动态更新的中国学术期刊全文数据库，收录了 1915 年（部分期刊回溯至创刊）至 1994 以来国内近 9000 多种(动态)重要期刊。核心期刊收录率为 96%；特色期刊（如农业、中医药等）收录率为 100%；独家或唯一授权期刊共 2000 余种，约占我国学术期刊总量的 30%。

2. 中国博士学位论文全文数据库

中国博士学位论文全文数据库（China Doctoral Dissertations Full-text Database，CDFD）是目前国内相关资源最完备、出版周期最短、数据最规范、最实用、高质量、连续动态更新的中国博士学位论文全文数据库，收录了 1984 年（部分）至 1999 年以来全国"985"、"211"工程等重点高校，中国科学院、社会科学院等研究院所 420 家（动态）博士培养单位的博士学位论文。

3. 中国优秀硕士学位论文全文数据库

中国优秀硕士学位论文全文数据库（China Master's Theses Full-text Database，CMFD）是国内内容最全、质量最高、出版周期最短、数据最规范、最实用的硕士学位论文全文数据库。重点收录了 1984 年（部分）至 1999 年以来国内"985"、"211"高校、中国科学院、社会科学院等 650 家（动态）重点院校的优秀硕士学位论文。重要特色学科包括通信、军事学、中医药等专业。

4. 中国重要会议论文全文数据库

中国重要会议论文全文数据库（China Proceedings of Conference Full-text Database，CPCD）是由国内外会议主办单位或论文汇编单位书面授权并推荐出版的重要会议论文。重点收录了 1953 年（部分）～1999 年以来，中国科协系统及国家二级以上的 1665 家学会、协会，高校、科研院所，政府机关举办的重要会议以及在国内召开的国际会议上发表的文献。

其中，国际会议文献占全部文献的 20%以上，全国性会议文献超过总量的 70%。

5. 中国重要报纸全文库

中国重要报纸全文库（China Core Newspapers Full-text Database，CCND）是目前国内重要报纸刊载的学术性、资料性文献的连续动态更新的数据库。收录了 2000 年以来国内 561种地市级以上公开发行的重要报纸。

6. 中国年鉴网络出版总库

中国年鉴网络出版总库（China Yearbook Full-text Database，CYBD）完整收录了我国已出版的各类年鉴 2456 种，约 19180 册，所收录的年鉴册数和文献条目数的完整率为 99%。核心的重要年鉴已基本收录完整，中央级年鉴入编 631 种，占中央级年鉴的 95%以上；统计类年鉴 774 种、总册数 5647，收全率达 99%。

7. 中国工具书网络出版总库

中国工具书网络出版总库（China Reference books Full-text Database，CRBD）集成了近200 家知名出版社的近 7000 册工具书，类型包括语文词典、双语词典、专科辞典、百科全书、图录、表谱、传记、语录、手册等，约 2000 万个条目，100 万张图片。

3.2.2 KDN 1.6 平台

中国知网现在使用最新的"知识发现网络平台"（Knowledge Discovery Network，KDN）1.6 版本为用户服务。

KDN1.6 平台由检索系统、知网节系统、在线阅读系统、文献分析系统、读者个性化系统5 个系统组成。KDN1.6 平台的总目标是将 KDN1.6 打造成中国人首选的中文、外文资源统一发现平台，为外国人提供中文资源检索、发现的全面、权威的平台。平台的设计目标是权威、可信的知识服务平台，拥有海量的学术资源和统一的数据模型，平台拥有多种发现资源的方法和多种获取方法。KDN1.6 版本的用户体验更加完美，不仅实现了中外文混合检索和智能发现，而且在数据分析、可视化、知网节和知识网络上都有了新的突破。平台的研发方向是中外文统一集成与检索，可视化与文献分析，知识网络与知网节以及用户个性化和交互设计。

1. 登录方式

登录 http://www.cnki.net/，凭机构用户登录账号、密码或 IP 自动登录。对于学校用户，KDN 平台实现了在学校 IP 范围内自动登录，用户可直接检索、下载和在线阅读文献，也可以通过学校图书馆站点上提供的链接进入，如图 3-1 所示。

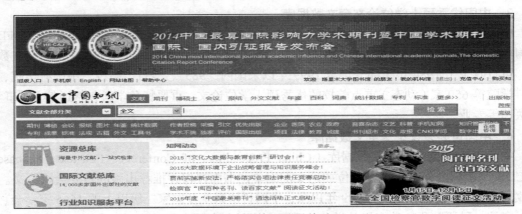

图 3-1　中国知网登录首页

2. 一框式检索

KDN 知识发现网络平台采用的是一框式检索方式，集各类资源于统一的检索框内进行检索。其中"文献"包括期刊、学位论文、会议、报纸、年鉴、专利、标准等数据库资源，可跨库统一检索。

（1）输入检索词直接检索

选择数据库（默认为"文献"，"文献"为跨库包括期刊、博士、硕士、国内重要会议、国际会议、报纸、年鉴、学术辑刊、哈佛商业评论和麻省理工科技创业等库）以及检索字段，在检索框中直接输入检索词，单击检索按钮进行检索，如图 3-2 所示。

图 3-2　直接检索

（2）数据库切换直接检索

选择字段以及输入检索词，切换数据库则直接检索，如果检索框为空，则不检索，如图 3-3 所示。

图 3-3　切换数据库检索

（3）文献分类检索

文献分类检索，提供以鼠标滑动显示的方式进行展开，包括基础科学、工程科技、农业科技等领域，对每个领域又进行了细分，根据需要单击某一个分类，即进行检索，如图 3-4 所示。

图 3-4　文献分类检索

（4）智能提示检索

当输入检索词数据仓库时，只输出了数据两个词，系统会根据您输出的词，自动提示相关的词。通过鼠标（键盘）选中提示词，单击检索按钮（或者单击提示词，或者直接按回车键），即可实现相关检索，如图 3-5 所示。

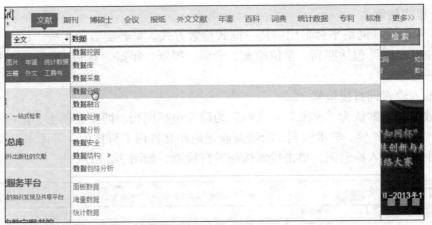

图 3-5 智能提示检索

（5）相关词检索

在检索结果页面的下方，提供了输入检索词的相关词，单击相关词即可进行检索，如图 3-6 所示。

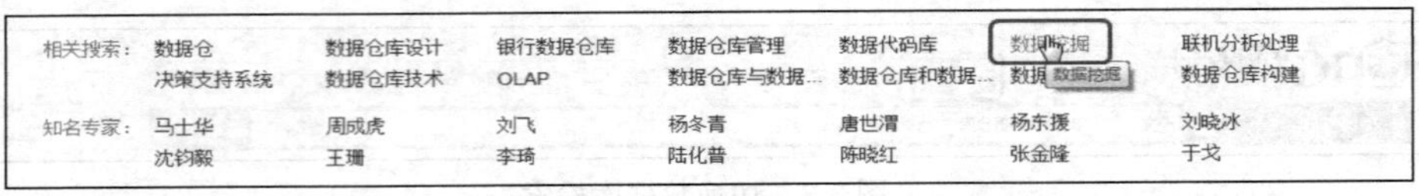

相关搜索：	数据仓	数据仓库设计	银行数据仓库	数据仓库管理	数据代码库	数据挖掘	联机分析处理
	决策支持系统	数据仓库技术	OLAP	数据仓库与数据	数据仓库和数据	数据挖掘	数据仓库构建
知名专家：	马士华	周成虎	刘飞	杨冬青	唐世渭	杨东援	刘晓冰
	沈钧毅	王珊	李琦	陆化普	陈晓红	张金隆	于戈

图 3-6 相关词检索

（6）历史记录检索

在检索结果的页面右下方，有检索历史记录。单击历史检索词，同样可以检索出数据（检索项为页面默认的检索项），如图 3-7 所示。

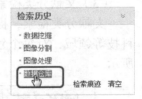

图 3-7 历史记录检索

3. 选取数据库

KDN 提供了统一检索界面，首页上只列出常用的几个数据库，可随意切换。如果想切换其他数据库，例如"法律数据库"，单击"更多>>"，然后选择"法律"即可，如图 3-8 所示。

图 3-8 单击更多选库

选中"法律"之后，法律替换标准，如图 3-9 所示。

图 3-9　选中法律数据库

4. 跨库选择

在"文献"检索中，提供了跨库选择功能，单击 跨库选择 ，弹出的界面如图 3-10 所示。

图 3-10　跨库选择

可以选择想要的数据进行组合检索。选择完成之后，显示如图 3-11 所示。

图 3-11　组合检索

5. 检索实例

下面以"数据仓库"为检索词，以数据库"文献"（跨库）为例，进行"全文"检索。检索的结果如图 3-12 所示。

（1）全文检索

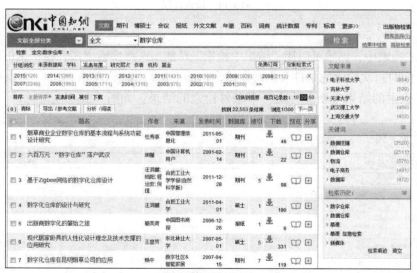

图 3-12　全文检索

（2）选取字段检索

根据检索需要，可选取不同检索项来提高检索的查准率。单击下拉框切换检索项，数据库不同检索项也不同，如图 3-13 所示。

图 3-13　选取字段检索

（3）检索建议

"检索建议"即系统智能地识别用户所输入的检索词是否与检索项对应。例如，在"文献"中，检索项为"全文"，检索词用"清华大学"，单击"检索"按钮（或者直接按回车键），则系统给出智能提示"建议在'单位'中检索'清华大学'"，如图 3-14 所示。

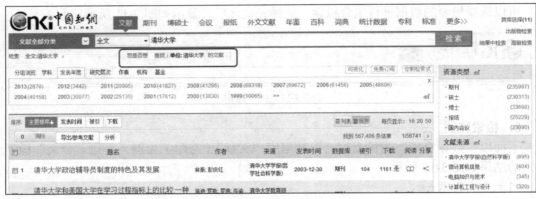

图 3-14　检索建议

（4）结果中检索

在一框式检索中，仍然可以用"结果中检索"功能。选择检索字段，在检索框输入关键词，单击 结果中检索，同时每次检索的条件会出现在检索框的下面，如输入单击 检索　全文:数据仓库　主题:数据挖掘 x 中的 x 时，检索的结果重新变为上一个条件检索的结果，如图 3-15 所示。

图 3-15　结果中检索

6. 高级检索

前面介绍的属于一框式检索，需要专业检索和组合检索的用户可以进入高级检索模式进行检索。在检索的首页中，选择要检索的库，再单击"高级检索"。直接进入高级检索页面，这里以"期刊"高级检索为例，如图 3-16 所示。

图 3-16 一框式页面

单击 _{高级检索}，进入高级检索（分为多个检索，不同的数据库则检索种类不同）页面，如图 3-17 所示。

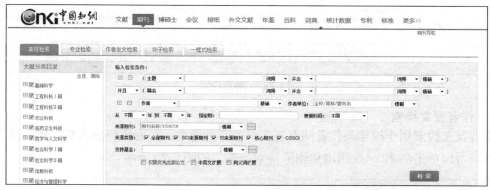

图 3-17 期刊高级检索页面

高级检索如图 3-18 所示，其中 ⊞ 和 ⊟ 按钮用来增加和减少检索条件，"词频"表示该检索词在文中出现的频次。在高级检索中，还提供了更多的组合条件，来源、基金、作者以及作者单位等。

图 3-18 期刊高级检索

7. 专业检索

专业检索是所有检索方式里面比较复杂的一种。需要用户自己输入检索式来检索，并且确保所输入的检索式语法正确，以检索到想要的结果。每个库的专业检索都有说明，详细语法可以单击右侧 _{检索表达式语法} 参看详细的语法说明。例如，在期刊库中，用户首先要明确期刊库的可检索字段有哪些、分别用什么字母来表示。可检索字段：

SU=主题，TI=题名，KY=关键词，AB=摘要，FT=全文，AU=作者，FI=第一作者，AF=作者单位，JN=期刊名称，RF=参考文献，RT=更新时间，PT=发表时间，YE=期刊年，FU=基金，CLC=中图分类号，SN=ISSN，CN=CN 号，CF=被引频次，SI=SCI 收录刊，EI=EI 收录刊，HX=核心期刊。这样，如果需要检索主题是"图像处理"且含有"图像分割"的期刊文献，那用户需要在检索框中输入"SU='图像处理'*'图像分割'"即可查询相关文献，如图 3-19 所示。

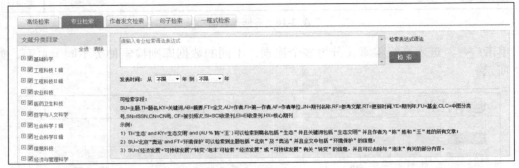

图 3-19　专业检索

8. 作者发文检索

作者发文检索用于检索某作者的发表文献，非常简单，只要用户输入相应作者姓名、单位即可。可以单击 ⊞ 和 ⊟ 按钮增加删除检索条件，如图 3-20 所示。

图 3-20　作者发文检索

9. 句子检索

句子检索用来检索文献正文中所包含的某一句话，或者某一个词组等文献。可以单击 ⊞ 和 ⊟ 按钮，在同一句或者同一段中检索，如图 3-21 所示。

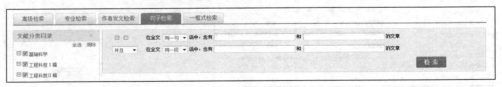

图 3-21　句子检索

10. 检索结果

在高级检索模式里的检索结果，基本和一框式检索结果功能类似，包括分组、排序、导出、设置摘要模式、输出关键词等，这里不再重复介绍功能使用。在高级检索结果页面的左侧，文献分类目录中单击任意一个分类，结果发生相应的变化，选中某个分类，再选择条件检索，将会缩小检索范围、提高检索效率，如图 3-22 所示。例如，选择"工程科技Ⅱ辑"，篇名包含数据仓库，单击检索，检索的结果范围更精确。

图 3-22　高级检索结果页面

在高级检索中，有"结果中检索"功能，如果对检索结果不是很满意，可以增加检索条件，选择 结果中检索 ，这样搜索的范围会更精确。

11. 检索结果展示

（1）分组与可视化

以上述检索结果为例（下同），如果某个库有分组，则在检索结果中显示相关的分组详细情况；分组中若包含年份，则默认展开，并且每一个分组后面都显示了该组的数量。单击某个分组之后，背景色为红色（表示选中），下方结果则发生相应的变化，如图 3-23 所示。

图 3-23　分组与可视化

不同的库检索之后，上方和右侧出现不同的分组，虽然位置不同，但单击 图标之后的结果是一样的。这里以数据库"期刊"为例，检索"数据仓库"，如图 3-24 所示。

在文献来源列表中，选中一个单击之后，检索结果全部来自选中的文献来源，且发生相应的变化，同时被选中的来源加上了红色背景。单击 ≫ ，则展开了其他文献来源，按照数据排序最多显示 15 个。其他分组包括关键词等与之相同。单击上图红框里的图标 ，分别进入期刊分组分析页面和关键词分析页面，如图 3-25 和图 3-26 所示。

图 3-24　来源分组和关键词分组

（2）结果排序

在检索结果的下方，可以选择按照某个字段进行排序，默认为"主题排序"降序，再次单击之后则按照升序排列，如图 3-27 所示。

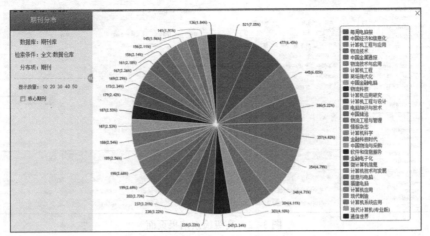

图 3-25　期刊分布分析图

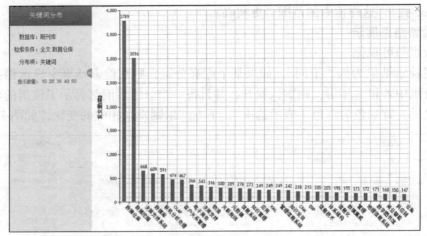

图 3-26　关键词分布分析图

图 3-27　结果排序

每个数据库对应的分组形式和排序形式都不一样，具体不一一列出。

（3）设置显示记录数

检索结果中，每页默认检索的记录数是 20 页，共有显示 10、20、50 三种，如图 3-28 所示。设置之后，每次检索则按照之前设置的记录数进行显示。例如，上述检索，设置每页显示 10 条记录，之后检索结果都显示 10 条。

（4）切换显示模式

单击 列表 摘要 ，则可以将检索结果变为摘要模式，如图 3-29 所示。选择摘要模式，之后的检索都是以这种模式进行显示。

（5）检索历史

在检索结果页面，有检索历史功能。检索历史是记录用户之前的检索项。单击任意一个历史检索项，都可直接检索（默认页面检索项为检索字段），如图 3-30 所示。

如果要清除检索历史，单击 即可。单击 ，进入检索痕迹页面，如图 3-31 所示。

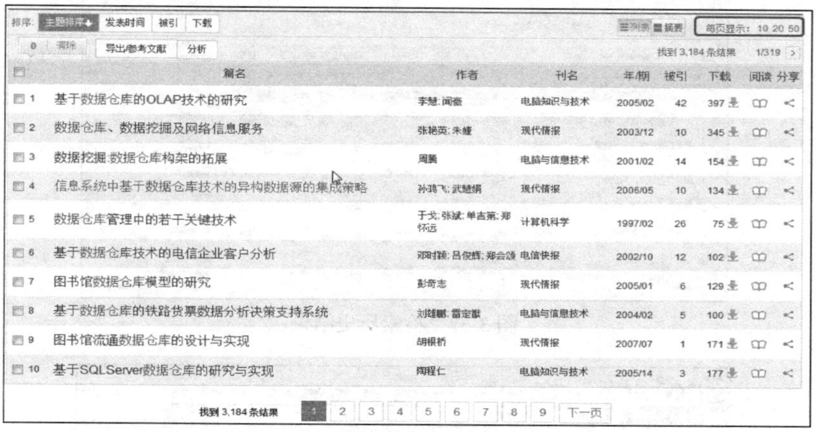

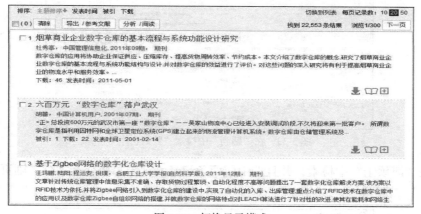

图 3-28　设置记录数

图 3-29　切换显示模式

图 3-30　检索历史

图 3-31　检索痕迹

在检索痕迹页面中，显示了每次检索的条件、方式和数据库。单击任一检索条件，就进入了相应的历史检索结果页面，如图 3-32 所示。

历史检索结果页面的功能，基本同检索结果页面。

12. 检索结果数据处理

在 KDN 中，提供了多个库检索结果的组合方式，以满足多结果进行存盘等功能；同时还提供了检索结果组合分析、组合预览功能，并提供了统一的接口。以图 3-33 为例，在期刊数据库中检索全文包含"数据仓库"的结果，选择前两条记录，红框标出选中结果条数为"2"。

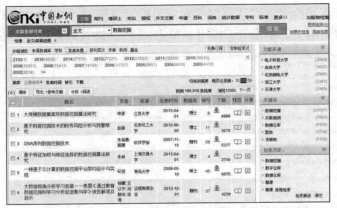

图 3-32　检索历史结果

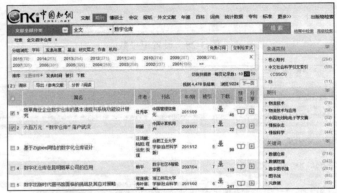

图 3-33　在"期刊"中检索"数据仓库"

继续在"博硕士"中检索，并且选中前两条记录，记录总数变为"4"，则页面显示如图 3-34 所示。

图 3-34　在"博硕士"中检索"数据仓库"

单击图 3-34 红框中的数字"4"，则进入检索结果组合页面，如图 3-35 所示。

图 3-35　导出分析组合预览等

在这个检索结果组合页面中，显示了各个库的检索条件，以及选择的检索结果；同时根据需要继续添加相同库里的文献，可以追加其他库里的检索结果，如"会议"，也可以删除不需要的检索结果。

选择要导出的文献，单击 ▢ 导出／参考文献 ，则进入存盘页面，如图3-36所示。

图3-36　存盘页面

在KDN1.6平台中又对原来文献分析功能进行了可视化改进，在分析了选择文献的互引关系、参考文献、引证文献、文献共被引分析、关键词文献分析、读者推荐分析、文献分布分析（资源类型分布、学科分布、来源分布、基金分布、作者分布、机构分布）基础之上，平台将这些数字以可视化的方式体现出来，如图3-37所示。

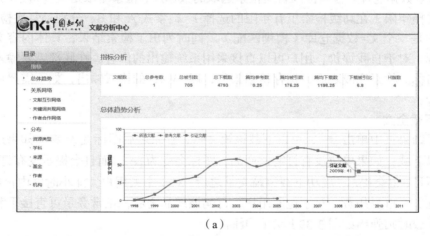

（a）

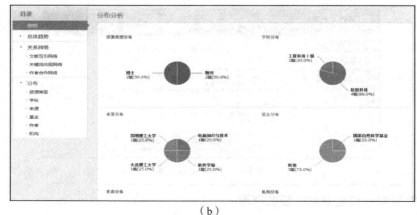

（b）

图3-37　文献分析中心页面展示

在检索结果组合页面中，同时提供了定制和输出检索报告功能。

单击 [生成检索报告] ，进入输出检索报告的页面，如图 3-38 所示。

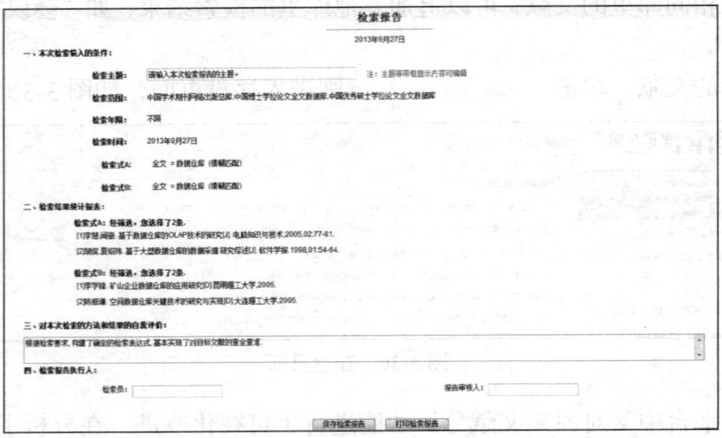

图 3-38　检索报告

在检索报告的页面中，蓝色标记部分需要用户手动编辑。输入检索主题，如本次检索的主题是：检索数据仓库。检索范围就是检索选取的数据库，检索年限是选择检索的时间范围，这里没有选择年限（在高级检索里有年限的选择）。检索式 A 和 B，分别是每次检索的条件，这里显示的是"全文=数据仓库（模糊匹配）"。同时列出了检索结果，具体内容文献以引文的格式展现。对于自我评价，用户可以直接采用系统输出的内容。在底部需要输入检索和审核人员的名称。检索完成之后，保存检索报告，以 Word 的格式输出，如不需要可直接打印出检索报告。

13. 下载全文

在检索结果页中单击 ![icon]，可以下载该篇文献，登录之后图标变为 ![icon]。如果订购了该产品，则可以下载；如果单位没有订购该产品，图标会变为 ![icon]，而且会提示没有订购该产品；如果余额不足，也会提示。成功下载该篇文献之后，对于个人用户，24 小时之内再次下载（或者在线预览）不重复扣费。对于包库用户，订购该产品之后，正常登录可直接下载。对于个人用户，下载时则弹出如图 3-39 所示的页面。

图 3-39　个人下载扣费

14. 相关搜索—知名专家—相关资源

（1）相关搜索

在检索结果的下端，提供了相关搜索功能。相关搜索是根据用户的输入系统提供与此相关的词。单击相关搜索词，页面将以该词为检索词进行检索。图 3-40 所示为检索"数据仓库"

的相关搜索。

相关搜索：	数据仓	数据仓库设计	银行数据仓库	数据库管理	数据代码库	数据挖掘	联机分析处理
	决策支持系统	数据仓库技术	OLAP	数据仓库与数据…	数据仓库和数据…	数据仓库应用	数据仓库模型
知名专家：	马士华	周成虎	刘飞	杨冬青	唐世谓	杨东援	刘晓冰
	沈钧毅	王珊	李琦	陈晓红	朱扬勇	张金隆	于戈

图 3-40　相关搜索词和知名专家

（2）相关资源

KDN1.6 平台推出相关资源，在检索结果页面的右侧为大家推荐具有图形展示的资源文献，如图 3-41 所示。

15. 安装全文浏览器

目前 CAJ 浏览器已更新至 7.2 版本，CNKI 所有文献都提供 CAJ 文献格式，期刊、报纸、会议论文等文献同时提供 PDF 格式。我们推荐您使用 CAJ 浏览器，其速度更快，针对学术文献的各种扩展功能更强。

16. 专业检索语法

专业检索用于图书情报专业人员查新、信息分析等工作，使用逻辑运算符和关键词构造检索式进行检索。

跨库专业检索支持对以下检索项的检索：SU='主题', TI='题名', KY='关键词', AB='摘要', FT='全文', AU='作者', FI='第一责任人', AF='机构', JN='中文刊名'&'英文刊名', RF='引文', YE='年', FU='基金', CLC='中图分类号', SN='ISSN', CN='统一刊号', IB='ISBN', CF='被引频次'。

图 3-41　相关资源推荐

（1）使用运算符构造表达式

中国知网可使用的运算符，如表 3-1 所示。

表 3-1　中国知网运算符

运算符	检索功能	检索含义	举例	适用检索项
='str1'*'str2'	并且包含	包含 str1 和 str2	TI='转基因'*'水稻'	所有检索项
='str1'+'str2'	或者包含	包含 str1 或者 str2	TI='转基因'+'水稻'	
='str1'-'str2'	不包含	包含 str1 不包含 str2	TI='转基因'-'水稻'	
='str'	精确	精确匹配词串 str	AU='袁隆平'	作者、第一责任人、机构、中文刊名&英文刊名
='str /SUB N'	序位包含	第 n 位包含检索词 str	AU='刘强 / SUB 1 '	
%'str'	包含	包含词 str 或 str 切分的词	TI%'转基因水稻'	全文、主题、题名、关键词、摘要、中图分类号
='str'	包含	包含检索词 str	TI='转基因水稻'	
=' str1 /SEN N str2 '	同段，按次序出现，间隔小于 N 句		FT='转基因 / SEN 0 水稻'	
=' str1 /NEAR N str2 '	同句，间隔小于 N 个词		AB='转基因 / NEAR 5 水稻'	主题、题名、关键词、摘要、中图分类号

运算符	检索功能	检索含义	举例	适用检索项
=' str1 /PREV N str2 '	同句，按词序出现，间隔小于 N 个词		AB='转基因 /PREV 5 水稻'	主题、题名、关键词、摘要、中图分类号
=' str1 /AFT N str2 '	同句，按词序出现，间隔大于 N 个词		AB='转基因 /AFT 5 水稻'	
=' str1 /PEG N str2 '	全文，词间隔小于 N 段		AB='转基因 /PEG 5 水稻'	
=' str $ N '	检索词出现 N 次		TI='转基因 $ 2'	

（2）使用"AND""OR""NOT"等逻辑运算符，"（）"符号将表达式按照检索目标组合起来

注意事项：所有符号和英文字母，都必须使用英文半角字符；"AND""OR""NOT"3种逻辑运算符的优先级相同；如要改变组合的顺序，请使用英文半角圆括号"（）"将条件括起；逻辑关系符号与（AND）、或（OR）非（NOT）前后要空一个字节；使用"同句""同段""词频"时，需用一组西文单引号将多个检索词及其运算符括起。

3.2.3 中国知网特色

1. 知识网络与知网节

KDN1.6 平台主要的知网节节点有文献知网节（参考文献、引证文献、相似文献……）、作者知网节（导师、学生、合作作者……）、来源（期刊、报纸、会议……）、关键词知网节（主题、领域等……）、基金项目（基本信息、高产出领域、学者、机构……）、机构知网节（著名学者、重点专业、主办刊物……）、学科知网节（著名学者、机构、基金……）、读者知网节（读者成为知网网络中的一个节点，大数据的体现）。各节点之间都有错综复杂的关系，如图 3-42 所示。

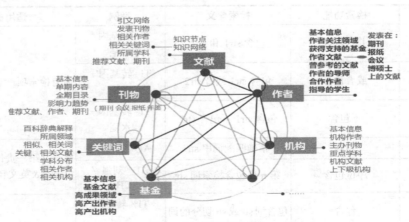

图 3-42　知网节节点

KDN1.6 新平台对知网节页面进行了很大的改进，在可视化上为突出，引文网络、关键词等都以可视化的方式来展现给读者，如图 3-43 所示。

新平台对引文网络做了非常大的改进，不仅将引文网络可视化，使读者更能看清楚文章直接的关系，而且能对某些关键词、作者、来源等的引文行进行筛选分组。单击右侧的分组

信息，显示出相关引文文献，如图 3-44 所示。

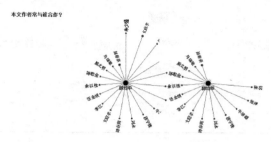

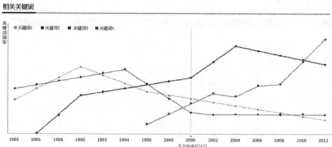

相关基金文献

同属 "教育部大学英语教学改革扩展项目" 支持的参考文献　　共 3 篇
[1] 加快推进世界一流大学建设 [J]. 顾秉林, 胡和平. 求是. 2011(10)
[2] 清华学堂人才计划 培养学科领跑人才 [J]. 顾秉林. 教育与职业. 2011(10)
[3] 推动教育创新 培养创新人才 [J]. 顾秉林. 中国高校科技. 2011(06)
[4] 百年清华 永创一流——清华大学建设世界一流大学的认识与实践 [J]. 顾秉林, 胡和平. 中国高等教育. 2011(09)

同属 "教育部大学英语教学改革扩展项目" 支持的被引文献　　共 3 篇
[1] 加快推进世界一流大学建设 [J]. 顾秉林, 胡和平. 求是. 2011(10)
[2] 清华学堂人才计划 培养学科领跑人才 [J]. 顾秉林. 教育与职业. 2011(10)
[3] 推动教育创新 培养创新人才 [J]. 顾秉林. 中国高校科技. 2011(06)
[4] 百年清华 永创一流——清华大学建设世界一流大学的认识与实践 [J]. 顾秉林, 胡和平. 中国高等教育. 2011(09)

（a）

经典研究

建构主义的教学模式、教学方法与教学设计. 何克抗 北京师范大学学报(社会科学版). 1997年05期
基于建构主义的教学设计模式. 余胜泉, 杨晓娟, 何克抗. 电化教育研究. 2000年12期
信息技术环境下基于协作学习的教学设计. 李家东. 电化教育研究. 2000年04期

相关文献　　　　　　　　　　　　　　　　　　　　　　　总文献量：1948　总被引量：6986　总下载量：989193

最高被引

1　百年清华 永创一流——清华大学建设世界一流大学的认识与实践　2242
　　[J]. 胡和平. 中国高等教育. 2011(09)
2　牢记总书记的重托 奋斗 奋斗 再奋斗——学习落实胡锦涛《在庆　562
　　祝清华大学建校100周年大会上的讲话》[J]. 胡和平. 中国高等教育
　　. 2011(10)
3　在庆祝清华大学建校100周年大会上的发言 [J]. 何克抗. 清华大学教　352
　　育研究. 2011(03)

最高下载

1　百年清华 永创一流——清华大学建设世界流大学践 [J]. 胡和平. 中国高等　2242
　　教育. 2011(09)
2　牢记总书记的重托 奋斗 奋斗 再奋斗——学习落实胡锦涛《在庆　562
　　祝》[J]. 胡和平. 中国高等教育. 2011(10)
3　在庆祝清华大学建校100周年大会上的发言清华大学建校100周年大　352
　　会上的讲话》[J]. 何克抗. 清华大学教育研究. 2011(03)

关注度指数分析　　　　　　　　　　　　　　　　　　　　　　　　　　（查看更多趋势分析结果）

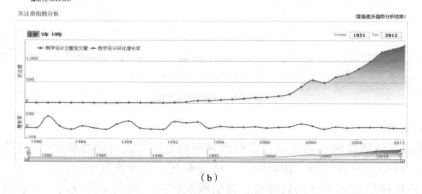

（b）

图 3-43　知网节页面展示

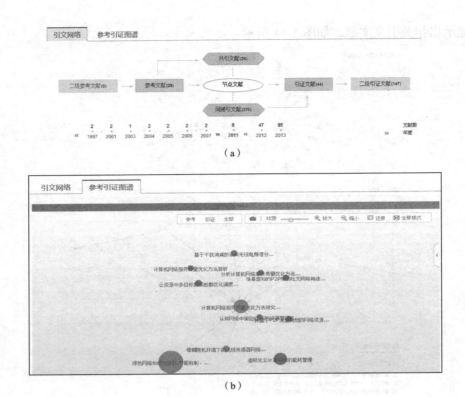

（a）

（b）

图 3-44　引文网络展示

2. 主题指数

KDN1.6 的知网节页面加入对本文关键词的可视化分析，分布列出最近几年关键词出现的频率，如图 3-45 所示。

图 3-45　文献分类导航

3. 主题排序

KDN 平台默认的检索结果是综合多种因素对检索结果进行的智能排序，这些因素包括相关度、下载、被引、发表时间、影响因子、核心期刊、文献长度等指标。

方便用户快速检索到下载次数较高，被引频次较高，期刊质量较高，发表时间较近的文献，如图 3-46 所示。

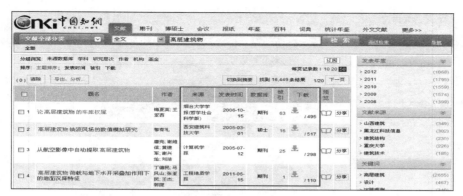

图 3-46　主题排序

检索结果除了提供主题排序外，还为用户提供了按发表时间、被引和下载等指标排序的传统排序方式，方便用户根据需要进行选择。

4. 长句切分

KDN 平台支持用户输入长句检索，系统将自动把长句切分成若干关键词，再进行检索，如图 3-47 所示。

输入"无线传感器网络中覆盖控制理论与算法"，系统把该句切分成"无线传感器""传感器网络""覆盖控制""覆盖""算法"等关键词。

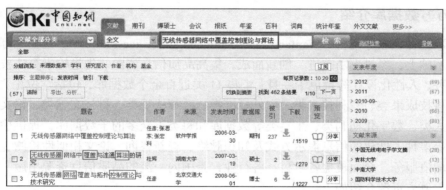

图 3-47　长句切分

5. 文献分析

（1）题录导出：KDN 平台支持多次检索结果的一次性输出。

（2）文献分析：KDN 检索平台可对选定文献进行文献互引分析、共引分析、共被引分析、读者推荐分析、H 指数分析、文献的来源分布和机构分布分析，以及提供参考文献、引证文献和相关关键词文献等。

图 3-48 是文献互引分析图：箭头指向为引用关系，绿色圆球表示引用文献，黄色圆球表示被引文献。

6. 生成检索报告与推送分享

KDN 1.6 检索平台可为用户的检索行为生成检索报告，从而记录检索的整个过程。另外，KDN1.6 检索平台还增加了分享功能，可以把检索到的文献分享到用户微博，推荐给更多的读者。在检索结果列表中和知网节内都有分享入口，还可以通过 E-mail 或者手机短信订阅。用户订阅的期刊有新的更新、关注的文献有新的引用时，系统会定期发送邮件或短信通知。

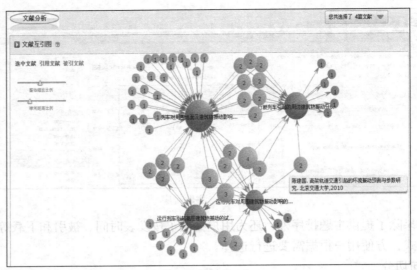

图 3-48　文献分析

3.3　万方数据库

3.3.1　万方数据库介绍

万方数据知识服务平台（Wanfang Data Knowledge Service Platform）是在原万方数据资源系统的基础上，经过不断改进、创新而成，集高品质信息资源、先进检索算法技术、多元化增值服务、人性化设计等特色于一身，汇集 11 类近百余个数据库，包括学位论文类、会议论文类、科技成果类、专利技术类、中外标准类、政策法规类、科技文献类、论文统计类、机构与名人类、数字化期刊类、工具类等数据库和每类下众多的子数据库，提供检索、多维知识浏览等多种人性化的信息揭示方式及知识脉络、查新咨询、论文相似性检测、引用通知等多元化增值服务。全面覆盖各学科、各行业，是国内一流的品质信息资源出版、增值服务平台之一。万方资源介绍如下。

（1）中国学术期刊数据库

中国学术期刊数据库（China Science Periodical Database，CSPD）是万方数据知识服务平台的重要组成部分，由万方数据自主建设，基本包括了我国文献计量单位中自然科学类统计源期刊和社会科学类核心源期刊的全文资源。该库内容采用国际流行的 HTML 格式和 PDF 格式制作上网，收录了自 1998 年以来国内出版的各类期刊 7600 余种，其中核心期刊约 3000 种，论文总数量达 2900 余万篇（截至 2014 年 10 月）。

（2）中国学位论文全文数据库

万方的中国学位论文全文数据库（China Dissertation Database，CDDB）是由国家法定学位论文收藏机构——中国科技信息研究所提供文献资料，并委托万方数据加工建设。收录了自 1980 年以来我国自然科学领域博士、博士后及硕士研究生论文，其中全文 300 余万篇（截至 2014 年 10 月），每年稳定新增 30 余万篇。

（3）中国学术会议文献数据库

万方的中国学术会议文献数据库（China Conference Paper Database，CCPD）由中文会议全文数据库和西文会议全文数据库两部分构成，收录了 1993 年至今的国家级学会、协会、研究会组织、部委、高校召开的全国性学术会议近 7000 余个及 260 万余篇国家性会议论文全文（截至 2014 年 10 月）。

（4）中外专利数据库

中外专利数据库（Wanfang Patent Database，WFPD）包括中国专利文献、国外与国际组织专利两部分，收录了自 1985 年以来包括 11 国（中国、美国、澳大利亚、加拿大、瑞士、德国、法国、英国、日本、韩国、俄罗斯）2 组织（世界专利组织、欧洲专利局）的 4440 余万项（截至 2014 年 10 月）。

（5）中外标准数据库

中外标准数据库（Wanfang Standards Database，WFSD）收录了国内外的大量标准，包括中国国家发布的全部标准、某些行业的行业标准以及电气和电子工程师技术标准；收录了标准题录及全文 37 万余条（截至 2014 年 10 月）。

（6）中国法律法规数据库

中国法律法规数据库（China Laws & Regulations Database，CLRD）主要由国家信息中心提供，信息来源权威、专业。包括 13 个基本数据库，收录了自新中国成立以来全国人民代表大会及其常委会、国务院及其办公厅、国务院各部委、最高人民法院和最高人民检察院以及其他机关单位所发布的国家法律、行政法规、部门规章、司法解释以及其他规范性文件，共计 67 万余条（截至 2014 年 10 月）。

（7）中国科技成果数据库

中国科技成果数据库（China Scientific & Technological Achievements Database，CSTAD）是国家科技部指定的新技术、新成果查询数据库。数据主要来源于历年各省、市、部委鉴定后上报国家科技部的科技成果及星火科技成果。收录了 1978 年以来国内的科技成果及国家级科技计划奖励、计划、鉴定项目，范围有新技术、新产品、新工艺、新材料、新设计等，涉及自然科学的各个学科领域，共计 82 万余条数据（截至 2014 年 10 月），每月更新。

（8）中国特种图书数据库

中国特种图书数据库（China Special Books Database，CSBD）是知识服务平台的特色数据库，主要包括专业书、工具书等，来源于各专业出版社、组织等专业机构，收录特种图书 1 万余册（截至 2014 年 10 月）。

（9）中国地方志数据库

中国地方志数据库（China Local Gazetteers Database，CLGD）是万方数据知识服务平台特有的专业数据库，包括新方志和旧方志。新方志数据库始建于 2006 年，收录了新中国成立以来的方志书籍，总计近 40000 册（截至 2014 年 10 月），每季度更新。

（10）OA 论文索引库

OA 论文索引库（OA Paper Index Database，OAPID）即开放存取（Open Access）论文，用户可通过该平台免费发布、查找、获取 OA 论文。为方便 OA 论文资源的统一检索和使用，万方数据知识服务平台使多家 OA 论文托管机构的文献与自身拥有的文献实现统一检索，为 DOAJ、ArXiv、PubMed、SRP 等来源的 OA 期刊论文提供检索导航服务，论文总量近 420 万篇（截至 2014 年 10 月），每周更新。

（11）国家经济统计数据库

为满足科研工作者在学术研究过程中，对经济统计数据与学术科技文献综合利用的需求，万方数据与国家统计局相关单位合作，经过严格的数据回溯、规范与清理流程，精心打造了集指标查询、数值计算、数据分析于一体的国家经济统计数据库。（http://stats.wanfangdata.com.cn）

3.3.2 万方数据库检索方法

1. 检索方法

（1）一框式检索

支持 Pair Query（PQ）语言检索，采用先进的检索算法，具备智能推荐功能。默认在期刊、学位、会议学术论文中直接跨库检索，也可选择单库检索，如图 3-49 所示。

图 3-49 一框式检索

（2）高级检索

可跨库检索，选择检索字段、精确或模糊、布尔检索组配表达式，并在当前页展示检索结果如图 3-50 所示。

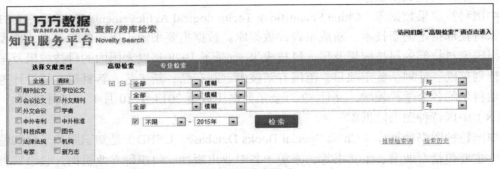

图 3-50 高级检索

（3）专业检索

支持 PQ 语言，可直接构建检索表达式进行检索，如图 3-51 所示。

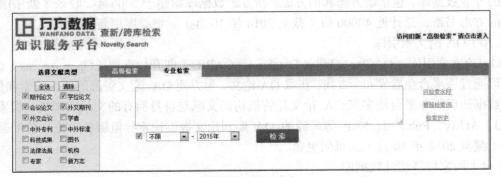

图 3-51 专业检索

（4）二次检索

在检索结果页面可以增加或调整检索条件，缩小检索范围，如图 3-52 所示。

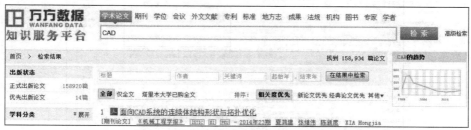

图 3-52　二次检索

2. 分类导航

平台为可分类的资源提供分类导航，通过学科分类、标准分类、专利 IPC 分类等提供多样化的浏览途径，以学位论文为例，如图 3-53 所示。

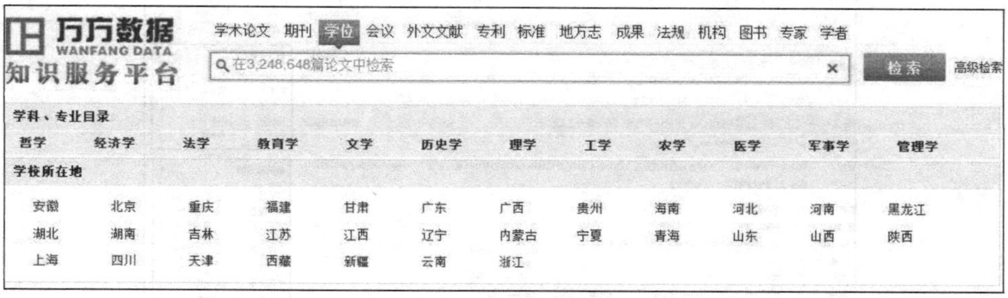

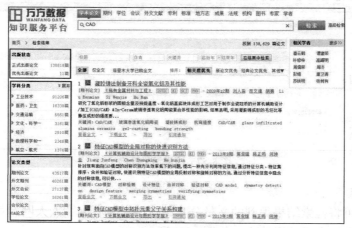

图 3-53　学位分类导航

3. 结果呈现

检索结果将文献以列表、文摘详情形式展示；论文文献按出版状态、学科分类、论文类型、年份、期刊、授予学位等聚类；其他文献根据文献特征进行聚类，如图 3-54 所示。

可按相关度、新论文、经典论文等维度对检索结果排序，如图 3-55 所示。

对所检索的文献进行智能推荐，如相关学者、相关检索词、参考文献、引证文献、本文读者也读过、相似文献、相关博文、相关词条、相关数据等，如图 3-56 所示。

图 3-54　检索结果聚类

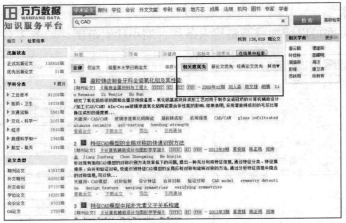

图 3-55　检索结果排序

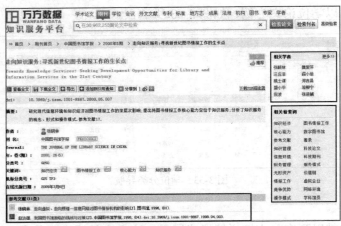

图 3-56　检索结果智能推荐

4．全文获取

提供下载全文、查看全文、原文传递等功能。可按参考文献格式、NoteExpress、RefWorks、NoteFirst、EndNote、自定义格式、查新格式导出文献，如图 3-57 所示。

图 3-57　检索结果导出

5．文献分享

万方数据库可将检索结果得到的文献分享到微博、开心网、人人网、豆瓣等社区，或通过"推荐"功能提高文献的影响力，如图 3-58 所示。

图 3-58　检索结果分享

3.3.3　万方数据库增值服务

1．知识脉络分析服务（WFKS_KTAS）

知识脉络分析是以万方数据库中上千万条数据为基础，以主题词为核心，统计分析知识点和知识点的共现关系，以及多个知识点的对比分析，使用可视化的方式向用户展示知识点发展趋势和共现研究时序变化的一种服务。

（1）服务入口

登录网址 http://trend.wanfangdata.com.cn，或从知识服务平台首页进入，如图 3-59 所示。

图 3-59　知识脉络分析入口

（2）使用举例

分析"雾霾"的研究趋势，如图 3-60 所示。

多个知识点比较分析，如图 3-61 所示。

（3）服务特色

① 基于海量信息资源的分析

以上千万条数据为基础，以主题词为核心，统计分析所发表论文的知识点和知识点的共现关系，并提供多个知识点的对比分析。

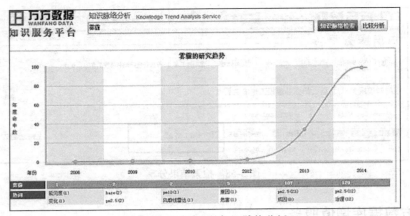

图 3-60　"雾霾"的知识脉络分析

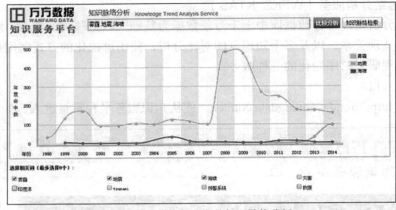

图 3-61　多个知识点的知识脉络分析

② 体现知识点演变及趋势

体现知识点在不同时间的关注度；显示知识点随时间变化的演化关系；发现知识点之间交叉、融合的演变关系及新的研究方向、趋势和热点。

2. 论文相似性检测服务（WFKS_PSDS）

万方数据论文相似性检测系统（Paper Similarity Detection Service，PSDS）基于海量学术文献资源和先进的检测技术，对用户送检的学术成果进行相似性检测，并提供客观翔实的检测报告及其他信息咨询服务，如图 3-62 所示。

图 3-62　论文相似性检测页面

登录网址 http://check.wanfangdata.com.cn，或从万方数据知识服务平台首页进入，如图 3-63 所示。

图 3-63　论文相似性检测在知识服务平台首页入口

3. 查新/跨库检索（WFKS_NS）

该平台是在国图等多家图书馆几十位专家的指导下，结合科技查新工作特点而打造的，可跨数据库检索万方数据库的所有文献资源，为科技查新工作者提供最新的文献信息。

（1）服务入口

登录网址 http://librarian.wanfangdata.com.cn/，或通过知识服务平台首页进入，如图 3-64 所示。

图 3-64　查新/跨库检索入口

（2）服务特色

① 界面设计符合图书情报专业使用习惯；

② 智能的检索表达式，可以使用多种字段和逻辑表达方式组配检索策略；

③ 提供推荐检索词、高频关键词、相关检索词等服务，降低查新选词和构造检索策略的难度；

④ 保留检索历史，支持历史导出；

⑤ 支持多种导出格式，可定制查新格式。

（3）功能使用

首先选择数据库类型，即"选择文献类型"；然后选择"高级检索"或"专业检索"。

① 高级检索

"高级检索"需选择检索字段、精确或模糊检索、检索词，选择"与""或""非"布尔检索，最多可构建 6 个检索条件，并可将检索表达式自动生成"专业检索"，如图 3-65 和图 3-66 所示。

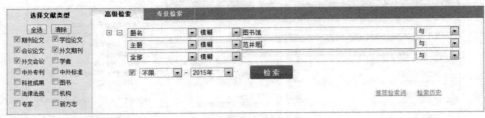

图 3-65　高级检索

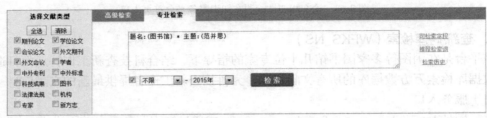

图 3-66　高级检索自动生成专业检索表达式

② 专业检索

支持 Pair Query（PQ）语言表达式，旧版"高级检索"中的专业检索支持 CQL 语言；可以直接点选"可检索字段"，以省去手动输入的麻烦；可使用"推荐检索词"，输入与检索课题相关的文本（如科学技术要点、立项报告正文等），系统可根据文本列出推荐的检索词；"检索历史"功能，系统可记录、导出检索历史，如图 3-67 所示。

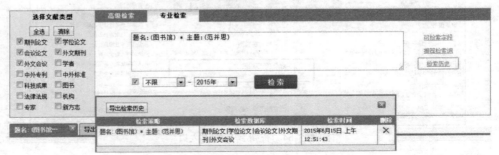

图 3-67　专业检索

4. 万方数据 DOI 服务（WFKS_DOI）

"数字对象唯一标识符"（Digital Object Identifier, DOI）一直被誉为"互联网上的条形码"。目前，DOI 国际标准更是成为科技期刊论文的"出生证"和"标准配置"。全球已有 4 万余种科技期刊为论文注册 DOI，并使用 DOI 链接到论文的文摘或全文。

2007 年 3 月，中国科技信息研究所联合万方数据公司获得 IDF（国际 DOI 基金会）正式批准，成为中文领域 DOI 最早的注册机构（RA），同年建立并运行"中文 DOI"服务

（http://www.chinadoi.cn, http://www.doi.org.cn）。目前，已吸收了 6700 余种中国科技期刊，DOI 注册数量 2070 万，居国内第一、全球第二！

5. 专利工具（WFKS_PATENTOOL）

万方数据库专利工具以海量数据为依托，提供包含专利检索、导航、分析、个性化订阅服务。专利检索支持简单检索、IPC 分类检索、高级检索。

专利分析以专利信息分析、竞争情报和知识挖掘等理论为基础，对专利信息进行多维统计加工、智能化定量分析和内容的深度挖掘，并将分析结果以可视化界面展示。

个性化订阅，可根据具体需求进行。整体流程简单化，各项指标明确化，有效引导用户进行相应的专利操作。

（1）服务入口

登录网址 http://patentool.wanfangdata.com.cn，或从万方数据知识服务平台首页进入，如图 3-68 所示。

图 3-68　专利工具入口

（2）服务特色

专利信息数量多——包括 11 国 2 组织（中国、美国、澳大利亚、加拿大、瑞士、德国、法国、英国、日本、韩国、俄罗斯、世界专利组织、欧洲专利局）的专利信息；内容分析层次深——通过数据挖掘，深度分析，兼顾国家、行业、企业不同层面；服务模式角度广，以在线服务为依托，兼顾镜像服务。

（3）专利检索

万方数据库专利检索支持简单检索、IPC 分类检索、高级检索等检索方式，如图 3-69 所示。

图 3-69　专利工具功能使用首页

可进行专利竞争环境分析、专利技术生命周期分析、机构对比分析、文献对比分析，如图 3-70 所示。

图 3-70　专利分析页面

6. 专题服务（WFKS_SUBJECT）

万方数据库专题服务从社会热点问题入手，抽取万方数据库相关资源，围绕热点问题组织成专题，为用户从学术层面深入、快速、便捷地了解相关问题提供知识服务。专题除免费制作并在知识服务平台发布外，还提供个性化定制，即根据用户需求有偿制作。

登录专题服务网址 http://subject.wanfangdata.com.cn，或从万方数据知识服务平台首页进入，如图 3-71 所示。

图 3-71　专题服务入口

3.4　维普中文期刊服务平台

3.4.1　数据库简介

维普中文期刊服务平台 7.0 版于 2014 年 12 月上线，以中文期刊资源保障为基础，是中文科技期刊资源一站式检索及提供深度服务的平台，也是一个由单纯提供原始文献信息服务过渡延伸到提供深层次知识服务的整合服务系统。维普《中文期刊服务平台》7.0 版以数据整理、信息挖掘、情报分析为路径，以数据对象化为核心，包括中刊检索、文献查新、期刊导航、检索历史、引文检索、引用追踪、H 指数、影响因子、排除自引、索引分析、排名分析、学科评估、顶尖论文、搜索引擎服务等面向知识服务与应用的一体化服务平台。平台采用了先进的大数据构架与云端服务模式，通过准确、完整的数据索引和数据对象，着力为读者及服务机构营造良好的使用环境和体验。

3.4.2　检索流程

1. 数据库登录

登录网址 http://qikan.cqvip.com，打开"维普中文期刊服务平台 7.0"（以下简称"平台"）并登录。

2. 实施检索

默认执行基本检索方式，单击"检索"按钮进入检索结果页，查看检索结果信息，反复修正检索策略从而获取最佳检索结果。或者切换到高级检索、期刊导航等方式获得检索内容。

（1）基本检索

在平台首页的检索框直接输入检索条件进行检索。该检索条件可以是题名、刊名、关键词、作者名、机构名、基金名等字段信息，如图 3-72 所示。

图 3-72　服务平台检索首页

（2）高级检索

提供向导式和检索式两种检索方式，运用逻辑组配关系，方便用户查找多个检索条件限制下的中刊文献，如图 3-73 所示。

向导式检索：如查看"雾霾治理"方面的，作者所属机构为"社会科学院"的，由"国家社会科学基金"赞助的期刊文献。

在"高级检索"—"向导式检索"页面—"基本检索"里做以下设置。

首先增加检索字段类型，并保持三个字段限制方式。

在"M=题名或关键词"类型的文本框内，输入"雾霾治理"；

在"S=机构"类型的文本框内，输入"社会科学院"；

在"I=基金资助"类型的文本框内，输入"国家社会科学基金"。

（3）检索式检索

读者可在检索框中直接输入字段标识和逻辑运算符来发起检索。如若系统显示未找到结果，则表示输入的检索式有错或者在该条件检索下无结果，此时请返回检索界面重新输入正确检索表达式或切换到其他方式获得检索内容。检索规则说明：AND 代表"并且"；OR 代表"或者"；NOT 代表"不包含"（注意必须大写，运算符两边需空一格）。检索式范例：（K=图书馆学 OR K=情报学）AND A=范并思。

图 3-73　向导式检索

3. 筛选检索结果

维普期刊 7.0 产品提供了基于检索结果的发文被引分析、分面聚类筛选、多种排序方式等检索优化服务，方便用户快速找到目标期刊文献，如图 3-74 所示。

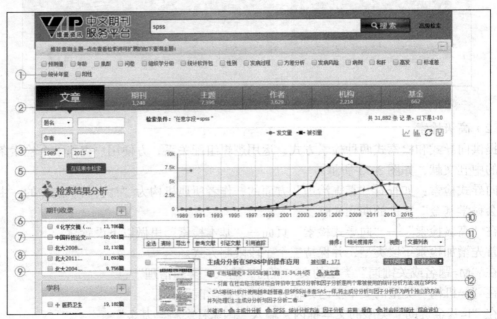

图 3-74　检索结果分类排序

检索结果页面说明如下。

（1）查询主题扩展

对检索关键词进行联想式主题扩展，您可以按需勾选主题再次检索。

（2）查询对象切换

系统提供"文章""期刊""主题""作者""机构""基金"对象切换，您可以单击不同的对象模块按需查看。

（3）结果二次检索

系统提供基于本次检索结果下的二次检索功能，您可以先选择检索类型并输入检索词，单击"在结果中检索"，实现按需缩小或扩大检索范围，精炼检索结果。

（4）检索结果聚类

系统提供基于检索结果的期刊范围、所属学科、相关主题、相关机构、发文作者等分面聚类功能，您可以通过左聚类面板浏览并勾选目标分类，然后在聚类工具中查看并确定所选分类，单击"执行"后即可筛选出需要的文献资料，达到自由组配查看资源的目的。

（5）发文被引统计

系统支持对任意检索结果进行发文量、被引量年代分布统计，通过图表的形式给予展示，您可以切换图表类型或者将图表保存至本地。

（6）文献题录导出

系统支持文献题录信息的导出功能，支持的导出格式为 TEXT、XML、NoteExpress、Refworks、EndNote，您可以勾选目标文献，单击"导出"按钮后选择适当的导出格式实现此功能。

（7）参考文献查看

系统支持单篇或多篇文献的参考文献查看，您可以在文献列表页勾选目标文献，单击"参考文献"按钮后，实现相应信息浏览。

（8）引证文献查看

系统支持单篇或多篇文献的引证文献查看，您可以在文献列表页勾选目标文献，单击"引证文献"按钮后，实现相应信息浏览。

（9）引用追踪分析

系统支持单篇或多篇文献的引用分析报告查看，您可以在文献列表页勾选目标文献，单击"引用追踪"按钮后，实现相应信息浏览。

（10）检索结果排序

系统提供相关度排序、被引量排序和时效性排序多种排序方式，您可以从不同侧重点对检索结果进行梳理。

（11）查看视图切换

系统支持文摘列表、标题列表、详细列表三种文献查看方式，您可以按需进行视图切换。

（12）首页信息预览

在文摘列表视图下您可以将鼠标放置在目标文献的缩略图上，系统会自动放大该区域图片，以实现文献的详情预览。

（13）文献细览查看

您可以单击文献题名进入文献细览页，查看该文献的详细信息和知识节点链接。

4. 获取文献全文

在检索结果页或文献细览页，单击"下载全文"和"文献传递"按钮获取全文，或者单击"在线阅读"按钮预览全文，如图3-75所示。

图 3-75　获取文献全文

3.4.3　期刊文献导航流程

期刊导航分为期刊检索查找、期刊导航浏览两种方式。如果已经有明确的期刊查找对象，建议使用期刊检索的方式快速定位到该刊；如果还没有明确的期刊查找对象，建议使用期刊导航的方式自由浏览期刊。

例如：使用检索查找的方式找到期刊《中国矿业》。

第一步，打开期刊导航页面

打开"维普中文期刊服务平台 7.0"，单击"期刊导航"按钮。

第二步，设定期刊检索条件

在期刊检索面板"刊名"后的文本框内，输入"中国矿业"，单击"期刊检索"按钮。

第三步，获取目标期刊资源

在期刊检索结果页面，找到期刊《中国矿业》，单击刊名即可浏览详细信息，如图 3-76 所示。

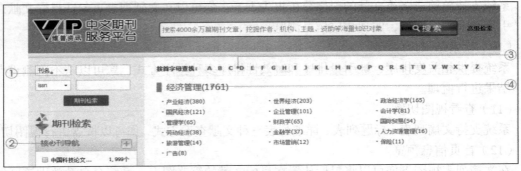

图 3-76　期刊导航

3.4.4　期刊导航页面说明

（1）期刊检索面板

您可以切换检索入口，实现期刊资源的检索。

系统支持以下检索入口："刊名""ISSN""CN""主办单位""主编""邮发代号"，方便您按需切换。

（2）聚类筛选面板

系统提供核心刊导航、国内外数据库收录导航、地区导航、主题导航多种期刊聚类方式，方便您按需进行切换。

（3）按首字母查找

您可以通过首字母的方式查找期刊。

（4）按类别浏览

您可以通过学科类别的方式浏览期刊。

3.5　读秀学术搜索

3.5.1　数据库简介

读秀学术搜索是由海量全文数据及元数据组成的超大型数据库，以330万种图书书目、240万种图书原文、10亿页全文资料为基础，为用户提供庞大的数字图书资源和深入章节内容的全文检索；以6700多万种期刊元数据及突破空间限制的获取方式，为用户提供最全面的期刊文章。

通过读秀学术搜索，读者能一站式搜索馆藏纸质图书、电子图书、随书光盘等学术资源，几乎囊括了本单位文献服务机构内的所有信息源。不论是学习、研究、写论文、做课题、拓展阅读，读秀都能为读者提供最全面、准确的学术资料。

3.5.2　检索方法

1. 图书搜索

例如：查找2005年出版的书名中包含"自学英语"的语言类图书。

第一步，登录网址 http://www.duxiu.com 进入读秀学术搜索首页。

第二步，选择图书频道，在搜索栏中输入关键词"自学 英语"，单击"中文搜索"，如图3-77所示。

图 3-77　图书搜索

第三步，浏览搜索结果，筛选需要的图书，如图3-78所示。

第四步，单击所选择图书的书名，进入图书的详细页，查看图书作者、出版社、出版日期、分类号、内容提要等详细信息，如图3-79所示。

第五步，读秀提供借阅馆藏纸书、查阅本馆电子书全文、随书光盘、图书馆文献传递、其他文献服务机构馆藏信息，以及网上全文链接、网上书店购买等多种获取本书的方式，如图3-80所示。

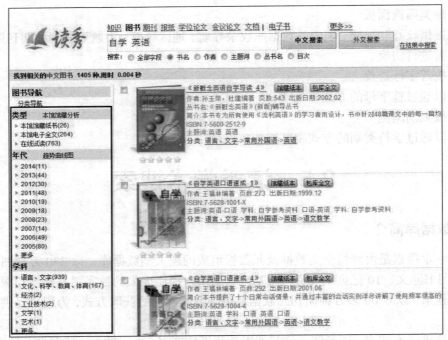

图 3-78　筛选图书

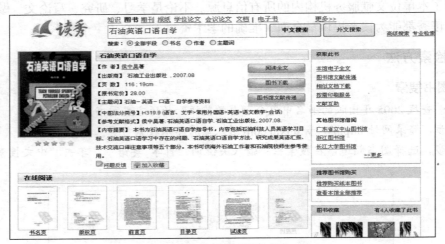

图 3-79　查看图书详细信息

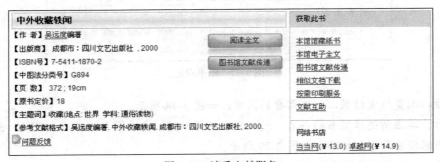

图 3-80　读秀文献服务

　　馆藏纸书的获取，可以进入文献服务机构馆藏书目查询系统，查看该本纸质图书的借阅情况，如图 3-81 所示。

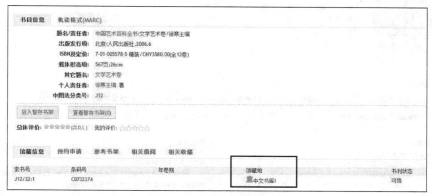

图 3-81　查看本馆馆藏纸书

电子全文的获取，可以选择在线阅读该本电子图书全文或者通过超星浏览器打开全文，如图 3-82 和图 3-83 所示。

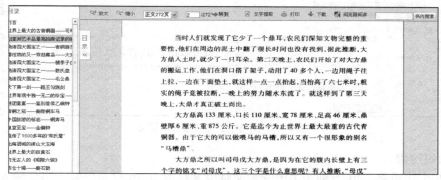

图 3-82　在线阅读

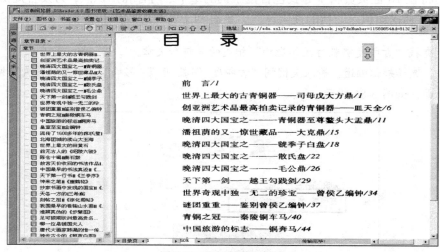

图 3-83　超星阅览器阅读

随书光盘的获取，可以查看该本图书附带的光盘内容，如图 3-84 所示。

图书馆文献传递获取原文，申请该本图书的文献传递，如图 3-85 所示。

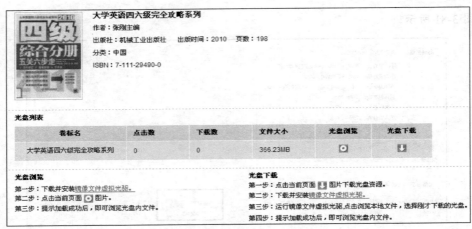

图 3-84　查看随书光盘

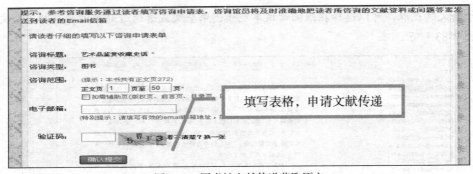

图 3-85　图书馆文献传递获取原文

2. 知识搜索

读秀知识频道将 240 万种图书等学术文献原文打散为 10 亿页资料,当您输入一个搜索词时,读秀将在 10 亿页资料中寻找包含搜索词的章节、内容和知识点,为读者提供了突破原有一本本图书翻找知识点的新的搜索体验,更有利于资料的收集和查找。

例如:查找"古印度佛教对医学影响"相关的资料和文章。

第一步,选择知识频道,输入关键词"古印度 佛教 医学 影响",单击"搜索"按钮,进入搜索结果页面,如图 3-86 所示。

图 3-86　知识搜索首页

第二步,浏览搜索结果页面,选择需要的章节、知识点和文章。单击章节名、知识点进行阅读,如图 3-87 所示。

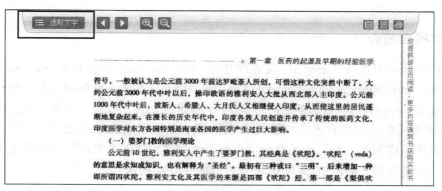

图 3-87　知识搜索结果

第三步，保存和收集需要的章节、知识点和文章。读秀提供了文字摘录、截取图片、本页来源等工具，帮助读者保存和收集需要的资料。

文字摘录，如图 3-88 所示。

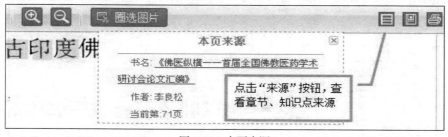

图 3-88　文字摘录

查看本页来源，如图 3-89 所示。

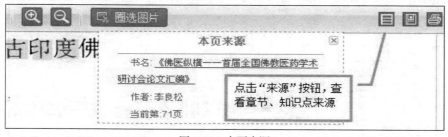

图 3-89　本页来源

3. "一站式"搜索

读秀集各种学术资源于同一平台，您在搜索任何词时，可以同时得到相关的各种学术资料（显示在页面的右侧），避免反复登录、查找的烦琐过程。一次搜索，即可获得本单位文献服务机构内所有的资料，为读者提供全面的学术信息，如图 3-90 所示。

图 3-90 "一站式"搜索

3.6 SpringerLink 数据库

Springer 是德国施普林格（Springer-Verlag）的缩写，现为世界上著名的 3 大科技出版集团之一，通过 SpringerLink 系统提供学术期刊、丛书、图书、参考工具书和出版物等的在线服务。

3.6.1 数据库简介

目前国内用户可通过 SpringerLink 系统主站（http://www.springerlink.com）和清华大学图书馆镜像站（http://springer.lib.tsinghua.edu.cn）免费浏览、检索文献的题录和文摘信息，但阅读全文必须为 SpringerLink 的团购用户，采用 IP 地址控制使用权限。我国工程文献信息中心从 2002 年开始组织全国数百家高校及科研单位，联合购买了 SpringerLink 电子期刊的使用权，服务方式采用镜像服务，凡订购的单位用户既可通过"校园网图书馆"中的相应链接进入，也可直接访问镜像服务器的 IP 地址获取全文，如图 3-91 所示。

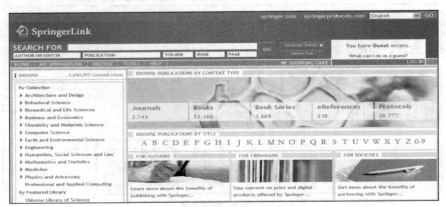

图 3-91 SpringerLink 主页

3.6.2 检索语言

检索语言是数据库的灵魂，是标引人员与检索用户共同遵守的约定。表 3-2 所示为 SpringerLink 检索语言一览表。

算符名称		算符代码	含义
逻辑检索	逻辑与	AND	多个检索词必须在文献中同时出现
	逻辑或	OR	检索词中的任意一个或多个出现在文献中均可
	逻辑非	NOT	NOT 算符前面的词出现在文献中，后面所跟的词不出现在文献中
优先级检索		( )	括号里的表达式优先执行
短语检索（精确检索）		" "	作为词组看待，但标点符号、连字符等会忽略不计
字段限制检索		ti:,ad:su:,au:,pub:,issn:, isbn:,doi:	分别代表在标题、摘要、作者、出版物、ISSN、ISBN、DOI 字段检索

表 3-2 上方标题：表 3-2　　　　　　SpringerLink 检索语言一览表

3.6.3　检索方式

SpringerLink 的用户可以在印刷版期刊出版之前就访问该种期刊的电子版，在每种电子期刊中既可以浏览，又可以检索，并可定制喜爱的期刊、接受期刊目次表通知服务等个性化服务。检索分简单检索和高级检索两种。

1. 浏览

SpringerLink 既可按文献类型浏览，又可按文献学科浏览。凡按文献类型浏览的，可再按文献起始字母、学科、新期刊或开放存取期刊进行限定浏览；凡按文献学科浏览的，可再按主题、出版物类型、在线优先出版期刊、开放存取期刊、样本全文进行限定浏览。凡出版物或题名或栏目前面的小图标全部为绿色的，则可访问所有内容（全部文献都可提供全文）；若前面的小图标是半绿半白状态的，只能访问部分内容（某年某一期文献可提供全文，其余只能看到题录和文摘）；若前面的小图标全部为白色的，则只能看到题录和文摘。

例如，浏览 SpringerLink 数据库中所收录的教育期刊。

解析：此题既可按文献类型浏览，又可按文献学科浏览。

① 按文献类型浏览步骤

在主页内容类型下选择"期刊"；在左栏的"学科"下选择人文、社科和法律；

在"人文、社科和法律"类期刊下进一步选择"Education"浏览。

② 按文献学科分类浏览步骤

在主页学科分类下选择"人文、社科和法律"；

在左栏的"主题"下选择"Education"；再在左栏的"出版物类型"下选择"期刊"，如图 3-92 所示。

图 3-92　按文献学科浏览界面

2. 简单检索

简单检索界面位于 SpringerLink 主页的最上方，既可以在全文、著者或编辑、出版物、卷、期、页字段中进行单一词检索，也可以使用字段和算符进行多词组合检索。此外，还可以对检索结果进行二次限定检索，如图 3-93 所示。

图 3-93　简单检索

3. 高级检索

单击主页上方右侧的高级检索，即可进入高级检索界面。高级检索只要在相应的字段中填词即可，可分别在内容要点（Content）、出版物（Citation）、数字对象唯一标识符（DOI）、著者、编辑、卷、期、页字段中检索，并且可以对文献类型、检索日期和结果排序进行限定。其中内容要点可限定在全文、标题和摘要中进行检索，出版物可以在出版物名称、DOI、ISSN、ISBN 中进行检索，文献类型设有所有文献、期刊、图书、实验室指南几种，如图 3-94 所示。

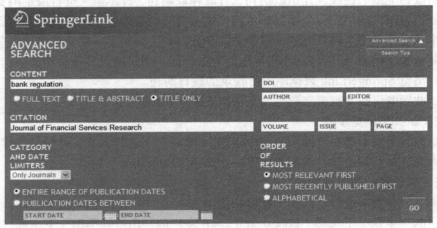

图 3-94　高级检索界面

4. 检索结果处理

单击如图 3-95 所示的论文标题，不仅可显示该篇论文更详细的信息，如文摘、关键词、分类号、全文预览、参考文献链接、PDF 全文链接、HTML 全文链接等，还可查看登载该篇论文的期刊封面及从创刊年以来的全部文章。此外，用户还可对该篇论文进行电邮、存盘、打印、导出等处理。

特别值得一提的是，SpringerLink 系统还设有引文链接功能。只要单击图 3-95 中的参考文献链接，就可显示诸如 SpringerLink-Springer 本身链接标记、cross ref-相关参考文献链接标记、MATH（Zentralblatt MATH）-德国数学文摘链接标记）、MathSciNet-美国数学学会（AMS）链接标记、ChemPort-美国化学学会（CAS）链接标记、PubMed-美国国立医学图书馆（MEDLINE）链接标记等，如图 3-96 所示。

图 3-95　检索结果界面

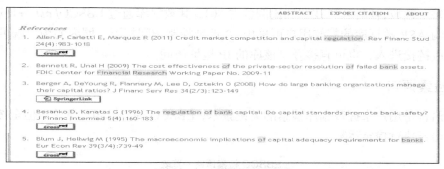

图 3-96　二次检索结果界面

SpringerLink 全文显示格式有 PDF 和 HTML 两种，其 PDF 格式转换成文本格式相当方便。图 3-97 所示为 HTML 全文显示格式。

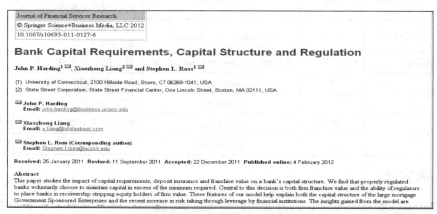

图 3-97　HTML 全文显示界面

3.7　EBSCO 全文数据库

EBSCO 是一家私营公司名称首字母缩写，总部位于美国，在全球 19 个国家设有分部。它是世界上最大的期刊和全文数据库的生产、代理商，能提供订购、出版、使用和检索等一系列完整的服务解决方案。该公司不仅可提供百余种在线文献数据库检索，还开发了研究论文写作范例平台、英语阅读学习中心，此外还设有查找非刊类出版物的 BSI 平台。EBSCO 主要收录了以美国为主的国外期刊、报纸及电视和收音机的全文新闻副本，其中期刊全文 6000 余种，且相当一部分期刊为 SCI、SSCI、AHCI 的来源期刊。涉及自然科学、社会科学、人文和艺术科学等各类学科领域，多数期刊可回溯到 1965 年或期刊创刊年，最早可追溯至 1886 年。

EBSCO 提供有 330 余种电子文献数据库检索。我国高校及科研单位图书馆只是联合采购了 EBSCO 公司的部分数据库，通过 EBSCO*host* 提供检索服务。

3.7.1 数据库简介

EBSCO 的综合性学术期刊数据库（Academic Source Premier，ASP）为当今世界最大的多学科学术期刊全文数据库之一。专为研究机构所设计，提供了近 4700 种出版物全文，其中包括 3600 多种同行评审期刊，被 SCI、SSCI 收录的核心期刊为 1500 种。学科几乎涵盖了学术研究的每个领域，社科和科技期刊比例各占 50%。其数据库通过 EBSCO*host* 每日进行更新。

凡订购 ASP 数据库的高校用户可采用 IP 地址控制访问权限，网内的用户既可通过校园网中的相应链接进入，也可直接登录该库的 IP 地址访问。

3.7.2 检索语言

检索语言是用户掌握数据库检索的关键技术，EBSCO 的子库虽然繁多，但全按表 3-3 所列的检索语言执行检索运算。

表 3-3　　　　　　　　　　　EBSCO 检索语言一览表

算符名称		算符代号	举例	注释
逻辑检索	逻辑与	AND	color and TV	两词同时出现在文献中
	逻辑或	OR	bus OR car	两词任意一词出现在文献中或两词同时出现在文献中
	逻辑非	NOT	windows NOT microsoft	在文献中出现 windows，但排除 microsoft
优先级检索		（ ）	（solar and energy）not france	括号里的运算优先执行
截词检索		*	comput*	在任意字母后缀截词
		?	wom?n	精确地代替一个字符
位置检索		Wn	red W2 pen	两词相隔不超过 2 个词，前后词序一定
		Nn	red N1 pen	两词相隔不超过 1 个词，前后词序不定

3.7.3 检索方式

由于 EBSCO 数据库繁多，因此使用时要先选择数据库，才能检索。对单个数据库进行检索时，可用鼠标直接单击这个数据库的名称。对多个数据库检索，则勾选所有想要同时检索的数据库前的复选框，并单击上方的"继续"按钮，如图 3-98 所示。在检索过程中，可随时重新选择数据库。同时对多个数据库进行检索可能会影响某些检索功能或数据库的使用。如所选多个数据库使用了不同的主题词表，则无法使用主题检索功能。有的检索功能即便选择多库，也只能一个库一个库地检索，如出版物检索。

EBSCO*host* 提供基本检索（Basic Search）、高级检索（Advanced Search）、视觉搜索（Visual Search）、出版物检索（Publications）、科目术语检索（Subject Terms）、参考文献检索（Cited

References）、图像检索（Images）、索引（Indexes）8 种方式的检索服务。

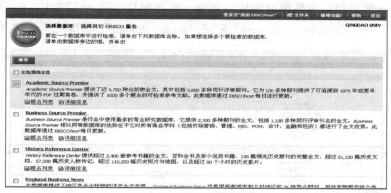

图 3-98　EBSCO 选库界面

1. 基本检索（Basic Search）

基本检索界面位于主页，只提供一个检索词输入框，这样对于简单的检索可直接在主页的检索框中输入检索词语进行。如要进行准确的检索，还需用户自己添加检索字段、检索算符或选择检索选项（检索模式及限制结果）等限定。

其中检索字段可用字段代码表示，如全文 – TX、作者 – AU、文章题名 – TI、主题 – SU、文摘或作者提供文摘 – AB、关键词或作者提供关键词 – KW、地理术语 – GE、人名 – PE、综述和产品 – PS、公司实体 – CO、股票 – TK、刊名 – SO、国际统一刊号 – IS、国际标准书号 – IB、数据库存取号 – AN 等。

检索模式指布尔运算符/词组（Boolean/Phrase）、查找全部检索词语（Find all my search terms）、查找任何检索词语（Find any of my search terms）、智能文本检索（Smart Text Searching）、应用相关字词，也可以在文章的全文范围内搜索等。

各种限制结果如下。

（1）Full text

只检索有全文的文章。

（2）References Available

只检索有参考文献的文章。

（3）Scholarly（Peer Reviewed）Journals

在学术（同行评审）期刊中检索。

（4）Published Date from

在限定的出版时间中检索。

（5）Publication

在限定的出版物中检索。

（6）Publication Type

在限定的出版物类型中检索。

（7）Number Of Pages

在限定的出版页数中检索。

（8）Image Quick View

图像快速查看。

（9）Image Quick View Types

图像快速查看类型，包括黑白照片、图表、彩色照片、图示、图片、插图、地图。

例如，检索"SU fashion-forecasting OR SU fashion design"，基本检索界面如图 3-99 所示。

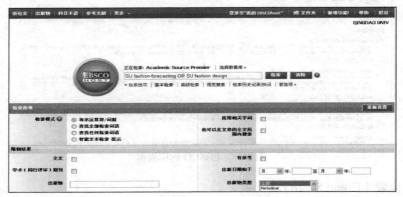

图 3-99　基本检索

2. 高级检索（Advanced Search）

单击 EBSCO*host* 主页中的"高级检索（Advanced Search）"链接，即可进入高级检索界面。高级检索有 3 行检索框且每个检索框后都提供可选的检索字段，行与行之间的检索词可通过布尔运算符（AND、OR、NOT）点选进行组配检索。若输词检索框不够，可单击右侧的"添加行"链接，最多可显示 12 行；反之也可单击"删除行"链接。高级检索的检索模式及限制结果与基本检索界面大致一样，只是在限制结果中比基本检索界面多了文献类型、封面报道、PDF 全文 3 种限制条件，如图 3-100 所示。

图 3-100　高级检索界面

3. 视觉搜索（Visual Search）

视觉搜索顾名思义就是在视觉上与前两种检索有所不同，避免总是使用文字所造成的视觉疲劳，使检索有种立体效果，只要单击视觉搜索就会立刻体验。按"fashion design-fashion designers-UNITED States-ENVIRONMEATAL aspect-a case for Eco-Fashion"进行检索的视觉效果，如图 3-101 所示。

在以上 3 种检索过程中，EBSCO 都会备份检索历史记录表，可通过"检索历史记录/快讯"链接查看。

每次在检索过程中单击"Search"按钮进行新的检索，都会在历史记录表中产生一条新的检索历史记录。每一条历史记录有一个编号，可以用这个编号代替检索命令用于构建检索表达式。用历史记录构建表达式也会在历史记录表中产生一条新的历史记录。历史记录表可以打印和保存，以便再次检索时使用。保存检索历史前，用户须申请个人账号。

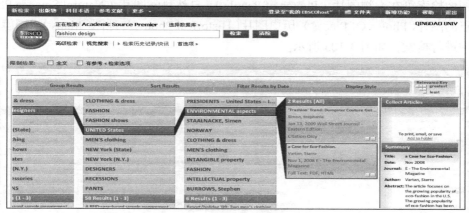

图 3-101　视觉搜索界面

4. 其他检索

（1）出版物检索（Publications）

设置出版物检索的目的有三：其一是便于用户从出版物入手检索该库是否收藏该出版物；其二是查找数据库中有关某一主题的出版物都有哪一些；其三是便于用户从收藏的出版物入手定制喜爱的期刊快讯。所谓期刊快讯就是通过电子邮件发送通知给用户，以便每次在所选期刊有新一期期刊出版时，用户可通过电子邮件自动收到通知。在 Business Source Premier 数据库中按字母顺序查找"Harvard Business Review"的实例，如图 3-102 所示。

图 3-102　EBSCO 出版物检索界面

（2）科目术语检索（Subject Terms）

所谓科目术语检索，就是帮助用户准确地确定叙词表中的主题词，以便在正规的叙词表中检索。该检索既可以按叙词的开始字母顺序（Term Begins With）浏览确定，也可以在浏览框中输入相关词（Relevancy Ranked）进行快速浏览确定，还可以按叙词包含（Term Contains）检索；然后从中选择叙词，并单击"添加"按钮，这样规范化的叙词就自动输入最上面的查找框中；最后单击"检索"钮即可检索。

（3）参考文献检索（Cited References）

参考文献检索能够帮助用户扩大检索范围，可从引文作者、引文题名、引文来源、引文年限等几个方面进行检索。

（4）图像检索（Images）

图像检索是 EBSCO 的一个特色，到 2009 年已达到 9182 种期刊，提供了 3766000 多幅图片。图像检索可在人物图片（Photos of People）、自然科学图片（Natural Science Photos）、某一地点的图片（Photos Of Places）、历史图片（Historical Photos）、地图（Maps）或国旗（Flags）等选项中进行检索，如图 3-103 所示。

图 3-103　EBSCO 图像检索界面

（5）索引（Indexes）

索引可从索引浏览项下选择著者、著者提供的关键词、公司实体、文献类型、DUNS 号、登记日期、地理术语、标题词、ISBN、ISSN、语言、NAICS 代码或叙词、人物、出版物名称、综述和产品、证券代码、出版年等 17 个方面进行浏览并检索。

3.7.4　检索结果

EBSCO 数据库不仅可提供众多的检索功能，其检索结果显示格式也多样化：预览、摘要、HTML、PDF，并可打印、电邮传递、存盘、引用、导出、添加到文件夹等。

1.　检索结果显示

EBSCO 检索结果列表分左中右 3 栏显示，如图 3-104 所示。

（1）以中栏为主，显示"结果列表"屏幕中心位置的所有文章

每篇文章以标题、"预览"图标、著者、文献出处、简短摘要、主题词、数据库名称、"添加至文件夹"链接、HTML 全文、PDF 全文等内容显示。通过文章标题链接可查看引文信息或全文，将鼠标放到"预览"图标上，可以查看详细摘要；通过"HTML 全文"链接可直接查看该文章的 HTML 格式全文；通过"PDF 全文"链接可查看 PDF 格式全文，但要先安装打开 PDF 格式的软件。

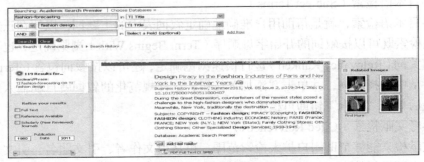

图 3-104　检索结果界面

（2）左栏用来缩小结果范围

根据"结果列表"的情况，可利用左侧的限定条件：全文、参考文献、学术（同行评审）期刊、检索年限、来源类型、主题、出版物、公司、出版物类型、地理、数据库（所选数据库）、著者等字段中进行再次检索，以缩小检索结果的范围。

（3）右栏显示相关信息。当有其他信息来源（如图像、博客和 Web 新闻）可供使用时，将会显示。

2. 检索结果处理

（1）文件夹功能

无论使用何种检索，检索结果系统中都有一个临时的个人文件夹即收藏夹。在每次检索的过程当中，检索者可随时将需要进一步处理的文章存入收藏夹中，以便检索完成后集中处理。

在检索结果页面，单击"添加至文件夹"链接，可将选中记录加入收藏夹。此时，收藏夹显示"文件夹中有对象"。单击文件夹中的对象，可显示所有加入收藏夹中的文献记录，如图 3-105 所示。

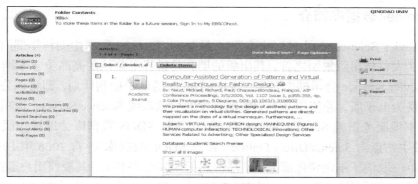

图 3-105　收藏夹界面

如果要对图 3-104 所示的检索结果进一步处理，只要单击文章题名或打开收藏夹，就会进入图 3-105 所示的处理平台中。在此可以下载全文，可以对文章分别进行打印、电邮传递、存盘、引用、导出等处理。

（2）打印/用电子邮件发送/保存检索结果

单击"打印" 、"用电子邮件发送" 或"保存" 图标，然后按照屏幕上的说明打印、用电子邮件发送或保存结果。可同时打印、用电子邮件发送或保存若干结果，方法是将其保存到"文件夹"中，然后同时打印、用电子邮件发送或保存。使用"电子邮件发送"（E-mail）图标可以电邮（E-mail Manager）选中的文章，系统默认状态下是将结果以多文本格式、电邮后文献从收藏夹中删除、附件的形式保存为 PDF 格式、标准文件格式。应用"保存"（Save as File）图标，可保存（Save Manager）结果以备将来使用，系统默认状态下保存为 HTML 的全文、标准文件格式。使用该图标的前提是，要确保已登录至用户的个人账户（我的 EBSCO*host*）。登录后，结果将保存到该文件夹中，随时均可对其进行检索。

（3）引用/导出/添加到文件夹

单击"引用"（Cite this article）图标 ，可以将选中文章的格式直接按 7 种常见的引文格式输出：AMA – 美国医学会、APA – 美国心理协会、Chicago/Turabian：Author – Date –

芝加哥论文格式：作者–日期、Chicago/Turabian：Humanities – 芝加哥论文格式：人文类形式、MLA – 美国现代语言学会、Vancouver/ICMJE-温哥华格式或自定义文件格式。

使用"导出"（Export to Bibliographic Manager）图标 ，可以将选中文章导出到 6 种文献管理器：Direct Export to EndNote，ProCite, or Reference Manager（默认状态）；Direct Export to EndNote Web；Generic bibliographic management software；Citations in BibTeX format；Citations in MARC21 format；Direct Export to RefWorks。

应用"添加到文件夹"（Add to folder）图标 ，可保存结果以备将来使用，请确保已登录至用户的个人账户（我的 EBSCO*host*）。登录后，结果将保存到该文件夹中，随时均可对其进行检索。

3.8　Elsevier 数据库

目前世界上有 3 大出版商，分别是荷兰的 Elsevier、德国的 Springer 和美国的 John Wiley。本节介绍荷兰 Elsevier 公司出版的 Science Direct 电子期刊数据库。

3.8.1　Elsevier 数据库简介

荷兰 Elsevier Science 公司 1580 年创建，是 Reed Elsevier 集团中的科学部门，现为世界上最著名的 3 大科技出版集团之首，其出版的期刊是世界上公认的高品位学术期刊。从 1997 年开始，Elsevier Science 公司推出名为 Science Direct 的电子期刊计划，即将该公司的全部印刷版期刊转换为电子版，并使用基于浏览器开发的检索系统 Science Server。这项计划还包括了对用户的本地服务措施 Science Direct Onsite（简称 SDOS 数据库，即镜像服务器方式访问），而国外主站点为 ScienceDirect Online（简称 SDOL 数据库）。自 2006 年 10 月起，我国所有的团购单位取消了本地镜像服务器，都转到了 SDOL 平台上。其授权用户通过 IP 地址控制访问，既可通过图书馆主页上的相应超链接进入，也可直接访问国外 SDOL 电子期刊主页 http://www.sciencedirect.com，如图 3-106 所示。

SDOL 数据库收录了 2500 余种电子期刊，最早的收录年限可追溯至 1823 年，其中 1995 年至今收录的文章可看全文；1995 年前回溯文档收录了 400 多万篇文章，可免费看题录文摘信息，但看全文要另收费。SDOL 收录的学科涵盖了自然科学和工程、生命科学、保健科学及社会科学和人文学 4 大部分 24 个大类，使用率最高的学科为医学、化学、经济学和语言学。

图 3-106　SDOL 主页

3.8.2　检索语言

检索语言是检索系统执行检索任务的核心，用户对数据库掌握得如何，关键在对检索语言的熟悉程度上。表 3-4 所示为 SDOL 检索语言一览表。

表 3-4　　　　　　　　　　　　　　　SDOL 检索语言一览表

算符名称		算符代号	含义
逻辑检索	逻辑与	AND	默认算符，多个检索词同时出现在文献中
	逻辑或	OR	检索词中的任意一个或多个出现在文献中
	逻辑非	AND NOT	AND NOT 算符前面的词出现在文献中，后面所跟的词不出现在文献中
优先级检索		（ ）	括号里的表达式优先执行
截词检索		*	取代单词后缀中的任意 1 个字母
		?	精确地取代单词中的 1 个字母
位置检索		PRE /n	两词相隔不超过 n 个词，前后词序固定
		W /n	两词相隔不超过 n 个词，前后词序不定
短语检索		" "	宽松短语检索，标点符号、连字符、禁用字等会被自动忽略
		{}	精确短语检索，所有符号都将被作为检索词进行严格匹配检索

3.8.3　检索方式

SDOL 电子期刊库既有浏览功能又有检索功能，并可建立个性化的收藏夹，定制喜爱的期刊，设置各种 E-mail 提示等个性化服务。

1．期刊浏览（Browse）

SDOL 提供了 3000 余种连续出版物，主页的左栏即为期刊浏览部分的入口，在此既可按刊名的学科浏览，也可按刊名字顺浏览，还可按喜爱的刊名浏览。

如图 3-107 所示为按 M 字顺浏览的界面，选中刊名后单击，即可进入该刊所有卷期的列表，进而逐期浏览或对其进行快速检索。

期刊浏览界面中，系统为每种期刊后面都放置了一把钥匙图标，分别用绿、浅两种颜色表示已订购期刊和未订购期刊。对于含有绿色文本图标的期刊可提供全文，而含有浅色标记图标的期刊只能看到文章的题录或文摘，个人用户只能通过信用卡订购的形式获取期刊全文，如图 3-107 所示。

图 3-107　SDOL 期刊浏览界面

2. 快速检索（Quick Search）

快速检索区始终伴随在 Science Direct 数据库的上方，随时可进行快速检索。该检索存在一定的局限性，只能在"全部字段，著者，刊名/书名，卷，期，页"这些检索项中查询，如图 3-108 所示。

图 3-108　SDOL 快速检索界面

3. 高级检索（Advanced Search）

单击页面上方的"Search"选项卡，或直接单击图 3-108 右侧的"Advanced Search"都可进入高级检索界面，检索系统默认设置即为高级检索。高级检索界面由两部分组成：主要部分是通过点选字段、逻辑算符、输入检索词，构造检索表达式；辅助部分是确定各种限定条件，如数据源、学科、文献类型、年限等。高级检索界面提供两个检索框，每个检索框只能输一个词或一个词组，如图 3-109 所示。

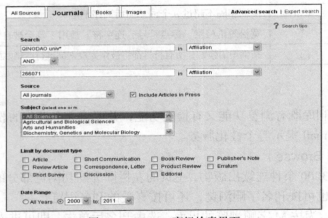

图 3-109　SDOL 高级检索界面

4. 专家检索（Expert Search）

在高级检索界面中，单击检索框上方的"Expert Search"选项卡，即可进入专家检索模式。高级检索一次只能限定在两个字段内进行检索，如果要在两个以上的字段中进行一次性检索，就必须使用专家检索。专家检索只提供一个检索词输入框，这样用户可随心所欲地使用检索字段、检索算符、输词构造检索表达式。专家检索中的小括号、引号等符号要在半角（英文）状态下输入，其数据源、学科、文献类型、年限限定均同高级检索，如图 3-110 所示。

无论是浏览还是检索，系统在每篇论文前面都放置了一个文本图标。同样用绿色文本图标表示可提供全文，白色文本图标只能看到文章的题录或文摘，如图 3-111 所示。

3.8.4　检索结果处理

检索结果分上、左、右 3 栏显示。上栏显示检索命中数量、表达式、编辑检索策略、保存检索策略、保存检索提示、RSS 等，左栏可进行二次限定检索，右栏为"结果列表"的主栏目，以篇为单位按文章的序号、题目、出处、著者、预览、PDF 全文格式、相关文献、相关参考文献、图示文摘依次显示，其中题目、预览、PDF 全文格式、相关文献、相关参考文

献为超链接形式。通过文章标题链接还可查看该文的 HTML 格式全文等详细信息，如图 3-112
所示。

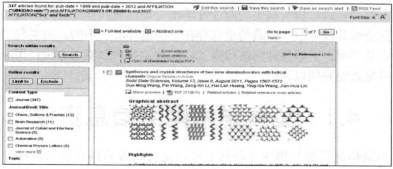

图 3-110　SDOL 专家检索界面

图 3-111　SDOL 检索结果界面

图 3-112　SDOL 检索结果界面

第 4 章

免费学术网络信息资源检索

网络信息资源检索又叫网络信息资源搜索，是指互联网（Internet）用户在网络终端，通过特定的网络信息搜索工具或是通过浏览的方式，查找并获取信息的行为。从传统手工文献检索到计算机检索，再到今天广为普及的 Internet 检索，网络信息资源检索跨越了 3 个阶段，在信息含量与检索效率方面均实现了实质性的飞跃。今天，互联网已经与我们的工作生活息息相关，专业学习与科学研究更是离不开互联网的开放式信息资源。因而，了解网络信息资源及其检索方法就成为我们提升专业信息素质的必修课，其效果和意义也将是显而易见的。

目前，Internet 已经成为一种便捷的信息发布和利用渠道，网络免费学术信息资源得以成倍增长，与图书馆和科研机构所购买的商业性学术资源形成共存互补的局面。只是这些免费的学术网络信息资源是以零散、隐蔽的形式存在于网络环境当中的，需要我们认识这些网络信息资源的特点及类型；了解各种网络检索工具的检索技术和使用方法；用心挖掘和甄别具有学术价值的网络资源并加以利用。

4.1　免费学术网络信息资源

免费学术网络信息资源是指在互联网上可以免费获得的具有学术研究价值的社会科学或自然科学领域的电子资源，可以是数据库、电子图书、电子期刊、电子布告栏、电子论坛、电子预印本系统、网上书店和政府、高校、信息中心、协会或组织网站，以及专家学者个人主页、博客等。这些免费网络信息资源较商业性数据库信息量大，可谓无所不包，且界面简洁明了、使用方法简单易学，最重要的是没有收费的门槛，因而受到广大用户的普遍欢迎，是对高校图书馆专门采购数据库资源的有力补充。

4.1.1　网络学术信息资源的类型

按照不同的划分方式，网络信息资源可分为以下几种类型。

（1）按信息来源划分

发布网络信息的主体有政府部门、公司企业、研究机构、教育机构网站、数字图书馆项目成果、出版发行机构的免费网站、专业或行业信息网、个人网站或博客等。因而形成站点式信息资源和网页式信息资源两大类，涉及政府信息资源、公众信息资源和商用信息资源 3 种类型。

（2）按网络传输协议划分

网络信息资源按网络传输协议可划分为 WWW、Telnet、FTP、用户服务组、Gopher 等信息资源。其中 WWW 信息资源是建立在超文本、超媒体技术以及超文本传输协议 HTTP 的基础上，集文本、图形、图像、声音于一体，并以直观的图形用户界面展现和提供信息的网络资源形式，是网络信息资源的主流。WWW 其实是 Internet 中一个特殊的网络区域，是由网上所有超文本格式的文档（网页）集合而成。超文本文档里既有数据，又有包含指向其他文档的链（1inks）。链使得不同文档里的相关信息连接在一起，这些相互链接的文档可以在一个 WWW 服务器里，也可以分布在网络上的不同地点。通过这些链，用户在 WWW 上查找信息时可以从一个文档跳到另一个文档，而不必考虑这些文档在网络上的具体地点。

（3）按资源类型划分

按资源类型划分有：免费电子图书、免费电子期刊、免费电子报纸、免费数据库、免费专利、免费学位论文、免费会议文献、免费标准、专利文献、免费研究报告和免费统计信息等。

（4）按出版物正式程度划分

① 非正式出版信息，包括电子信函、个人主页上表述个人观点和见解的非正式出版论文、学术论坛上的文章和其他信息。

② 半正式出版信息，包括从政府机构、国际组织、学术团体、教育机构、企业商业部门等的 Web 上获得的政府工作报告、机构工作进展报告、统计数据、教学大纲、产品说明、样品报道、会议通报等。

③ 正式出版物，包括电子期刊、数据库、电子图书等。

4.1.2　常用免费学术网络信息资源的获取途径

目前，免费学术网络信息资源的获取途径归纳起来主要有以下几种类型：基于搜索引擎的免费学术资源、开放获取资源、学术信息资源门户及其他免费资源。

（1）基于搜索引擎的免费学术资源

由于 Internet 上的信息量巨大，其中有较高学术价值资源的绝对数量就很大；加之，目前很多搜索引擎开始与图书馆、商业化信息内容供应商加强合作，将各种高质量的文献数据库纳入其搜索范围。因此，搜索引擎搜索的免费学术资源是一种较为常规、普遍的网络信息获取方式，如 Google Scholar、百度图书搜索等。

搜索引擎实际上是 Internet 的服务站点，类似于传统文献检索中的检索工具，供用户进行关键词、词组或自然语言检索的平台。搜索引擎一般支持布尔逻辑检索、截词检索、限定检索等功能。利用搜索引擎进行检索具有很多无可替代的优点，如操作简单、省时省力，但是准确性不是很高。特别是随着 Internet 信息量的骤增，用户输入一个检索词，返回的结果往往数以千万条计，其中 70%～80%是重复信息或者不相干信息。因此，我们在使用搜索引擎获取学术资源时，必须掌握搜索引擎科学的检索技术和方法，且对其检索结果要进行评价和分析之后才能进行利用。那么，搜索引擎将不仅能帮我们找到时事新闻、网络热议和电影视频等，也将是我们直接获取学术文献信息的好帮手。

（2）开放获取网络资源

开放获取（Open Access，OA）网络资源，就是作者或版权所有人同意把期刊论文（包括已发表和待发表）、预印本、会议论文、学位论文、研究与技术报告等放在公共网络上供所有人免费检索和获取，并可阅读、下载、复制、分发、打印以及建立链接的学术信息资源。开放获取活动和互联网的发展相伴而生，是国际学术界、出版界、图书情报界为打破商业出版者对学术信息的垄断和暴利经营而采取的活动，这种活动可以推动用户通过互联网免费或低价、自由地利用科研成果。其目的是促进学术信息的广泛交流和资源共享，促进用户利用互联网进行学术交流与出版，提高科学研究成果的传出率，使世界各国的研究人员都能平等、有效地利用人类的科技文化成果。由于这些网络信息资源具有内容新颖、免费获取、检索便捷等特点，深受师生和研究者的欢迎。

（3）学科信息门户网络资源

学科信息门户（Subject Information Gateway，SIG）又称网络学术资源导航（Internet resources by subject），一般是由大学图书馆、重点院系或其他学术资源单位承担，针对网上可免费获取并有重大学术参考价值的资源，按照学科、主题等体系进行搜集、整理、分类，并制成导航网站，将特定学科领域的信息资源、工具和服务等集成为一个整体，为用户提供方便和统一的信息检索和服务的入口。不同于搜索引擎的是，学科信息门户经过人工选择和标引保证了信息的质量，其数量少而精。对于高校教学和科研工作而言，学科信息门户具有特别的意义，能使我们花费较少的精力和时间浏览到高质量的专业信息。

4.1.3 免费学术网络信息资源的特点

网络信息资源是指以数字化形式记录的，以多媒体形式表达的，存储在网络计算机磁介质、光介质以及各类通信介质上的，并通过计算机网络通信方式进行传递的信息内容的集合。网络信息资源尤指 Internet 上的信息资源，比之传统文献信息具有如下新特点：信息源丰富，分布广、传播快、数量大、增长快；内容与类型的多样性；信息时效性、交互性与开放性；大量免费资源的存在；大量免费信息的存在；信息组织整体无序性；信息质量良莠不齐，精芜并存等。

4.1.4 免费学术网络信息资源的注意事项

免费网络学术资源是公开访问的，但不等于是没有版权的，用户在使用过程中应注意尊重知识产权，做到合理使用，不能任意使用、复制或传播。一般除特殊说明外，免费资源可以供教学、科研、个人学习使用，允许了为了社会公共利益的使用（如公共图书馆的收藏），禁止未经许可的营利性商业用途。任何擅自篡改、破坏版权管理信息、破坏版权保护技术措施的行为都是非法侵权的。网络环境下，资源的复制和传播更为容易，这就要求专业人员具备良好的自律意识和学术道德修养。例如，在学术研究时若引用了来自网络的免费资源，应视同其他类型资源一样，在参考文献中注明必要的项目，包括作者、出处及访问资源的时间等。

大型网络搜索引擎可以帮助人们快速检索到各类信息。但由于目前制度上的原因，在互联网上发布信息的监管力度不够，导致网上信息存在良莠参差、鱼龙混杂，充斥着各种不准确、冗余、重复的内容。这需要我们在利用网络信息时不能只顾方便快捷，一定要对信息进行分析与鉴别。

使用搜索引擎检索信息资源的用户非常普遍，但很多用户对检索结果并不满意，检索得到的无关结果过多，要花大量的时间进行浏览、筛选。影响检索效果除因为搜索引擎本身存在较多缺陷外，主要还有检索途径的确定、检索工具的选择、检索表达式的构造、检索技巧的运用等。可见用户对搜索引擎检索技术和策略的掌握与运用，是影响检索效果的关键。

4.2 搜索引擎：免费网络信息资源获取的重要工具

4.2.1 网络搜索引擎的起源和发展

搜索引擎，是指在 WWW 中能够主动搜索信息、组织信息并能提供查询服务的一种信息服务系统。搜索引擎主要通过网络搜索软件（即 Robot，又称网络搜索机器人）或网站登录方式，将 WWW 上大量网站的页面信息收集到本地，经过加工处理建成数据库，从而能够对用户提出的各种查询请求做出响应，提供用户所需要的信息。

众所周知，Internet 是一个由遍布世界各地各种各样的计算机网络相互连接而形成的一个巨大的互联网系统。从 1969 年的 Arpanet 起，经历了 10 多年的研究和探索之后，Internet 终于在 20 世纪 80 年代末期迎来了在全球范围内飞速发展的新浪潮，文件传输（FTP）、远程登录（Telnet）、电子邮件（E-mail）已成为 Internet 上广泛使用的 3 大基本服务。20 世纪 90 年代后，由于超文本链接和浏览器技术的成功应用，Internet 上的另一应用服务系统 WWW 出现了。在随后的短短几年间，WWW 获得了迅猛发展，并逐渐取代 FTP、Telnet 和 E-mail 成为 Internet 上主流的技术和应用平台。Internet 上的信息流量中，WWW 信息更是占据了绝大多数。WWW 上蕴藏着非常丰富的信息资源，吸引着大量的用户。但是，如何充分地利用这些信息资源，帮助用户全面、准确、快速、经济地从网络上获取他们所需要的信息，摆脱信息查询大海捞针般的困境，成为 WWW 进一步发展急需解决的关键问题。正是在这样的信息环境与信息需求驱动下，1995 年前后网络上出现了最早的一批搜索引擎系统。

4.2.2　网络信息检索工具的类型

最初的搜索引擎在解决信息查询问题时主要采取了两种不同方式，以 AltaVista、Excite、Google、百度等为代表的一类通用搜索引擎，主要采用关键词检索方式提供信息查询；而以 Yahoo!为代表的另一类搜索引擎则采用分类目录浏览方式服务于用户。搜索引擎的出现，使得在数秒钟之内获得大量相关信息成为可能，为网络信息的获取和利用提供了一种最佳的解决方案。常见的搜索引擎主要有以下几种。

（1）索引型搜索引擎（Search Engine）

索引型搜索引擎（全文型搜索引擎，或称关键词搜索引擎）是 Internet 上的主流检索工具。索引型搜索引擎是名副其实的搜索引擎，是专供用户检索信息的服务器，通过 Internet 接受用户的查询指令，向用户提供符合其查询要求的信息资源网址的系统。索引型搜索引擎通过提供对关键词、自然语言或主题词的查询，系统能够快速返回大量信息。如大家所熟知的通用性搜索引擎 Google、百度、搜狗搜索等，都是通过从互联网上提取的各个网站的信息（以网页文字为主）而建立的数据库中，检索与用户查询条件匹配的相关记录，然后按一定的排列顺序将结果返回给用户，因此这些搜索引擎是真正的搜索引擎。

（2）目录型检索工具（Catalog）

这是一种独立性检索工具，网站自身包含可检索的数据库。它又可译为网站目录、专题目录、主题指南等，实际上是人工建立的、结构化的互联网网址主题类目和子类目。对搜集到的网络资源按照字母、时间、主题等顺序进行排列，使用户通过浏览网络站点列表，检索有关信息。目录型检索工具经过专业信息人员采集整理编制，因而提高了检索返回结果的相关性，但是规模较小、查全率差。目录索引虽然有搜索功能，但在严格意义上不算是真正的搜索引擎，仅仅是按目录分类的网站链接列表而已。用户完全可以不用进行关键词（key word）查询，仅靠分类目录也可找到需要的信息。目录索引中最具代表性的是 Yahoo 主题目录，此外还有搜狐、新浪等。

（3）元搜索引擎（Meta Search Engine）

元搜索引擎又称为集合式搜索引擎，是适应搜索引擎之间优化组合需要而产生的。它将多个搜索引擎集成在一起,并提供一个统一的检索界面。当用户发出检索请求后,通过转义在多个单一搜索引擎中查询,对查询结果进行归并、排序等处理,然后返还给用户。因此,元搜索引擎也称"引擎的引擎"。搜索与一般搜索引擎的最大不同在于它可以没有自己的资源库和机器人,只充当一个中间代理的角色,接受用户的查询请求,将请求翻译成相应搜索引擎的查询语法。在向各个搜索引擎发送查询请求并获得反馈之后,首先进行综合相关度排序,然后将整理抽取之后的查询结果返回给用户。元搜索引擎查全率高,搜索范围更多、更大,查准率也并不低。典型的元搜索引擎有 Metacrawler、Savvysearch 等。

4.2.3 搜索引擎通用检索技术

在网络信息检索过程中,为了提高检索效率,计算机检索系统常采用一些运算方法,从概念相关性、位置相关性等方面对检索提问实行技术处理。下面介绍几种最常用的网络信息检索技术,主要包括布尔逻辑检索、截词检索、位置检索、限定检索以及范畴检索等。

各个搜索引擎都提供一些方法来帮助我们精确地查询所需内容,使之符合我们的要求。不同的搜索引擎提供的查找功能和实现的方法各有不同,但一些常见的功能是基本一致的。以下将对搜索引擎检索技术加以简单介绍。

1. 布尔逻辑检索

网络信息检索过程实际上是检索词与标引词比较的过程。用单个检索词来进行检索比较简单,而两个或两个以上的检索词则需要先根据检索课题的要求对检索词进行组配。通常在网络信息检索系统中,检索词的组配主要采用布尔逻辑运算。一般来说,大多数搜索引擎都支持布尔逻辑检索。

(1)布尔逻辑检索的概念

所谓布尔逻辑 (Boolean Logical)检索是用布尔逻辑算符对检索词、短语或代码进行逻辑组配,指定文献的命中条件和组配次序,凡符合逻辑组配所规定条件的为命中文献,否则为非命中文献。布尔逻辑检索是计算机信息检索的一种基本技术。它用布尔运算符连接各检索项,然后由计算机进行相应的集合运算,以筛选出所需要的记录。

(2)布尔逻辑检索的种类

常用的布尔逻辑算符有 3 种,分别是逻辑"或"(也表示为"or""+");逻辑"与"(也表示为"and""*");逻辑"非"(也表示为"not""-")。

下面以检索课题"用生物技术方法处理污水"为例,说明布尔逻辑算符的应用。

① 逻辑与:"*"或者"AND"

图 4-1 左图中阴影部分即 A AND B,是具有概念交叉关系和限定关系的一种组配,表示检索结果必须同时满足所有检索条件。其作用是增强检索的专指性,缩小检索范围,提高查准率。检索表达式"污水处理 AND 生物技术",表示查找文献内容中既含有"污水处理"又含有"生物技术"两个词的文献。

② 逻辑或:"+"或者"OR"

图 4-1 中图中阴影部分即 A OR B,完全覆盖了 A 和 B 的整体范围,表示概念并列,满足其中之一即可。检索表达式"污水处理 OR 污水回用",表示查找有关污水处理或污水回用方面的文献。逻辑"或"算符多用于连接同义词、近义词或相关词,其作用是扩大检索范围,提高查全率。

③ 逻辑非："–"或者"NOT"

图 4-1 右图中阴影部分即 A NOT B，这是概念包含关系的一种组配，表示排除掉运算符"NOT"后面的限定词。其作用在于缩小检索范围，提高查准率。例如，欲检索处理污水的文献，但是要排除掉有关生物技术方法的记录，构造检索表达式"污水处理 NOT 生物技术"。逻辑"非"算符适用于排除掉那些含有某个特定检索词的记录，但使用中应小心，以防不慎漏掉有用的文献。

布尔逻辑检索的常见逻辑关系如图 4-1 所示。

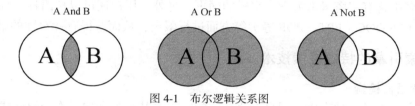

图 4-1　布尔逻辑关系图

值得我们注意的是，每个搜索引擎使用的布尔运算符都是不同的。如 Google 和百度的逻辑"与"均用空格表示；可是逻辑"或"却不相同：Google 用"OR"，百度用"|"符号表示等。

2. 截词检索

截词检索也称词干检索或字符屏蔽检索，主要用于西文信息检索，就是将检索词截断，用截断的词的一个局部进行的检索，并认为凡满足这个词局部中的所有字符（串）的文献，都为命中的文献。它可以起到扩大检索范围，提高查全率，减少检索词的输入量，节省检索时间，降低检索费用等作用。

在搜索引擎中，截词检索多为前方一致检索。常用的截词符有"*""$""?"等，也称通配符。目前，大多数搜索引擎都支持截词检索功能（一般指右截词）。但是由于网络信息已是以"多"为患，也有些搜索引擎对通配符支持有限，如 Google 在支持中文搜索时，一个"*"代替一个汉字；在支持英文搜索时，一个"*"代替一个单词而不是单词中的某个或几个字母的键盘字符。

再如，要搜索第一个为"以"，末两个为"治国"的四字短语。检索式可以写成："以*治国"，中间的"*"可以为任何字符。

一般情况下是没有必要使用截词检索的，如果确实需要，也一定要小心谨慎。另外，各个搜索引擎在截词检索时使用的截词方式与截词符号会有所不同。

3. 位置检索

位置检索也称临近检索，有时布尔逻辑运算符难以表达某些检索课题确切的提问要求，字段限制检索虽能使检索结果在一定程度上进一步满足提问要求，但无法对检索词之间的相对位置进行限制。位置算符检索是用一些特定的算符（位置算符）来表达检索词与检索词之间的临近关系，并且可以不依赖主题词表而直接使用自由词进行检索。

当前使用较多的两个位置运算符是"（nW）"和"（nN）"。如"网络 N 图书馆"，表示检索结果中网络与图书馆两词之间的位置相对比较接近。目前能够提供位置检索的搜索引擎比较少。实际上许多搜索引擎干脆使用更直截了当的方法来表示（W）算符，如直接使用双引号（""）将词组引起来。检索式"南京大学"表示检索结果必须包含"南京大学"这个词组，而不会包含那些"位于南京的一些大学""南京财经大学""南京的大学校园"等内容的网络信息。按照两个检索词出现的顺序和距离，可以有多种位置算符。对同一位置算符，检索系统不同，规定的位置算符也不同。

4. 限定检索

为了帮助用户获得更精确的检索结果，很多数据库都设置了限制检索功能，即允许用户通过限制文献的类型、出版时间、语种等来缩小检索范围，提高查准率。使用字段限定检索，用户可在查询网络信息时把检索范围限制在标题、统一资源定位符（URL）或超链接等部分，控制检索结果的相关性，提高检索效果。例如，"title：塔里木大学"这样的检索提问可以检索到网页题名中含有"塔里木大学"字样的网页。另外，用户还可以从语种、日期、特定文件格式类型（如 DOC、PPT、PDF 等）等方面进行限定，从而获得有针对性的结果。

4.2.4 搜索引擎的特殊检索技术

1. 自然语言检索

自然语言检索是一种直接采用自然语言中的字、词甚至整个句子作为提问式进行检索的方法。也就是说，可以用"塔里木河有多长"这样的自然语言表达式来作为检索提问式。大多数著名的搜索引擎都支持自然语言检索，特别适合非信息专业的一般检索者使用。

2. 概念检索词检索法

概念检索是指使用某一检索提问词进行检索时，能同时对该词的同义词、近义词、广义词、狭义词等同样地进行检索，以达到扩大检索、避免漏检的目的。它适用于对某一具体的指定信息进行查找，例如当使用"计算机"检索时，得到的检索结果可以有"计算机""微机""微型计算机""电脑"等不同形式的表达。

4.2.5 提高精确度的搜索技巧

1. 使用双引号进行精确查找

搜索引擎大多数会默认对搜索词进行分词搜索。这时的搜索往往会返回大量信息，如果查找的是一个词组或多个汉字，最好的办法就是将它们用双引号括起来（注意是在英文输入状态下的双引号），这样得到的结果最少、最精确。为了获得更精确的检索结果，可以用双引号把一个专有名词、词组或固定短语用双引号括起来，表示限定此检索词为完整的短语，不可分割。利用双引号来限定短语，在大多数英文数据库和通用搜索引擎如百度中都有效。如输入"air pollution analysis"或者选择匹配限定中的"精确匹配"就可以获得相关度很高的结果，反之则会出现很多不相关或完全不相关的结果。

2. 使用多个词语搜索或利用进阶检索功能

很多数据库和搜索引擎都默认几个检索词之间的空格为逻辑"与"关系，相当于使用"AND"。因此为了查准，可以同时输入两个以上检索词，并以空格分隔。缩小搜索范围的简单方法就是添加检索词。添加词语后，查询结果的范围就会比原来"过于宽泛"的查询小得多。输入多个词语搜索（不同字词之间用一个空格隔开），可以获得更精确的搜索结果。检索词可以输入一个，也可以输入两个、三个、四个，甚至可以输入一句话。例如，可以搜索"mp3 下载""旅游 攻略 大全""白日依山尽，黄河入海流"。输入多个关键词搜索，可以获得更精确更丰富的搜索结果。

例如，在百度搜索引擎中搜索有关"上海暂住证"的信息，如果输入"上海 暂住证"可以找到几万篇资料。而搜索"上海暂住证"，则只有严格含有"上海暂住证"连续 5 个字的网页才能被找出来。因此，当要查的关键词较为冗长时，建议拆成几个关键词来搜索，词与词之间用空格隔开。

此外，也可以通过利用进阶查询（二次检索或结果中检索），即利用前一次检索的结果作为后一次检索的范围，在结果中去除或在结果中再搜索，从而逐步缩小检索范围。

3. 减除无关资料

如果要避免检索某个词语，可以在这个词前面加上一个减号（"−"），但在减号之前必须留一空格。使用加减号限定查找很多搜索引擎都支持在检索词前冠以加号"+"限定检索结果中必须包含的词汇，用减号"−"限定搜索结果不能包含的词汇。

互联网上有许多有关学习搜索的资源网站，通过从相关网站获取的资源以及在相关论坛上同一些搜索高手直接交流，有助于快速提高自己的搜索能力和技巧。学习中文搜索可以借鉴以下网站。

（1）中文搜索引擎指南

http://www.sowang.com/link.htm
（2）搜索研究院

http://9238.googlefans.net/
（3）搜索爱好者论坛

http://bbs.sowang.com/
（4）搜索引擎直通车

http://www.admin5.com/article/20061113/5361.shtml

4.2.6 常用的搜索引擎

随着互联网络上中文网络信息的日益丰富，中文网络检索工具也逐渐发展起来。其引入或借鉴西文检索工具的技术，开发了专门的中文搜索引擎。下面我们介绍全球最大的中文搜索引擎百度、Google 学术搜索以及科技专用搜索引擎 Scricus。

1. 百度

百度搜索引擎（http://www.baidu.com）由百度公司于 1999 年底成立于美国硅谷，创建者是李彦宏和徐勇。百度是目前全球最大、最优秀的中文信息检索与传递技术供应商，是目前国内最大的商业化全文搜索引擎。百度致力于向人们提供"简单，可依赖"的信息获取方式。中国所有提供搜索引擎的门户网站中，超过 80%以上都由百度提供搜索引擎技术支持，现有客户包括新浪、搜狐、网易，甚至还有腾讯等。

百度搜索引擎由 4 部分组成：蜘蛛程序、监控程序、索引数据库、检索程序。高性能的"网络蜘蛛"程序自动在互联网中搜索信息，可定制、高扩展性的调度算法使得搜索器能在极短的时间内收集到最大数量的互联网信息。百度在中国各地和美国均设有服务器，搜索范围涵盖了中国、新加坡等华语地区以及北美、欧洲的部分站点。百度搜索引擎拥有目前世界上最大的中文信息库，总量达到 6000 万页以上，并且还在以每天几十万页的速度快速增长。

（1）检索途径

① 基本检索

百度首页默认为基本检索，界面风格简洁明了，传送速度较快。百度搜索简单方便，只需在搜索框内输入需要查询的内容，按回车键或者鼠标单击搜索框右侧的"百度一下"按钮，就可以得到相关资料。

输入的查询内容可以是一个词语、多个词语或一句话。百度提供的检索途径主要是关键词检索，对网页、MP3 和 Flash 都是使用输入关键词的方式进行检索，仅在信息快递页面提供了分类检索的途径。关键词检索的使用非常简单方便，仅需在检索输入框中输入查询词，用鼠标单击"百度一下"按钮即可得到相关资料，百度基本检索界面如图 4-2 所示。

图 4-2　百度基本检索界面

② 高级检索

高级检索界面如图 4-3 所示。

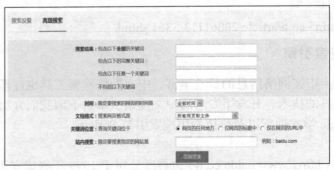

图 4-3　百度高级检索界面

（2）检索技术

在百度搜索中通过布尔逻辑等检索技术和限定范畴检索来提高检准率，这对一些学术专题检索筛选无关信息具有很大帮助。百度中常用的限定检索有以下几种。

① site：按网域搜索

检索算符：site

基本查询语法：关键词+site:网站名称或国别（注：此处"+"代表空格，本节以下相同）在一个网址前加"site:"，可以限制只搜索某个具体网站、网站频道或某域名内的网页。例如，输入[塔里木大学　site：baidu.com]。

表示在 baidu.com 网站内搜索和"塔里木大学"相关的资料，如图 4-4 所示。

搜索关键词可以在"site：网址"前，也可以在其后，与"site：网址"之间必须以一个空格隔开，"site"后的冒号可以是半角也可以是全角，搜索引擎都会自动辨认。site 后不能有"http://"前缀或"／"后缀，网站、频道也仅限于"频道名．域名"模式，不能是"域名/频道名"模式。

图 4-4　按网域搜索

② inurl：按 URL 搜索

检索算符：inurl

基本查询语法：inurl：资源类型+关键字

例如：输入[inurl：mp3 刘欢]。

表示搜索可能有"刘欢"的 MP3 音乐网站，如图 4-5 所示。

图 4-5　按 URL 搜索

inurl 表示的是搜索结果所返回的网页 URL 链接中包含第一个关键词，后面的关键词则出现在链接中或者是网页的文档中。有很多网站把某一类具有相同属性的资源名称显示在目录名称或者网页名称中，例如"MP3"。于是就可以用"inurl"语法找到这些相关资料链接，然后用第二个关键词确定是否有某项具体资料。"inurl"语法和基本搜索语法的最大区别在于，inurl 通常能提供非常精确的专题资料。

③ intitle：按网页标题搜索

检索算符：intitle

基本查询语法：intitle：关键字 1 +关键字 2

在一个或几个关键词前加"intitle："，可以限制只搜索网页标题中含有这些关键词的网页。

例如：输入[intitle：阿拉尔 红枣节]。

表示搜索在标题中含有关键词"阿拉尔 红枣节"的网页，如图 4-6 所示。

intitle 表示搜索的关键词包含在网页的标题中。其用法和作用类似于前面的 inurl，只是后者对 URL 进行查询，而前者查询的对象是网页的标题。网页标题，就是 HTML 标记语言"<title>"和"</title>"中间的部分。网页设计的一个原则就是把主页的关键内容用简洁的语言表示在网页的标题中，而网页标题是对网页的一种简洁而高度的概括。因此，只查询标题栏，通常也可以找到相关率很高的专题资料。注意这种搜索返回的结果一般很少，但准确度相对较高。

图 4-6 按网页标题搜索

④ link：按链接搜索

例如：输入 [link:www.cqnu.edu.cn]

搜索显示所有指向 www.cqnu.edu.cn 的网页，如图 4-7 所示。

图 4-7 按链接搜索

link 用于搜索链接到"重庆师范大学"的 URL 地址的网页。可以了解有哪些网页把链接指向了该网页。其作用在于可以知道该网站被关联的程度，如果搜索结果很多，说明该网站被链接得很多，从侧面说明该网站的受欢迎程度。另外，一般相互链接的网站都有某种相关性，这也为查找某些特定领域内的知识提供了参考源。注意，link 搜索不同于别的搜索方式，不能与普通关键词搜索结合使用。

⑤ filetype：按文件格式搜索

检索算符：filetype

基本查询语法：[关键词+filetype:doc|pdf|ppt|xls|rar]

目前，很多搜索引擎都提供了控制词 filetype，用以控制查询结果中输出具有特定文件类型扩展名的文件。例如，逐渐已成为国际标准的 PDF 文件。针对特定文件格式的搜索有时会特别有用，如搜索电子教案 PPT，如果不使用 filetype 作为控制，很难得到想要的结果。

例如，[北京高考数学试卷 filetype:doc]查找北京市历年的高考数学试卷，并要求返回 doc 格式的文件，因为 doc 格式的文件比较容易处理和打印。

特别值得一提的是，用控制词 filetype 也可以限制特定文件类型的输出。如果要禁止某一文件类型的输出，只需在控制词 filetype 前加上"–"就可以了。

例如，[信息素质–filetype:ppt]就是禁止 ppt 格式的文件输出。

例如，输入[信息素质 filetype：pdf]则表示搜索关于"信息素质"论文类型的文献信息，如图 4-8 所示。

（3）检索技巧

① 减除无关资料

百度支持"–"功能，排除含有某些词语的资料，缩小查询范围，但减号之前必须留一空格。

图 4-8　按文件格式搜索

② 并行搜索

使用 "A｜B" 来搜索或者包含词语 A，或者包含词语 B 的网页。例如，要查询 "图片" 或 "写真" 相关资料，无需分两次查询，只要输入 "图片｜写真" 搜索即可。

③ 相关检索

如果您无法确定输入什么词语才能找到满意的资料，可以试用百度相关检索。您可以先输入一个简单词语搜索，然后百度搜索引擎会为您提供 "其他用户搜索过的相关搜索词语" 作参考。您单击其中一个相关搜索词，就能得到那个相关搜索词的搜索结果。

④ 百度搜索支持二次检索

可在上次检索的结果中继续检索，逐步缩小查找范围，直至得到最小、最准确的结果。

（4）百度公司的产品

① 百度百科

全球最大的中文在线百科全书，是百度公司推出的一部内容开放、自由的网络百科全书，其正式版于 2008 年 4 月 21 日发布。百度百科旨在创造一个涵盖各领域知识的中文信息收集平台，强调用户的参与和奉献精神，充分调动互联网用户的力量，汇聚上亿用户的头脑智慧，积极进行交流和分享。同时，百度百科实现与百度搜索、百度知道的结合，从不同的层次上满足用户对信息的需求，如图 4-9 所示。

② 百度文库

百度文库是供网友在线分享文档的开放平台。在这里，用户可以在线阅读和下载涉及课件、习题、考试题库、论文报告、专业资料、各类公文模板、法律文件、文学小说等多个领域的资料，不过需要扣除相应的百度积分。平台所累积的文档，均来自热心用户上传。百度自身不编辑或修改用户上传的文档内容。用户通过上传文档，可以获得平台虚拟的积分奖励，用于下载自己需要的文档。下载文档需要登录，免费文档可以登录后下载，对于上传用户已标价的文档，则下载时需要付出虚拟积分。当前平台支持主流的.doc（.docx）、.ppt（.pptx）、.xls（.xlsx）、pdf、txt 文件格式，文库首页如图 4-10 所示。

③ 百度国学搜索

2006 年 1 月 9 日，百度国学搜索频道（guoxue.baidu.com）上线服务，使先进的搜索技术和深邃瑰丽的中文典籍融合在一起。百度国学搜索是百度和国学公司合作推出的针对中国传统文化方面的专业搜索。目前，百度国学囊括 10 多万个网页，字数达到 1.4 亿，内容经过精心校勘，收录了上起先秦、下至清末两千多年以来的以汉字为载体的历代典籍，内容涉及经、史、子、集各部。国学频道的所有数据库资料，均为中国电子古籍文本，不受其他互联网信息的 "干扰"。例如，查找 "满江红" 时，不会搜到现在互联网上所存有的有关 "满江红" 的信息。这一做法的好处是，国学频道是一个很 "干净" 的频道，极有利于人们查找有关古籍资料，使人们不仅能够查到完本的古籍图书，也能查找到古代著名诗人相关诗作，同时还能以"关键词"查找到所有与此相关的资料。百度国学频道为弘扬国学，彰显中华文字之美，复兴和传播中国文化做出了应有的贡献。

图 4-9　百度百科搜索界面

图 4-10　百度文库首页

此外，百度智能化的中文处理技术也同样能给我们获取信息资料提供帮助。百度是为中文用户量身定做的，因此能够比较准确地理解中文的语意，更贴近中文用户的搜索习惯。百度运用了中文智能语言的处理方法，依靠字与词的不同切割方法，弥补了单纯依靠字或词的引擎技术的缺陷，并且能够在不同的编码之间转换，这就使得简体字和繁体字的检索结果自然结合，智能化的中文语言处理技术大大提高了搜索的准确性与查全率。在搜索结果的处理上，百度标记网页生成时间、网页语言；百度具有"相关搜索"功能，在搜索结果中推荐和用户搜索主题相关的关键词，为用户的进一步扩展查询提供了重要借鉴。

2. Google 学术搜索

Google 搜索引擎（http://www.google.com）是由两个斯坦福大学博士生 Larry Page 与 Sergey Brin 于 1998 年 9 月发明的。Google 是第二代搜索引擎的代表，目前被公认为是全球最大的搜索引擎。Google 搜索范围遍布整个互联网，并且与数据的物理存储无关，其支持的语言多达 132 种，包括简体中文和繁体中文。在文件格式方面，除了支持网页搜索之外，也同时支持 PDF、Excel、PPT、RTF、Word、视频文件等多种类型的文件搜索。Google 的主页界面非常简洁，其网站只提供搜索引擎功能，没有累赘信息，用户界面比较友好。由于对搜索引擎技术的创新，Google 已经获得 30 多项业界大奖。Google 所擅长的是易用性和高相关性，其先进的 Page Rank 排序技术可以保证将重要的搜索结果排列在结果列表的前面。除了用户所熟知的网页、图片、新闻、视频、音乐等类型的信息检索外，Google 还能帮助我们获取很多学术资源，其中不乏免费学术文献信息。Google 学术搜索是其重要的检索功能之一。

（1）Google 学术搜索

Google 学术搜索（http://scholar.google.com）是一个可以免费搜索学术文章的 Google 网络应用。2004 年 11 月，Google 第一次发布了 Google 学术搜索的试用版。该项索引包括了世界上绝大部分出版的学术期刊，可广泛而简便地搜索学术文献。用户可以从一个位置搜索众多学科和资料来源，除了可以搜索普通网页中的学术论文外，还可以搜索同行评议文章、学位论文、图书、预印本、文摘、技术报告等学术文献。文献来源于学术出版物、专业学会、预印本库、大学机构，内容包括医学、物理学、经济学、计算机科学，横跨多个学术领域。

近年来，Google Scholar 和我国数据库公司及图书馆的合作取得了良好进展。通过 Google Scholar 可以搜索维普、万方数据库的资源。有权使用全文的用户，可以直接下载全文。2005 年底，中国国家图书馆和 Google 合作，向网络用户免费开放 8000 余万页的电子文献。

Google 学术搜索可以有如下用途。

① 了解有关某一领域的学术文献

由于收录范围限于学术文献，将屏蔽掉网上很多不相关信息。

② 了解某一作者的著述，并提供书目信息（引用时必需的图书出版信息或期刊论文的刊名、刊期信息）

可直接在网上搜索原文、文摘等；如果是图书，还可通过 Library Search（如 OCLC 的 Open World Cat）检索附近图书馆的收藏。

③ 了解某文献被引情况

可直接单击"Cited by（被引用）"搜索引用文献。

（2）谷粉搜搜学术搜索

Google 学术搜索滤掉了普通搜索结果中大量的垃圾信息，排列出文章的不同版本以及被其他文章的引用次数。略显不足的是，它搜索出来的结果没有按照权威度（如影响因子、引用次数）依次排列，在中国搜索出来的，前几页可能大部分为中文的一些期刊的文章。目前，Google 已慢慢退出中国市场，其旗下的产品在国内都是打不开的。在这种情况下，我们可以选择谷粉搜搜学术搜索（http://www.gfsoso.com/scholar）进行学术搜索，其搜索结果来源于谷歌学术搜索。下面我们利用谷粉学术搜索来示范检索课题。例如，查找"用生物技术方法处理污水"方面的文献，如图 4-11（a）所示。

再如，查阅关于 A.H.M Jones 的《The Later Roman Empire》一书的原文，如图 4-11（b）所示。

从显示的结果中很容易发现，检索结果中出现了该书的图书形式，单击"图书"后，即可在线阅读原文并且可以查阅该文被引情况。

3. 科技专用搜索引擎 Scricus

Scricus（http://www.scirus.com）始于 2001 年 4 月，是目前互联网上最全面、综合性最强的科技文献搜索引擎之一；由 Elsevier 科学出版社开发，用于搜索期刊和专利，效果很好。Scirus 覆盖的学科范围包括：农业与生物学，天文学，生物科学，化学与化工，计算机科学，地球与行星科学，经济、金融与管理科学，工程、能源与技术，环境科学，语言学，法学，生命科学，材料科学，数学，医学，神经系统科学，药理学，物理学，心理学，社会与行为科学，社会学等。Scirus 曾被著名的《搜索引擎观察》（Search Engine Watch）评为"最佳专业搜索引擎"。它采用最新的搜索引擎技术，为科研工作者、学生等用户提供精确查找科技信息、简单快速查找所需文献或报告等服务。Scirus 覆盖了超过 2 亿个科技相关的网页，Scirus

的网页包括：内容的网站及与科学相关的网页上的科学论文、科技报告、会议论文、专业文献、预印本等，如大学网站、作者主页、Science Direct 等。其目的是力求在科学领域内做到对信息全面深入的收集，以统一的检索模式面向用户提供检索服务。

（a）

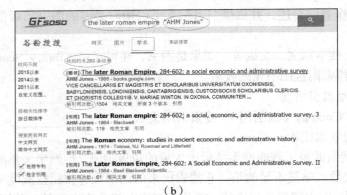

（b）

图 4-11　谷粉搜搜检索界面

4.2.7　常用搜索引擎列表

（1）三大门户搜索引擎

① 谷歌：http://www.google.com/

② 百度：http://www.baidu.com/

③ 雅虎：http://www.yahoo.cn/

（2）其他搜索门户

① 搜狗：http://www.sogou.com/

② 新浪爱问：http://www.iask.com/

③ 中搜：http://www.zhongsou.com/

④ 搜搜：http://www.soso.com/

（3）学术搜索引擎

① 谷歌学术搜索：http://scholar.google.com/

② 谷粉搜搜学术搜索：http://www.gfsoso.com/scholar/

③ 科技专用搜索引擎：Scricus：http://www.scirus.com/

④ BASE 学术搜索引擎：http://www.base-search.net/

⑤ 在线期刊搜索引擎（Online Journal Search Engine，OJOSE）：http://www.ojose.com/

⑥ 百度国学：http://guoxue.baidu.com/

（4）集成搜索引擎集锦

① Cyber 411：http://www.cyber411.com/

② Metacrawler：http://www.metacrawler.com/

③ SavvySearch：http://savvy.cs.colostate.edu:2000/

④ Mamma：http://www.mamma.com/

⑤ Ask Jeeves：http://www.askjeeves.com/

⑥ Dogpile：http://www.dogpile.com/

⑦ MetaCrawler：http://www.metacrawler.com/

4.3　开放获取资源

4.3.1　开放获取概述

开放获取运动起源于 1963 年，20 世纪 90 年代末生物医学方面 OA 出版物的涌现带动了它的快速发展。从 2001 年开始，随着国际间合作的加强，开放获取运动在全球范围内出现了飞跃。目前，OA 期刊和 OA 仓储是实现开放存取的两种主要途径，其存在和发展对重建以研究人员为中心的学术交流体系发挥了重要作用。开放存取基于"自由、开放与共享"的理念，依托网络技术，正在成为学术出版和科学信息交流的全新模式。

在网络环境下，研究人员为了快速有效地与同行交流最新的研究成果，也利用了一些其他有别于传统学术期刊的交流途径，如个人网站、电子邮件、服务列表、主题论坛以及新兴的 Blog（博客）等。这些方式也都是开放存取出版的实现途径，但由于存在规模有限、不易检索、缺乏规范等问题没有在大范围内得到广泛应用。而 OA 期刊和 OA 仓储则由于经济而实用的优势，日益被学术界认同并得到相当广泛的应用，成为目前实现开放存取出版的主要途径。开放获取学术文献（Open Access Literature）是众多开放获取资源中很重要的一类，包括开放获取期刊（Open Access Journals）、开放获取图书（Open Access Books）、开放获取课件（Open Access Courseware）、开放获取学位论文（Open Access Thesis）、开放获取会议论文（Open Access Conference）以及学术机构收藏库（Repository）、电子印本资源（e-Print）等。

4.3.2　常用开放获取资源

1. OA 资源一站式检索服务平台（Socolar）

随着网络技术的发展，Open Access（以下简称"OA"）资源得到了空前的发展。"OA 资源一站式检索服务平台（Socolar）"项目，旨在为用户提供 OA 资源的一站式检索服务。

Socolar（http://www.socolar.com）是全球最大的 Open Access 学术资源专业服务平台，是由中国教育图书进出口公司对世界各地、各种语种的重要 OA 期刊和 OA 仓储资源进行全面收集、整理并提供统一检索的集成服务平台。通过 Socolar 可以检索到世界上的重要 OA 资源并提供 OA 资源的全文链接；同时，通过 Socolar 享受 OA 资源的定制服务，推荐您对某种 OA 期刊的评价。另外，Socolar 还是 OA 知识的宣传和交流平台、OA 期刊发表和仓储服务平台。资源概况：OA 期刊 11739 种，包含文章 1350 万篇；OA 仓储 1048 种，包含文章 1039

万篇；平台总计收录 2389 万篇文章。Socolar 检索界面，如图 4-12 所示。

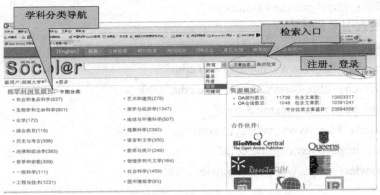

图 4-12 Socolar 检索界面

Socolar 旨在建设为用户提供重要的 OA 资源的一站式服务，并力求最终实现以下功能。

（1）OA 资源的检索和全文链接服务功能

全面系统收录重要的 OA 资源，包括重要的 OA 期刊和 OA 仓储，为用户提供题名层次（title-level）和文章层次（article-level）的浏览、检索和全文链接服务。

（2）用户个性化的增值服务功能

根据用户的个性化需求，为用户提供 OA 资源各种形式的定制服务和特别服务。

（3）OA 知识的宣传和交流功能

建立权威的 OA 知识宣传平台和活跃的 OA 知识交流阵地。用户可以通过该平台，了解 OA 的基本知识和发展动态，也可以与他人进行互动交流。

（4）OA 期刊的发表和仓储服务功能

为学者提供学术文章和预印本的 OA 出版和仓储服务。

2. OA 图书馆

OA 图书馆（http://www.oalib.com/）是 Open Access 图书馆的简称，即开放存取图书馆。OA 图书馆致力于为学术研究者提供全面、及时、优质的免费阅读科技论文。目前 Open Access Library 已经存有 258647 篇免注册、免费使用下载的英文期刊论文，且大部分来自国际知名的出版机构，其论文领域涵盖数学、物理、化学、人文、工程、生物、材料、医学等领域。它致力于让中国人可以免费获得高质量的文献，最早提供了很多 Open Access 数据库和资源，但是由于 OA 的数据库资源比较分散并且数据库存储格式不统一，利用起来非常不方便。在此基础上，我们利用 Google 的搜索技术建立这个 OA 内容的搜索，可以很方便地搜索近 6000 多种期刊资料和 5000 多个 Open Access 的数据库资源。OA 内容搜索是一个免费查找 Open access 资源的服务，提供可免费下载学术资料的搜索。

OA 图书馆主要内容分为两个部分：一是 OA 资源和 OA 新闻；二是 OA 内容搜索。OA 资源部分主要是介绍一些 OA 资源，包括预印本资源、OA 期刊库、OA 电子课件、OA 机构存储库。OA 新闻主要是介绍 Open Access 的一些基本知识和国内外最新的 Open Access 新闻。

尽管大部分 Open Access 资源可以免费下载，但是因为 OA 资源数据较为分散，且数据保存格式不统一，因此利用起来有一定的难度。为了方便使用者更好地查找这些资源，OA 图书馆利用 Google 的搜索技术建立了这个搜索引擎。使用者可通过输入关键词的方式来查找自己所需的文献资源，并且支持各种通配符的使用。OA 图书馆的检索界面，如图 4-13 所示。

图 4-13　OA 图书馆的检索界面

3. CORE 开放式教育资源

中国开放式教育资源共享协会（China Open Resources for Education，CORE）的宗旨是促进国际教育资源共享，提高教育质量，以推进中美两国高校之间的紧密合作与资源共享为使命，向中国高校免费提供以美国麻省理工学院为代表的国内外大学的优秀开放式课件、先进教学技术、教学手段等教学资源，以提高中国的教育质量。同时，将中国高校的优秀课件与文化精品推向世界，促成教育资源交流和共享。CORE 网站是提供优质免费教育资源的双语网站，为广大的学习者提供了方便和机会，受到了中国大学师生及社会学习者的欢迎，目前网站年单击率达 1000 万次。通过该平台，用户可以访问以下资源。

① MIT OCW 中国镜像网站（http://ocw.mit.edu/index.htm）

集成了 MIT 部分英文原版课程以及正在陆续翻译上线的中文版课程。为方便国内用户利用，CORE 组织了志愿者对站点课程进行翻译。

② 国家精品课程导航（http://www.jingpinke.com/）

国家精品课程是教育部 2003 年 4 月提出的"高等学校教学质量和改革工程"的重要内容之一。国家精品课程建设计划用五年时间（2003～2007 年）建设 1500 门国家级精品课程，打造具有一流教师队伍、一流教学内容、一流教学方法、一流教材、一流教学管理等特点的示范性课程的开放性平台，以实现优质教学资源共享，提高高等学校教学质量和人才培养质量。目前，教育部已经完成了 2005 年度的精品课程评审工作，这些精品课程的课件正陆续上网。国家精品课程资源网检索界面，如图 4-14 所示。

图 4-14　国家精品课程资源网检索界面

4.3.3　开放获取学术资源列表

（1）开放获取期刊

① DOAJ：http://www.doaj.org

② Socolar：http://www.socolar.com

③ High Wire Press：http://www.highwire.org

④ Bio Med Central：http://www.biomedcentral.com

⑤ PLOS：http://www.plos.org

⑥ Bio line International：http://www.bioline.org.br

⑦ Science 周刊：http://www.sciencemag.org/

⑧ OPEN J-GATE（开放存取期刊门户）：http://www.openj-gate.com

⑨ 开放阅读期刊联盟：http://www.oajs.org/

⑩ Nature 杂志：http://www.nature.com/

（2）开放获取图书

① The National Academies Press：http://www.nap.edu

② Google Book Search：http://books.google.com

③ Project Gutenberg：http://www.gutenberg.org

④ The Online Books Page：http://onlinebooks.library.upenn.edu

⑤ 白鹿书院：http://www.oklink.net/

（3）开放获取课件

① 中国开放教育资源协会：http://www.core.org.cn

② MIT 开放获取课件：http://ocw.mit.edu

③ World Lecture Hall：http://web.austin.utexas.edu/wlh

④ 日本开放式课程：http://www.jocw.jp

⑤ 国家精品课程导航：http://www.jingpinke.com/

（4）开放获取学位论文

① 香港大学论文库：http://sunzi1.lib.hku.hk/hkuto/index.jsp

② NDLTD 学位论文库：http://www.ndltd.org

③ MIT Theses：http://libraries.mit.edu/mit-theses

④ DIVA Portal：http://umu.diva-portal.org

⑤ 诺丁汉大学电子学位论文：http://etheses.nottingham.ac.uk

（5）开放获取会议论文

① Science Conference Proceedings：http://www.osti.gov/scienceconferences

② ASEE Proceedings：http://www.asee.org/conferences

③ 中国学术会议在线：http://www.meeting.edu.cn

④ 中国电子信息科技文献数据库：http://lunwen.cnetnews.com.cn

（6）开放获取机构收藏库

① 麻省理工学院机构收藏库：http://dspace.mit.edu

② 香港科技大学机构收藏库：http://repository.ust.hk

③ 剑桥大学机构收藏库：http://www.dspace.cam.ac.uk

④ 加利福尼亚大学机构收藏库：http://repositories.cdlib.org/escholarship

（7）电子印本系统

① 中国预印本服务系统：http://prep.istic.ac.cn

② 奇迹文库：http://www.qiji.cn/eprint

③ 中国科技论文在线：http://www.paper.edu.cn

④ arXiv.org e-Print archive（http://arxiv.org）

⑤ 国外预印本门户：http://sindap.istic.ac.cn；http://sindap.cvt.dk

⑥ E-print Network:http://www.osti.gov/eprints

（8）专利

① 国家知识产权局：www.sipo.gov.cn

② 美国专利商标局：www.uspto.gov

③ 欧洲专利局：ep.espacenet.com

④ 加拿大专利局：opic.gc.ca

⑤ 日本特许厅：www.jpo.go.jp

（9）标准

① 国家标准化管理委员会：http://www.sac.gov.cn

② 中国标准化协会：http://www.china-cas.org

③ 中国标准服务网：http://www.cssn.net.cn

④ 中国电子工业标准化技术协会：http://www.cesa.cn

⑤ 国家工程建设标准化信息网：http://www.ccsn.gov.cn

⑥ 世界标准服务网：http://www.wssn.net

⑦ 国际标准化组织网站：http://www.iso.ch

⑧ 德国标准化学会：http://www.beuth.de

⑨ 国际电工委员会网站：http://www.iec.ch

⑩ 英国标准学会：http://www.bsigroup.com

（10）科技报告

① 美国 OSTI 灰色文献网：http://www.osti.gov

② 美国国防部科技信息库（DTIC）：http:// www.dtic.mil

③ EECS Technical Reports：http://cs-tr.cs.berkeley.edu

④ NASA Technical Reports Server（NTRS）：http://ntrs.nasa.gov

⑤ 美国政府科技报告（NTIS）：http://www.ntis.gov

⑥ 惠普实验室技术报告：http://www.hpl.hp.com/techreports/index.html

⑦ NBER Working Paper：http://www.nber.org/papers

⑧ Documents & Reports of the World Bank Group：http://www-wds.worldbank.org

（11）统计数据

① 中国国家统计局：http://www.stats.gov.cn

② 中国统计信息网：http://web.tongji.edu.cn/yangdy/data/link.htm

③ 中国年鉴信息网：http://www.chinayearbook.com

④ 联合国统计司：http://unstats.un.org

⑤ 联合国数据：http://data.un.org

⑥ 世界银行：http://www.worldbank.org

⑦ 世界贸易组织：http://www.intracen.org

⑧ 经济合作及发展组织：http://www.oecd.org

⑨ 国际统计学会：http://isi.cbs.nl

⑩ 国际结算银行：http://www.bis.org

（12）专业论坛

① 小木虫论坛：http:// www.emuch.net

② 阿果资源网：http://www.agpr.net

③ 网上读书园地论坛：http:// www.readfree.net

④ 研学论坛：http://bbs.matwav.com

⑤ 博士数学网：http://www.math.org.cn

⑥ 博研联盟：http://bbs.myboyan.com/

⑦ 中国化学化工论坛：http://www.ccebbs.com

4.4 学科信息门户

4.4.1 学科信息门户概述

Gateway 或 information portal 又称网络学术资源导航（Internet resources by subject），一般是由大学图书馆、重点院系或其他学术资源单位承担，针对网上可免费获取并有重大学术参考价值的资源，按照学科、主题等体系进行搜集、整理、分类，并制成导航网站，将特定学科领域的信息资源、工具和服务等集成为一个整体，为用户提供方便和统一的信息检索和服务的入口。搜索引擎为人们从海量网络信息资源中查找所需信息提供了便捷途径，但由于其返回的信息资源在查准率和查全率上都无法得到保证，人们经常会得到许多无用信息，反而降低了信息资源的使用效能。因此学科信息门户应运而生，用户可通过学科信息门户快捷、有效地发现高质量的网络信息，同时使他们尽可能多地获得有价值的信息和信息资源。SIG 是研究者获取详尽相关专业信息资源的必备工具和最佳途径。

研究者可利用 SIG 了解该学科的概况、最新学术成果和研究动态，并且获取所需网址。SIC 可以为用户提供可靠的网络学科信息导航，也称门户网站、信息门户。它通常为用户提供对网上信息的"密集"访问方式，提供相关学科专业、学术领域的读者参照使用，从而尽快找到所需要的文献。

SIG 是根据关键词检索或主题浏览等方式查找和了解不同的网站信息，从而发现未知的、有价值的资源。不同于搜索引擎的是，学科信息门户经过人工选择和标引保证了信息的质量，其数量少而精。对于高校教学和科研工作而言，学科信息门户具有特别的意义，能使我们花费较少的精力和时间浏览到高质量的专业信息。

4.4.2 国内主要学科信息门户

随着国外大规模的学科信息门户建设以及国内学者对学科信息门户的研究，学科信息门户建设的思想和理念逐步为国内业界所接受。国内最早是上海图书馆于 1999 年开始建设的"数字图书馆资源总汇表"，现在已发展成为"数字图书馆"资源门户。从 2002 年 3 月开始至今，在中科院知识创新工程科技基础设施建设专项"国家科学数字图书馆（CSDL）项目"的子项目资助下，目前已建成重点领域信息门户（http://portal.nstl.gov.cn/STMonitor/）。重点领域信息门户是由 NSTL 组织建设的网络信息资源服务栏目之一，是面向科学研究团队、科研管理工作者、情报服务人员等不同人群，可按领域专题定制的知识服务平台。平台基于不同领域国内外相关机构（政府机关、科研机构、学协会、科技企业、学术会议、个人主页等）网站，自动搜集、遴选、描述、组织和揭示各机构发布的重大新闻、研究报告、预算、资助信息、科研活动等，提供内容浏览、专题定制和邮件自动推送等服务，可帮助用户快速了解和掌握领域内科研发展态势，掌握同行或竞争对手的科技活动动向，发现领域重点及热点主题，把握领域发展概貌，辅助科技决策。目前已建成纳米科技等 9 个重点学科领域，如图 4-15 所示。

此外，还有全国高校文献保障体系 CALLS 重点学科网络资源导航门户、武汉理工大学图书馆的"材料复合新技术信息门户"、中国林业科学研究院科技信息所和中国林科院图书馆合作建设的"林业学科信息门户"、中国国家数字图书馆的资源环境科学信息门户等。

4.4.3 国外主要学科信息门户

（1）美国的图书馆员互联网索引

美国的图书馆员互联网索引（Librarians' Index to the Internet，LII）（http://lii.org/pub/topic/literature）拥有超过 11000 多种经过图书馆员选择和评价的可检索的网络信息资源。根据网络信息组织和满足网络用户信息查询的需要，将资源分为人文科学、商业金融、教育、政府信息、健康医疗、家居家庭、网络导航、新闻媒体与杂志、人物、便览参考资料、地区资料、科学技术与计算机、社会学与社会问题、体育娱乐 14 大类。

图 4-15　重点学科领域

（2）澳大利亚学术与科研图书馆网络

澳大利亚学术与科研图书馆网络（Australian Academic and Research Library Network，AARLIN）（http://www.aarlin.edu.au/）是一个得到澳大利亚研究理事会（ARC）和澳大利亚国家教育、科研与培训部（DEST）资助，由一些大学图书馆及国家图书馆共同参与合作的项目。它的目标是开发一个全国性的学术图书馆网络，以此提高澳大利亚大学图书馆的资源共享水平，使高校师生和专业科研人员在自己的桌面电脑前就可以通过网络对所需的电子资源进行个性化、无缝、无中介的直接查阅。AARLIN 运用门户技术向信息用户提供文献检索、个性化定制、最新文献报道（literature alerts）、定题服务和内容敏感服务（context sensitive service）等一整套信息服务，体现了图书馆以人为本的服务理念，代表了当今国际图书馆界以用户为中心的新型信息服务模式。遗憾的是，该门户只有成员才能登录利用。此外，国外著名的信息门户还有德国 SSG-FI 英美语言文学学科信息门户（http://www.anglistikguide.de/）等。

第5章

移动互联网信息检索

　　随着计算机技术的迅猛发展，计算机的应用逐渐渗透到各个领域和整个社会的各个方面（包括信息资源）。社会信息化、数据的分布处理、各种计算机资源的共享等各种应用要求推动了计算机技术朝着群体方向发展，促进当代的计算机技术和通信技术紧密结合。人们都知道，当今是信息社会，而计算机是信息处理的工具。把地理上分散的独立计算机系统连接在一起组成网络，以达到信息资源共享和相互通信的目的，这是社会高度信息化的必然趋势。从某种意义上讲，计算机网络的发展水平不仅反映了一个国家的计算机科学和通信技术水平，而且是衡量其国力及现代化程度的重要标志之一。计算机网络和个人多媒体计算机将名副其实地构成信息化社会的基本细胞。

　　从 20 世纪 50 年代开始，电子计算机的发明、信息高速网络的建设等重大科技成果使人类从工业时代进入信息时代。60 年代互联网的出现，开始连接整个世界。进入 21 世纪，3G、4G 等手机高速移动网络的发展，手机等移动设备性能更加优越，信息科技、信息网络、计算机、手机硬件迅猛发展，产生了移动信息服务。到如今，它已成为与我们生活、工作不可分割的一部分。

5.1　移动信息检索概述

　　"移动技术是高等教育达到其目标的一种让人信服的、新的手段"；"移动设备解放了学习工具对学习者的限制，实现了无处不在的学习"；"新的移动计算科学即将引入要教育之中。也就是说，手机和全球顶级学校的课程资源将为我们的教学带来前所未有的机遇"。从中可以看出移动设备对未来教育将会产生前所未有的影响，在一定程度上也反映出移动设备的发展趋势。"全球有近 22%的人希望他们的手机在 5 年内实现电子阅读器的功能，能够进行掌上阅读"。"未来移动互联网的增长肯定会超过桌面平台市场，而且将以人们无法想象的速度增长。使用手机上网的用户数量将远远超过使用电脑上网的用户数量"。

　　移动搜索是指以移动设备为终端，进行对普遍互联网的搜索，从而实现高速、准确地获取信息资源。随着科技的高速发展，信息的迅速膨胀，手机已经成为了信息传递的主要设备之一。尤其是近年来手机技术的不断完善和功能的增加，利用手机上网也已成为一种获取信息资源的主流方式。2013 年 1 月，TechWeb 发布结果显示，百度移动搜索跻身于 2012 年度最受欢迎十大移动应用。其实移动搜索还只是 WEB 搜索的延续，没有突破性的技术和应用。移动搜索是 ICP 业务的一部分，使用内容提供商的引擎对网络进行搜索。主要实现方式有两种，一种是使用 WAP 接入搜索 WAP/WEB，一种是 3G 直接搜索 WEB 内容。现阶段 WAP 网络虽然比较发达，但是搜索引擎并不多，而且功能普遍不足。移动搜索是基于移动网络搜索技术的总称，用户可以通过短信息（Short Message Service，SMS）、无线应用协议（Wireless

Application Protocol，WAP）、互动式语音应答（Interactive Voice Response，IVR）等多种接入方式进行搜索，获取互联网信息、移动增值服务及本地信息等信息服务内容。

在信息科技的大背景之下，移动技术以及硬件技术的发展为信息服务提供了技术、硬件支撑，也为高校图书馆移动服务提供了条件。传统图书馆提供的是定点、定时的服务，而移动技术和信息技术的发展为高校图书馆开展各种服务提供了新的契机。图书馆作为传统的信息服务机构之一，其宗旨就是为人们主动获取知识提供最佳工具与方法。所以高校图书馆也需要在信息时代下，让互联网与用户更好地进行交互，建设服务型、开放型、融入用户过程、以用户为中心的新型图书馆，以适应用户需求的变化。因此，一个全新的服务将应运而生——移动图书馆服务。移动图书馆支持用户通过各种移动设备在任何时间任何地方都方便获取图书馆各种资源。剑桥大学的一项调查结果指出：学校师生更乐意通过手机拍照来获得图书馆目录查询的结果，而不是直接记录在纸上，并且55%的受访者倾向于用手机来查看图书馆的馆藏目录。

高校移动图书馆主要为高校的老师、学生提供便捷的、随时随地的信息服务，极大地方便了老师和学生的教学科研学习活动。移动图书馆对学校发展有着重要意义。目前国内高校移动图书馆还在起步阶段。

5.2　移动搜索引擎

5.2.1　常用移动搜索引擎

近年来，随着全球互联网搜索产业的飞速发展，以及移动通信、移动增值业务市场的稳步增长，作为互联网搜索和移动通信相融合的移动搜索开始崭露头角，其巨大的商业潜力也吸引着许多互联网巨头和移动增值业务新锐不断参与其中。Google、雅虎、微软、百度等通过与移动终端厂商建立广泛的合作关系，纷纷大举进军移动搜索领域。

我们目前使用的移动搜索一般有以下几种。

1．语言搜索

在刚推出 iPhone 4S 期间，苹果公司也推出一个语音服务 Siri 语音控制功能，如图 5-1 所示。使用这个功能我们就可以直接把手中的 iPhone 变成一个智能化的机器人，可以通过语音让手机进行天气查询、搜索查询等功能。同时苹果系统的对手安卓也在短期内推出语音操作系统，这一手机功能上的创新也将会改变搜索者的搜索行为。笔者认为，未来的移动搜索将会把语音搜索纳入一个重要的搜索途径；而只要说几句话就可以进行搜索，将会使许多搜索用户舍弃烦琐的键盘输入，使用语音搜索。

2．谷歌搜索

随着谷歌推出一系列的产品如加密搜索、Google+、搜索加上你的世界（SPYW）等，进一步提高了搜索的个性化，如图 5-2 所示。未来的移动搜索也不例外，移动搜索的功能将会变得更加个性化，移动的搜索结果也将基于搜索位置、搜索偏好以及个人的社交网络信息等。同时笔者认为基于移动设备的特质，移动设备的搜索结果也将更加本地化，你搜索的结果将会以你本地附近的搜索结果为主。

图 5-1　语音服务 Siri 语音控制功能

3. 百度搜索

百度搜索客户端主界面包括 4 部分：搜索区（包括垂直搜索切换+搜索框+语音输入搜索）、内容导航区（包括新闻、帖吧、小说、热搜榜、导航）、Ding Widget 切换区、功能导航区，如图 5-3 所示。整体 UI 设计很清爽，并能在设置中选择预设或本地图片作为个性化壁纸。值得一提的是，其语音输入搜索相当棒，在相对安静的环境下普通话识别率接近 100%，方言识别

图 5-2 谷歌搜索

测试也竟能识别大部分，体验的确很赞。最吸引人的是主界面下方的 Ding Widget，Ding 则是将百度的搜索引擎优势与用户的信息获取需求紧密连接的重要纽带。Ding 的添加过程非常有意思：当用户在搜索天气、股票、小说类关键词时，在搜索结果的第一条会显示 Ding 结果，用户可以自行将 Ding 添加至客户端首页。通过 Ding，用户可以在百度搜索客户端主界面上第一时间获取到所关注信息的最新状态。2012 年，百度在移动搜索领域展开了多端布局，从入口上看就包括了网页版移动搜索、百度移动搜索 APP 以及内嵌于手机浏览器、WAP 站等各处的移动搜索框，这让用户可以从多个渠道获得快速、全面、精准的移动搜索服务，也让百度在移动互联网时代的入口地位得以凸显。2013 年 1 月，国内知名 IT 网站 TechWeb 发布"2012 年最受欢迎的十大移动应用"榜单，经过用户和组委会票选，百度移动搜索、微信、微博等移动互联网热门应用凭借为用户提供了个性化、智能化的优质搜索体验，跻身于 2012 年最受欢迎十大移动应用行列。

4. 盘古搜索

盘古搜索是由新华通讯社和中国移动通信集团公司联手打造的搜索引擎，2011 年 2 月 22 日正式上线开通，覆盖了新闻搜索、网页搜索、图片搜索、视频搜索、音乐搜索、时评搜索以及一系列实用的生活资讯搜索，如图 5-4 所示。盘古搜索将互联网服务与移动终端深度融合，充分利用新华社的新闻信息资源和中国移动的技术优势，提供搜索服务新体验，其中"网页搜索"采用了将桌面搜索结果"直达"手机短信的服务方式。

图 5-3 百度搜索

图 5-4 盘古搜索

图 5-5 中搜搜索移动个人门户平台搜悦 3.0

5. 中搜搜索

2013 年 12 月 12 日，北京中搜网络技术股份有限公司发布移动个人门户平台搜悦 3.0，如图 5-5 所示。该平台是以搜索技术为核心基础，实现多个移动互联网的入口级功能。其主要功能包括：搜索、阅读、网址导航、应用商店、购物、线下商户评价、社区等。并且这些功能都带有显著的个性化特色，例如阅读的

个性化订阅、线下商户的电子会员卡包、网址导航的个性化设置等。

5.2.2　移动搜索及其与传统互联网搜索的区别

移动搜索的出现，真正打破了地域、网络和硬件的局限性，满足了用户随时随地随身的搜索服务需求。作为一种新型的信息搜索服务，移动搜索与传统的互联网搜索存在着很多显著的区别，并在搜索方式、搜索要求、搜索内容、搜索终端等一系列方面具有不同的表现。那么，两者之间有哪些大的区别？

（1）移动设备的搜索相比于 PC 设备会更加趋向本地化

我们一般使用移动设备进行搜索是为了寻找附近相关的信息，如笔者想找到附近最近的停车场、附近最近的咖啡厅、附近最近的餐馆等。而我们使用 PC 搜索的话，一般是寻找一些更加广泛的信息、资讯，如近期百度的算法更新、近期谷歌的算法更新等信息。对此，我们也可以从一些数据上看出来。微软曾经发布了一个关于移动设备搜索的数据，数据显示使用移动设备在必应上进行搜索的有 53% 的用户是为了寻找本地的信息。

（2）使用移动搜索的时间段与 PC 搜索的时间段不同

在一天之中，我们使用移动设备进行搜索的时间段与使用 PC 设备进行搜索的时间段上有很大的差别。谷歌最新的移动广告数据显示，一般使用 PC 设备进行搜索的都是在工作时间段，及早上的九点到下午的五点这一段上班时间。而使用平板电脑进行搜索的用户一般是出现在傍晚的六点到晚上的十一点。手机设备则处于全天稳定增加的趋势。搜索时间段这一点上移动设备和 PC 设备之间区别很大。

（3）移动搜索相对 PC 更加容易出现错误

这一点看起来并不奇怪，移动设备相比于 PC 设备在输入设备上有一定的局限性。移动设备一般没有 PC 设备那样精确直观的输入键盘，而且局限于屏幕小，单击的目标会更小。对于这点，当我们在做移动设备搜索优化的时候，可以适当地将一些移动设备用户容易犯的搜索错误纳入我们的优化策略之中，从而在一定程度上增加站点的流量。

5.2.3　移动搜索引擎现状

互联网从一开始，就不断地涌现出各种各样的内容与服务。随着这些内容与服务在数量上的不断增长，人们寻找自己所需的内容与服务变得越来越困难，解决这个困难的难度甚至到了令人不知所措的境地。

一个网站的内容，已经从原来的一页或几页，发展到了几千、几万页甚至是数十万、数百万页。在这样的情形之下，如果想要通过翻页查找的方法在网站中找到所需要的内容，几乎是一项不可能完成的工作。更何况，不仅仅是同一个网站的网页数量在不断地增加，而且网站的数量也在以惊人的速度飞速增长。能不能有一种方法，让这个困难得到解决？或者说，有效地减轻这个困难的难度呢？就是在这样的一个背景之下，搜索引擎成为了一个用户的切实需求被提了出来。也就是说，市场在用户需求的推动下，向搜索引擎发出了召唤之声。能不能够像在图书馆找书一样，与通过将书分类摆放的方法来解决读者找书难相类似的手段，来解决在网络之上查找内容与服务困难的这个问题呢？

人们的确是参照了图书馆对书目进行管理的方法，在很大程度上解决了网络内容查找困难的这一重大课题，它的代表者是雅虎。雅虎在网络时代的初期，简直就是高科技的代名词。虽然它的科技含量其实并不高，只是将众多的网站，按照不同的分类，放进网页中的一个个小格子里面。然而就是这样简单地将一个个的网站往一个个的小格子里一放，雅虎公司的股价就不断地增长了。

第一代搜索引擎是以雅虎为代表的目录式搜索引擎，实际上是一个导航网站。当导航网站的搜索方式已经明显无法满足用户对搜索引擎的要求时，以"关键词"搜索技术为代表的第二代搜索引擎就诞生了。在方法上，关键词搜索并不对文献本身按目录进行分类，而是从文献中识别出"关键字"来，然后建立倒排索引。对于第一代搜索引擎来说，它的指向性精度粗糙，仅仅是提供了一种向网站进行指向的方法。当用户想查找新闻的时候，导航网站可以引导用户进入相应的新闻网站，如新浪、搜狐等，却不能够告诉用户某一内容的网页具体在什么位置。

而以关键词为基础的第二代搜索引擎，就可以解决这一个问题。通过对相应的关键词进行搜索，搜索引擎就可以告诉用户直接进入哪一网页之中去查找。例如，当用户想找一本叫作《冲出数字化》的书时，只需要知道书的名字，在搜索引擎的搜索框中输入关键词"冲出数字化"，就能够看到在搜索引擎所返回的结果中哪一个网页中有关于《冲出数字化》一书的内容。

如果是用第一代搜索引擎对《冲出数字化》一书进行搜索的话，就必须先在导航网站中找到网络书店，进入网络书店后再按书的分类逐步地进行查找，两代搜索引擎的优劣令人一目了然。

正因为在搜索的效率上，第二代搜索引擎比第一代搜索引擎提高了成千上万倍，这就使得第二代搜索引擎在股市上得到了巨大的回报。

5.3 移动图书馆信息服务

对于移动图书馆服务评价的概念，也有众多的解释。有的学者认为：移动图书馆服务评价是指满足用户需求的一种能力，是用户享受服务后对这种能力提出的评价。这种评价有两方面内容：一是服务的直接结果，服务内容是否满足了用户的需求，用户对结果是否满意；二是用户对整体服务和服务过程的感受，对服务过程是否满意。服务结果能够量化，可以通过查阅结果是否满足自己的需求来体现；服务过程的质量只能由用户的主观态度决定，是由用户自身体验来评价，如服务态度等方面。信息服务过程和结果形成了用户服务质量的评价。

由于移动图书馆服务参差不齐，受到主观感念、感受的影响非常大，这就导致研究者对服务的评价有失偏颇。如何能够建立客观的系统的服务评价标准和体系，就成了研究者必须思考的问题。建立服务评价模型恰恰能解决这一问题。现代图书馆服务评价可以通过功能性、经济性、安全性、时效性、舒适性和文明性反映出来。服务评价模型能够反映图书馆目前存在的问题，对图书馆的建设起到一定的启发、参考作用。

5.3.1 移动图书馆概述

"移动图书馆"原指"汽车图书馆"，在早期只是为了那些边远地区的民众方便阅读而提供的一种汽车流动图书馆。这种图书馆流动车可以看成是移动图书馆的雏形，只是体积庞大、信息有限、服务距离有限。但是，在信息时代，计算机硬件、各种手持设备的发展，再加上无线网络的广覆盖，使得传统的、庞大的汽车图书馆有了新的载体，人们可以使用更小更先进的设备，享受更方便快捷的服务。这种看似小巧、功能却强大的移动设备产生使得人们享受移动图书馆服务成为可能，高速无线网络的广覆盖为移动图书馆的发展提供了技术支持。

因此，技术和用户需求催生了新型移动图书馆的产生。

随着通信技术的进步和手机、iPad 等大众化移动终端的快速普及，手机已经成为除报纸、电台、电视、互联网以外的第五媒体。手机市场的发展非常快，手机用户直线上升。随着 3G 的实现，使文字信息传递不再是简单的短信文本，而是丰富的图文、声画并茂的文档。以苹果公司 iPad 为代表的移动终端开始广泛应用，为基于移动终端设备的移动图书馆应用奠定了良好的技术基础。移动图书馆使读者在任何地点都可以实现快速查询的功能，具有 PC 客户端的大部分功能。例如查询资源、阅读全文、修改账户密码等功能，同时还拥有独有的提醒书籍阅读期限到期等功能。

数字图书馆的出现给人们带来了很多便利，同时也让传统图书馆面临着前所未有的冲击。随着移动通信技术、信息技术的发展，特别是智能手机和平板电脑等移动设备的兴起，图书馆的用户更希望通过在轻巧、便携的移动设备上获得数字图书馆的各种好处。对于高校用户来说，他们更希望不受时间地点的限制、不用去图书馆、不用去排队、不受校园网的束缚、可以随时随地获取图书馆的丰富资源，高校移动图书馆便应运而生。移动图书馆就是在信息化时代的背景下，利用移动互联网络，使用移动设备查询图书馆信息，为用户提供个性化的图书馆服务。这种应用是不受限制的，只要有网络和支持设备就可以在任何地点任何时间实现和图书馆享受到的一样服务。简而言之，移动通信技术与数字图书馆在技术上、平台上的有机整合就构成了移动图书馆。

随着移动图书馆的蓬勃兴起，众多高校也开始开发建设移动图书馆，探索着为用户提供移动服务。但各高校移动图书馆的服务水平参差不齐，对于高校移动图书馆服务水平也缺乏统一的评价标准。由于开发移动图书馆的目的是为用户服务，因此必须充分重视用户的使用感受，以用户体验为准、从用户角度出发成为高校移动图书馆服务评价体系的重要组成部分。

图书馆提供的手机移动网站服务：馆藏书目查询、图书借阅查询、图书预约和续借、学术资源检索、信息咨询、电子阅览室和研究室的座位查询与预约。读者使用手持移动终端有两个特点：检索和碎片化阅读。目前移动图书馆的功能主要受手机无线上网速度、屏幕尺寸、处理速度及存储能力等因素影响。

5.3.2　移动图书馆服务的意义

移动图书馆是对传统图书馆技术上、内容上、服务方式上的创新，突破传统图书馆在时间、空间上的限制；是传统图书馆应用的新扩展，弥补了传统图书馆的不足。移动图书馆方便了用户，使用户可以全天候享受图书。

移动图书馆的服务对象是用户，存在基础也是用户。一切以用户为中心，移动图书馆才能存在和发展。以用户为本，以及传统图书馆改革，也使移动图书馆的开发紧紧围绕用户进行。以用户为本，就是要求移动图书馆服务自我升级，满足用户新的需求，对于提升图书馆服务水平也具有重要意义。

移动图书馆将提升图书馆资源的利用率。目前国家投入了大量资金进行图书馆硬件建设，但软件还未跟上。移动图书馆不仅可以节省大量的场馆建设资金，也能避免大量图书资源在图书馆沉睡的窘境，让用户足不出户即可享受丰富的图书馆资源服务。

5.3.3　移动图书馆 APP

第 34 次《中国互联网络发展状况统计报告》显示，截至 2014 年 6 月，我国网民数量为

6.32 亿，手机网民 5.27 亿。网民上网设备中，手机使用率达 83.4%，首次超越传统 PC 整体 80.9%的使用率，手机作为第一大上网终端的地位更加巩固。在关联化、社交化和云端化的移动服务趋势下，移动图书馆的建设方兴未艾。图书馆界在移动图书馆 APP 建设中也给予高度的持续关注，并进行了大量的实践，相关的科学研究及文献已经大量涌现。目前，基于以智能手机为首的智能终端系统的移动应用程序 APP 在图书馆移动服务中发展迅猛，受到用户的广泛关注。APP 基于多种移动智能终端系统，以免费和离线的方式供用户使用，注重用户体验，集平台、资源、社交于一体，在数字资源推送、虚拟技术体验、信息素养教育等诸多领域都能满足用户个性化、随时随地的移动服务需求。高质量的用户服务可以提升图书馆的价值与地位。APP 客户端服务同传统的 WAP 相比在功能上具有资源的有效挖掘、个性化定制与推送的特点，且扩展性强、方便迅捷、内容丰富、形式有趣，为用户带来了全新的网络体验。

APP 模块分为资源导航模块、我的中心（空间）模块、信息发布模块。

（1）资源导航模块可以实现以下功能

① 热门书推荐功能

与 OPAC、网站对接，提供热门书排行榜。

② 图书分类导航功能

提供馆藏图书馆分学科导航。

③ 期刊分类导航界面

提供馆藏图书馆分学科导航。

（2）我的中心（空间）模块

我的中心（空间）模块可通过移动图书馆平台与图书馆集成管理系统的对接，提供借阅证挂失、馆藏查询、预约借书、个人借阅历史查询、图书续借、咨询、移动图书馆检索历史记录、浏览历史记录等个性化自助服务。但目前，此功能需要本单位使用的 OPAC 系统供应商提供相应的接口才能实现。

① 借阅证挂失功能

用户可登录图书馆借阅系统完成借阅证挂失。

② 馆藏查询与预约借书界面

用户可登录图书馆 OPAC 系统查询馆藏信息，如要借书已不在馆，用户可在 OPAC 系统预约某一特定图书。

③ 个人借阅历史查询与图书续借界面

用户可登录图书馆 OPAC 系统查询本人借阅状况及历史，并可对即将到期图书续借。

④ 咨询界面

用户可向图书馆咨询服务平台发出咨询请求。

⑤ 移动图书馆检索历史记录

查询本人检索的记录情况。

⑥ 浏览历史记录

查询本人浏览的记录情况。

（3）信息发布模块

信息发布模块可以自主完成移动图书馆提供的新闻、图书馆通告、新书推荐、借书到期提醒等信息服务订阅与取消操作，功能主要有以下几部分。

① 新闻发布功能

发布图书馆新闻报道稿。

② 图书馆通告界面

发布闭馆、开馆、放假、讲座、会议等工作通知、通告等信息。

③ 新书推荐界面

发布新到图书推荐书目，可按学科定制。

④ 借书到期提醒界面

与 OPAC 对接，每天通过短信向即将到期图书的用户提前发出归还提醒短信。

5.3.4　微信与移动图书馆

微信是目前全球使用人数最多的移动通信工具，拥有庞大的用户群体。自 2011 年 1 月推出以来，全球用户总数已突破 6 亿个，其中国内用户超过 5 亿个，已超过手机 QQ 的使用人数。使用者可以将通讯录朋友和 QQ 好友加为微信朋友，使得用户群体极富黏性。庞大的使用群体和黏性用户关系使图书馆在开发其他移动应用时具有无法比拟的巨大优势。

从微信开放公众平台服务以来，已经有数以万计来自政府、商业、教育和媒体等不同机构的用户开通了公众平台提供服务。在图书馆领域，截至 2014 年 2 月，通过微信公众平台搜索"图书馆"，共计搜到账号 231 个。其中高校图书馆 61 家，公共图书馆 46 家，其他图书馆 124 家，具体情况如图 5-6 所示。由此可见，虽然很多图书馆已经意识到微信服务的先进性和必要性，但是迄今为止，开始尝试和利用微信开展服务的图书馆数量仍然不多。这说明微信公众平台在我国图书馆领域的使用程度还处于起步阶段，提供的服务较为单一，还有相当大的发展空间。

微信公众平台可通过语音、文字、图片等多维度、多层次的方式来展示信息及服务内容，更容易拉近图书馆与读者之间的距离。同时，微信公众平台提供了开放的、功能强大的 API 接口，使图书馆可以通过二次开发实现更为全面的读者服务。可以通过微信主动向微信好友提供各种信息服务，如推送图书馆新闻公告、新书通报、最新数据库等信息，让图书馆的被动式服务变得更为主动，从而提高图书馆服务受众群体的范围。通过微信，咨询馆员可

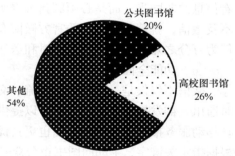

图 5-6　微信公众平台中各类型图书馆所占比例

以随时随地接收咨询请求，并可根据问题的具体情况进行多层次的反馈。例如，一般的常见问题可以通过微信的自动回复功能进行答疑；在回答复杂问题的时候，可以通过语音或视频进行示范讲解，也可以通过截图进行回复。

微信公众平台相较于图书馆其他几类移动应用有如下优势。

（1）使用成本较低

近年来随着手持终端的兴起，部分图书馆开始尝试开发与图书馆相关的 APP 应用软件。但就目前的现状而言，国内仅有少数几家图书馆尝试利用 APP 等新技术手段提供服务。在 Apple 的 APPStore 中发布的 APP 应用仅有国家图书馆、上海图书馆、重庆图书馆。厦门大学图书馆在 2011 年曾经尝试构建和发布厦门大学 iOSAPP 应用 mLib，但目前已在 AppleAPPStore 中下架。令许多图书馆望而却步的是 APP 研发的工作量以及投入经费十分巨

大，需要针对不同移动终端操作系统进行开发，版本更新困难，而得到的关注量与下载量却与投入呈反比。微信也属于 APP 移动应用软件中的一种，但与各图书馆自主研发的 APP 不同。首先，微信所属的腾讯公司是中国互联网骨灰级的企业，其背后强大的技术支持和现有的营销平台与渠道有着成功运营旗下 QQ、腾讯网、腾讯微博、腾讯邮箱等品牌的实际经验，是微信移动服务能够以最快的速度和最低的成本实现推广的有力保障。其次，微信可在 Symbian、iOS、Android、Windowsphone 这几大主要的智能手机平台上运行，并且它的下载、更新及插件功能都是免费开放的。这对于经费少的中小型图书馆而言，无疑是推广图书馆移动服务业务，成本低廉、性价比高的最佳选择。

（2）极广泛的用户基础

微信推出仅仅 433 天，注册用户便突破 1 亿。目前其全球注册用户已达 4 亿之多，直逼我国手机网民人数。并且在同类型的 APP 应用竞争中，如美国的 Whatsapp、韩国的 KakaoTalk 及日本的 Line，微信以更短的时间占领了同等规模的用户数量，并且其后期还有更大的增长空间。由 DCCI 互联网数据中心提供的《2013 年中国移动互联网用户研究报告》显示，2013 年手机互联网用户经常访问的 APP 软件类别中，微信、即时通讯类占 39%，而阅读和手机杂志报刊类分别只占到 25% 和 12%。如此庞大的用户增长基础以及极富黏性的用户关系，是图书馆独立开发 APP 移动服务所无法比拟的。

（3）互动性强

相比于微博，微信具有更强的黏性和沟通感觉。微信是私密空间内的闭环交流，其最大的特点就是可以直接对话，用户可以通过发送语音、文字、图片等实现双方同步即时的在线交流，更有利于信息的有效送达；微博则是开放的扩散传播，用户发布自己的微博与粉丝查看信息并非同步，而是必须刷新查看所关注对象此前发布的信息。微博的送达率与接受率也不及微信，就算某图书馆的官方微博有百万粉丝，平均转发率能达到上百就不错了，转化率仅为万分之几。这种同时与差时和送达率高低的区别，使微信在互动交流方面更具优势。

（4）功能全面

微信不仅仅是一个供用户交流、交友、学习、娱乐的平台，其主要功能除了可以互动即时通讯、群发推送信息外，还可以提供相关业务服务系统的对接，从而使得图书馆公众平台在移动服务推广方面更加全面也更具优势。例如，公众平台的自动回复功能，即关注用户可根据指定关键字，主动向图书馆公众号提取信息，用户除了可以获取图书馆的地址、开/闭馆时间、读者活动等常规信息外，还可以进行馆藏书目查询、读者卡绑定、预约续借等相关事务的操作。对读者而言，通过手机终端便可以获取所需信息；对图书馆而言，在公众平台上，通过设置自动回复、第三方应用对接等方式，不仅节省了人力与时间，还丰富了图书馆移动服务的功能与内容，提升了用户体验。微信公众平台在图书馆移动服务领域的应用扩大了图书馆移动服务的外延，对该领域的研究与发展至关重要，在消除中小型图书馆对移动服务业务投入的障碍、降低公众接入图书馆移动服务的门槛、保障公众获取普遍均等的图书馆移动信息服务上均有不容忽视的重要意义与作用。

第6章

特种文献检索

特种文献的定义有狭义和广义之分，狭义的特种文献是指非书非刊，出版形式比较特殊的印刷型文献；而广义的特种文献是指除普通书刊之外，包括印刷型文献在内的所有类型的文献。本章要讲的是广义上的特种文献，包括专利文献、标准文献、会议文献、科技报告、学位论文、政府出版物、产品资料、其他资料（如档案资料、地图等零散文献）等几种类型。本章主要介绍标准文献、专利文献、科技报告、会议文献、学位论文的定义、类型及其检索工具。

6.1　标准文献

标准文献（Standard Literature）是指由专门委员会制定，经过公认权威机构或国家行政主管部门批准的一套具有法定约束力的规范化文献，包括各种级别的标准、部门规范和技术规程等。通过标准文献，我们可以了解国家的经济政策、生产水平、资源情况和标准化水平。因此，标准文献是现代化生产中不可缺少的文献资料。它不仅是生产建设工作的重要依据，同时也是国际贸易合作、商品质量检验的重要依据。

6.1.1　标准文献的类型及标识

标准按不同的方法，可以划分为多种类型。

1. 按照标准的性质、内容划分

（1）基本标准

基本标准指那些具有广泛指导意义或作为统一依据的最基本的标准。它涉及定义、命名、符号、标识、计量单位、参数等方面。此类标准的有效时间较长。

（2）产品标准

产品标准是为某类产品的外形、尺寸、性能、检验、维修乃至包装、运输、储存等方面制定的各项标准。

（3）方法标准

方法标准是为一些通用的试验方法、检验方法、分析方法、抽样方法等制定的标准。

2. 按照适用范围划分

（1）国际标准

国际标准是指国际标准化组织所制定的国际间通用的标准。如国际标准化组织标准、国际电工委员会标准、联合国粮农组织标准等。

（2）区域标准

区域标准是由某一地区若干个国家的全国性标准机构共同颁布的标准。如欧洲标准、泛美标准委员会标准等。

（3）国家标准

国家标准是由各个国家的全国性标准机构颁布的标准。如中国国家标准、美国国家标准。

（4）行业标准

行业标准是各专业的全国性标准。如我国的船舶标准、机床标准。

（5）企业标准

企业标准是由某一企业制定的、适于企业各部门使用的标准。

3. 按照标准的成熟度划分

（1）强制标准

强制标准指保障人体健康、人身、财产安全的标准和法律法规强制执行的标准，如药品标准、食品标准。

（2）推荐标准

推荐标准指强制标准以外的标准。

6.1.2　标准的标龄

自标准实施之日起，至标准复审重新确认、修订或废止的时间，也称为标准的有效期。由于各国情况不同，标准有效期也不同。我国在《国家标准管理办法》中规定国家标准实施5年，要进行复审，即国家标准有效期一般为5年。

6.1.3　标准文献分类

分类是标准化工作的基础，是统一和交流的前提。世界各国对标准文献的分类都十分重视，几乎所有先进的工业国家都有自己的分类法，经常接触到的标准文献是中国标准和国际标准化组织颁布的标准。

1. 中国标准文献分类法（CCS）

我国于 1983 年编制了一部《中国标准文献分类法》（Chinese Classification for Standards，CCS）。CCS 的类目设置以专业划分为主，适当结合科学分类。序列采取从总到分，一般到具体的逻辑系统。本分类法采用二级分类，一级主类的设置主要以专业划分为主，二级类目的设置采取非严格等级制的列类方法；一级分类由 24 个大类组成，每个大类有 100 个二级类目；一级分类由单个拉丁字母组成，二类分类由双数字组成，如表 6-1 所示。

表 6-1　　　　　　　　　　　　　中国标准文献分类法

代码	名称	代码	名称
A	综合	N	仪器、仪表
B	农业、林业	P	土木、建筑
C	医药、卫生、劳动保护	Q	建材
D	矿业	R	公路、水路运输
E	石油	S	铁路
F	能源、核技术	T	车辆
G	化工	U	船舶
H	冶金	V	航空、航天

代码	名称	代码	名称
J	机械	W	纺织
K	电工	X	食品
L	电子元器件与信息技术	Y	轻工、文化与生活用品
M	通信、广播	Z	环境保护

2. 国际标准分类法（ICS）

随着标准化事业的发展，统一标准分类法对于国际交流与合作显得越来重要。1991 年 ISO 组织完成了国际标准分类法（ICS）的制定工作，ISO 于 1994 年在其颁布的标准中采用 ICS 分类号，德国紧随其后也于 1994 年在其颁布的标准中采用了 ICS 分类号。为此，国家技术监督局于 1995 年 6 月成立国际标准分类法应用课题研究组，并于 1996 年 4 月 1 日通过了由国家技术监督局组织的专家鉴定。我国国家技术监督局宣布自 1997 年开始在全国范围内采用 ICS，明确了国际标准分类法的应用范围、特点、体系结构及分类原则。

6.1.4 标准文献的特点和作用

1. 标准文献的特点

① 标准文献按一定的程序制定、审批。
② 标准文献在编排格式、叙述方式上措词严格，因此在运用范围上明确专一。
③ 标准文献按照其标准内容对相关方面具有约束性，在一定条件下具备法律效力。
④ 标准文献时效性较强，需要随着技术发展而不断修订、补充和废除。
⑤ 由于标准文献数量多，因此具有自身的检索系统。

2. 标准文献的作用

① 由于标准文献在科学研究、工程设计、工农业生产、企业管理、技术转让、商品流通中，采用标准化的概念、术语、符号、公式、量值、频率等，将在很大程度上有助于克服技术交流的障碍，帮助人们简化产品设计、缩短时间、节省人力、减少不必要的试验、计算，同时保证产品质量，降低成本。

② 国内外先进的标准可供推广研究、改进新产品，为提高新工艺和技术水平提供依据。除此之外，标准文献还是鉴定工程质量、校验产品、控制指标和统一试验方法的技术依据。

6.1.5 中国标准及检索工具

1. 中国标准化工作

1989 年 4 月 1 日，《中华人民共和国标准化法》开始实施，1990 年国务院颁布了《中华人民共和国标准化实施条例》，国家技术监督局又先后发布了一批与标准化法相配套的规章。到 1995 年年底，我国已批准发布了国家标准 17064 个，备案行业标准 22000 个，地方标准 7500 个，备案企业标准 35000 个，已基本形成了以国家标准为主导，行业标准、地方标准和企业标准相配套的标准体系。

中国标准可分为国家标准、部标准和企业标准三大类。标准号由"标准代码（汉语拼音字母）+序号+年代号"。例如，国家标准：GB4658—84，GB—国家标准代号，4658—顺序号，84—年代号；部标准：CJ11—84，CJ—部标准代号（城乡建设环境保护部），11—顺序号，84

—年代号；企业标准：Q／HR10—81，Q—企业标准代号，HR—企业名称代号，81—年代号。

自 1983 年起，我国不再制定部标准，原有的部标准向国家标准和企业标准过渡。行业标准代号仍然采用部标准代号。

2．中国标准文献检索工具书

（1）《中华人民共和国国家标准目录》

由国家标准局编，中国标准出版社出版。该目录由顺序目录和分类目录两部分组成，1984年版收录了 1983 年年底以前发布的国家标准 4968 个。

（2）《中国标准化年鉴》

由国家技术标准局编，中国标准出版社出版。1985 年起，每年出版一本。其内容主要是向国内外介绍中国标准化工作的体制、现状、作用和成就，以及最新国家标准和行业标准目录。

（3）其他中国标准文献检索工具

有《中华人民共和国国家标准目录及信息总汇》《中华人民共和国工农业产品工程建设国家标准部标准目录》《中国强制性国家标准》《机床标准汇编》和《食品标准大全》等。

3．中国标准文献组织网站及数据库

（1）国家标准化管理委员会

在互联网上登录国家标准化管理委员会网站（http://www.sac.gov.cn），即可以查看最新国家标准公告、行业标准公告，也可以利用网站内的"中国国家标准目录"检索工具对需要的标准进行检索。

例如，查找有关"学位论文编写格式"的标准。首先登录国家标准化管理委员会网站，如图 6-1 所示。在标题栏中单击国家标准目录后跳出国家标准查询窗口，如图 6-2 所示。在检索入口"中文标准名称"栏内填写学位论文，单击提交，即可获得检索结果，如图 6-3 所示。

图 6-1　国家标准化管理委员会网站

（2）中国标准服务网

中国标准服务网（http://www.cssn.net.cn）主要由国家标准文献共享服务平台和国家标准馆构成，如图 6-4 所示。有着丰富信息资源，收集了一个世纪以来国内外各类标准文献 97 万余件，包括齐全的中国国家标准和 66 个行业标准，60 多个国家、70 多个国际和区域性标准化组织，450 多个专业协（学）会的成套标准，160 多种国内外标准化期刊及标准化专著，提供标准、期刊、专著、技术法规、标准内容指标和强制性国标等多种文献检索。

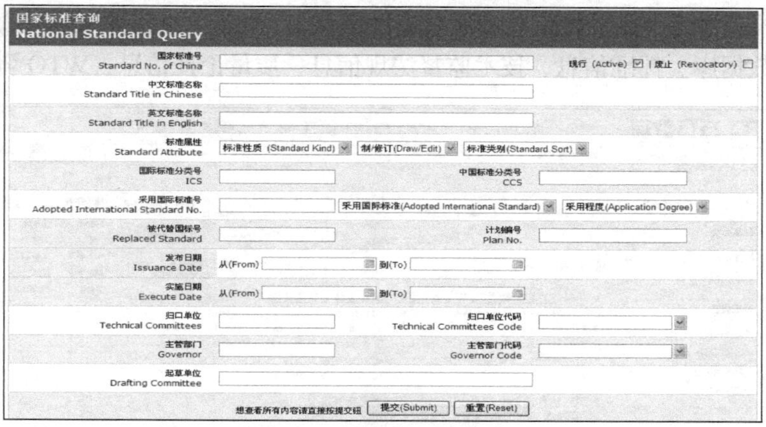

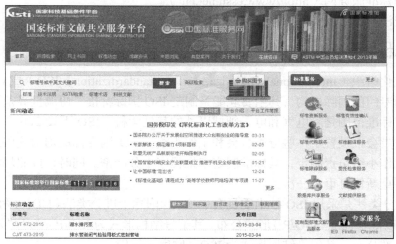

图 6-2　标准查询

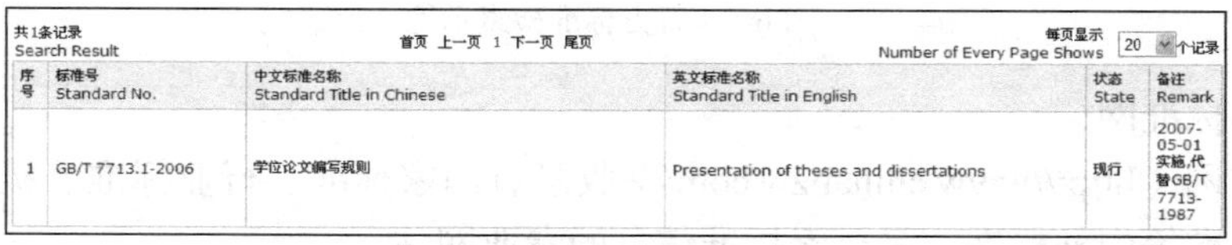

共1条记录 Search Result　首页 上一页 1 下一页 尾页　每页显示 Number of Every Page Shows 20 个记录

序号	标准号 Standard No.	中文标准名称 Standard Title in Chinese	英文标准名称 Standard Title in English	状态 State	备注 Remark
1	GB/T 7713.1-2006	学位论文编写规则	Presentation of theses and dissertations	现行	2007-05-01 实施,代替GB/T 7713-1987

图 6-3　检索结果

图 6-4　中国标准服务网站

（3）万方数据库——中外标准数据库

“万方数据”中的中外标准数据库是由国家技术监督局等单位提供，收录自 1964～1999 年以来发布的全部国家标准和行业标准，涉及机械制造、电工电子、石油化工、轻工纺织、食品、土木建筑、农业林业、交通运输、航空航天、环境保护等行业。在此数据库高级检索中可选择标准类型，利用标准编号、任意字段、标题、关键词、发布单位、起草单位和标准分类号等检索途径进行检索。一般常用的检索途径是标题检索。

在研究学习学位论文写作中，利用“万方数据”中的中国标准数据库，选择高级检索方式，通过高级检索中的标题，检索有关“参考文献”题名的标准，得到图 6-5 所示的相关检索结果。

（4）中国标准咨询网

中国标准咨询网（http://www.chinastandard.com.cn/）于 2001 年 4 月 1 日正式开通运行，可

提供国内外标准信息、产品抽检信息和质量论证信息等全方位的网上咨询服务。该网站设有标准全文、标准数据库、标准信息、技术监督法规信息、质量论证信息、WTO 咨询台等栏目。

图 6-5　万方标准检索示例

（5）中国标准网

中国标准网（http://www.chinabzw.com/）收录有国家标准、行业标准、机械标准、电力标准、安全标准等中外标准，是检索标准信息的专业网站。

（6）中国标准服务网（http://www.cssn.net.cn/）

用户免费注册，可以检索标准目录，但利用标准全文是需要付费的。

6.1.6　国际标准化组织（ISO）及其检索

国际标准化组织（International Organization for Standardization，ISO）成立于 1947 年，是标准化方面专门的国际机构。其主要职能是制定 ISO 国际标准，协调世界范围内的标准化工作。其制定标准范围是除电气和电子领域以外的其他学科。ISO 下设 206 个技术委员会，在每个技术委员会下设置了一些分委员会和工作小组。ISO 国际标准均由这些技术委员会、分委员会和工作小组负责制定，其标准制定审批程序十分严密。同时，按照规定，ISO 标准每隔五年就要重新修订审定一次。

ISO 标准分类法是采用 ISO 技术委员会（TC）和国际十进分类法（UDC）两种标志。1971年前，其标准以推荐标准（ISO/R）形式公布，其编号结构形式为 ISO/R + 顺序号 + 年份。1992年以后正式标准公布，其编号结构形式为 ISO + 顺序 + 年份。

ISO 标准检索工具。检索 ISO 标准的工具主要是《国际标准目录》，该刊由国际标准化组织（ISO）编辑出版，报道 ISO 各技术委员会制定的标准。该目录为年刊，用英法文对照形式出版，部分还加俄文对照。每年 2 月出版发行，报道上一年的全部现行标准。同时，每年还出版 4 期补充目录。

6.2　专利文献

6.2.1　专利的基本知识

1. 专利的定义

专利（Patent）又称"专利权"，指发明创造的首创者或者其权利受让人所拥有的受法律保护的专有权利，这是从法律意义上来说。如果从技术发明上来说，专利是取得了专利权的发明创造，指的是具有独占权的专利技术。而人们习惯上称的"专利"，是从其保护的内容来说，指记载着授予专利权的发明创造的说明书及其摘要、权利要求书等专利文献。因此，专利一词在知识产权中包含三层含义：专利权、专利技术和专利文献。

2. 专利的特点

概括地说，专利有以下几个特点。

（1）独占性

独占性指任何单位或个人未经专利权人许可，不得进行以生产、经营为目的制造、使用、销售和进口其专利产品，使用其方法等。

（2）时效性

时效性指这种独占权只在法律规定的时间内有效，期限届满后，原来受法律保护的发明创造就成为社会公共财富，任何单位或个人都可以无偿地使用。这种保护期限因不同的国家、不同的专利类型而不同。

（3）地域性

地域性指一个国家或地区授予的专利权，只在该国家或地区有效，对其他国家没有任何约束力。

3. 专利的种类

从世界各国专利法保护的实质内容来看，专利的种类包括发明专利、实用新型专利和外观设计专利。在我国，这3种专利的保护期限分别是20年、10年、10年。我国专利法实施细则中对于这3种专利给出了特别定义。

（1）发明专利

指对产品、方法及其改进所提出的新的技术方案。产品可以是固体、液体、气体、粉末等；方法可以是制造方法、测量方法及特定用途的方法。一般对产品及制作方法一起申请专利更易于受到法律保护。

（2）实用新型专利

指对产品的形状、构造及其结合提出的适于实用的新的技术方案。与发明专利不同的是实用新型专利只保护具备一定形状的固定物品。强调实用是能给工作、生活带来便利。

（3）外观设计专利

指对产品的形状、图案、色彩或者其结合所做出的富有美感适于工业上应用的新设计。强调的是该专利产品能给人带来美感。

4. 专利的条件

（1）新颖性

新颖性指在申请日以前没有同样的发明或者实用新型在国内外出版物上公开发表过、在国内公开使用过或者以其他方式为公众所知，也没有同样的发明或者实用新型由他人向专利局提出过申请并且记载在申请日以后公布的专利申请文件中。

（2）创造性

创造性指同申请日以前的已有技术相比，该发明或实用新型具有突出的实质性特点和显著的进步。

（3）实用性

实用性指发明或实用新型能够制造或者使用，并且能够产生积极效果。实质上是指一项发明要能在工农业生产上赋予实施，而不是抽象的理论探讨。

6.2.2　专利文献

1. 专利文献的含义

专利文献（Patern Literature）是指经专利局审查，印刷出版的专利说明书以及与保护发明有关的各种文件。包括发明说明书、专利说明书、专利局公报、专利文摘、专利分类表、申请专利时提交的各种文件（如请求书、权利要求书、有关证书等）以及与专利有关的法律文件和诉讼资料等。

2. 专利文献的特点

专利文献与其他科技文献相比，具有以下一些特点。

（1）内容广泛

专利文献涉及的应用技术领域非常广泛，涉及的范围超过了任何科技文献。从高精尖技术（如航空航天技术等）到生活中的日用小物品（如衣扣、别针等）都能在专利文献中找到其踪迹。

（2）系统完整

各企业出于竞争的需要，对其产品和工艺在发展中的每个方面和环节，即使是极微小的改进，也都谋求专利保护。其结果常常是围绕一件核心专利先后涌现出许多外围专利。另外，每件专利说明书，在叙述新发明之前，一般都介绍与该发明有关的技术背景。这为情报用户系统地了解发明主题内容提供了方便。

（3）内容详尽，实用性强

为了使发明创造满足专利性要求以及为了获得最大限度的法律保护，申请人必须在说明书中详细阐述发明技术内容。所以说明书不但有文字说明而且还有各种附图和公式，详尽程度超过了一般科技文献。

（4）可靠性强，质量高

专利说明书要求实质性审查，必须满足专利"三性"要求。这些经过专利局严格和科学审查，并经过公众异议检验的专利说明书，一般都具有相当高的水平。

（5）内容新颖，报道速度快

申请专利的发明必须具有新颖性，各国专利法都有此规定，即发明内容从未在国内外公开发表过和在国内公开使用过。同时，绝大多数国家还实行先申请原则。因此，发明人在其发明创造试验成功后都急于向专利局提出专利申请。这就使专利文献对新技术的报道要早于其他文献。

（6）形式及分类统一，文字严谨

各国专利说明书基本上都是按国际上统一的格式印刷出版的。著录项目有统一的 INID 识别代码和国别代码。多数国家的说明书还标注统一的国际分类号。这些都为专利文献的管理、存储、检索带来了极大的方便，尤其是方便了计算机的存储与检索。

（7）重复报道量大

据世界知识产权组织统计，全世界每年公布的说明书约 100 万件，而其中基本专利说明书只有 35 万件左右。也就是说，有近 2/3 的专利文献是重复的。造成重复的原因有两个，一是同一项发明有时向若干个国家申请专利；二是不少国家的专利局在受理和审批专利申请案过程中，对说明书内容先后不止公布一次。

3. 专利文献的功能

专利文献的特点决定了它具有各方面的情报功能。具体来说，它集技术、法律、经济情报于一体，是一种十分有效而实用的情报源。

（1）专利文献是一种技术情报

每一份专利说明书中都详细地记录着发明创造的技术内容，人们可以利用专利技术情报开发新技术、解决具体技术问题、开展技术预测、启发人们新的技术构思。

（2）专利文献也是一种法律文献

专利说明书记载了专利权人要求保护的实质性内容；专利说明书的题录部分也载有丰富的法律状况情报，利用专利法律情报可以审查新的专利申请、解决专利纠纷、参谋进出口业务、促进专利许可证贸易。

（3）专利文献是一种经济情报

发明创造活动是社会经济活动的重要组成部分。发明创造的专利技术成果属于社会的第一生产力范畴，因此发明创造活动及其成果必然会产生大量的经济情报。从这个意义上说，专利文献也是一种经济情报。

4. 专利文献的类型

根据专利文献的不同功能，专利文献可分为以下两种类型。

（1）一次专利文献

专利说明书，是专利文献的主体。

（2）二次专利文献

各种检索专利的检索工具，如各种专利文摘、专利索引、专利公报等。

6.2.3 中国专利文献及检索工具

专利检索与服务系统主要的检索方式分为常规检索（初级检索）、表格检索（高级检索、专业检索）、多功能查询器等。

（1）常规检索（初级检索）

专利常规检索相当于一般检索系统的初级检索，如图 6-6 所示。可以直接通过输入检索词分别限定在检索要素、申请号、公开（公告）号、申请（专利权）人、发明人、发明名称中进行检索。这种检索方法简单，对初学者来说没有难度，使用比较普遍。

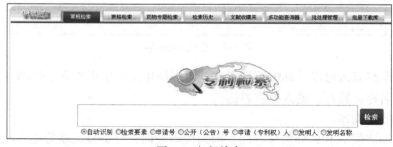

图 6-6　初级检索

检索选项要求输入说明如下。

① "检索要素"系统将在摘要、关键词、权利要求和分类号中同时检索。

② 用户输入多个关键词，中间用空格分隔，系统按照多个关键词是"or"的关系进行检索。

③ 用户输入一个中间带空格词组，则需要在词组两边加英文的双引号，系统会检索包

含该词组的文献信息。

④ 用户输入保留关键字，则需要在保留关键字两边加英文的双引号。

⑤ 支持逻辑运算符（and、or、not）。

⑥ 支持截词符（#、+、?）。

⑦ 申请号格式：文献的申请国+申请流水号。

⑧ 公开（公告）号格式：文献的公开国+公开流水号+公布级别。

（2）表格检索（高级检索）

表格检索相当于高级检索页面，上半部分系统地提供了 14 个检索输入框按照表格形式输入检索内容，检索项可以分别限定在申请号、公开（公告）日、申请（专利权）人、优先权日、说明书、申请日、发明名称、发明人、摘要、关键词、公开（公告）号、IPC 分类号、优先权号、权利要求中，并且检索项之间可以组成逻辑与运算。

表格检索页面下半部分就是专业检索方式，专业检索只有一个检索输入框，要求输入检索表达式。这种方式要求检索者具有很熟练的检索技术。

在表格检索页面，用户根据需要依次输入相应的检索信息，使用"生成检索式"功能，系统会根据用户输入的表格项信息，在命令编辑区生成对应的检索式，如图 6-7 所示。

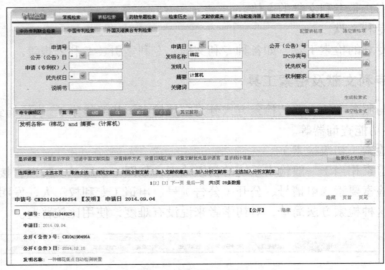

图 6-7　专利高级检索

用户在命令编辑区可以手动编写检索式，可以使用鼠标单击检索表格项／算符来快速输入检索表格项名称／算符，输入检索表达式。

（3）多功能查询器

多功能查询器包括 IPC 分类号查询、国别代码查询、分类号关联等检索功能。

① IPC 分类号查询

选择多功能查询器中的 IPC 分类号查询功能，IPC 分类号检索主要用于查询指定分类体系的分类号在其他分类体系中的表现形式和含义以及该分类号的中英文含义。用户可以通过输入分类号、中文含义或英文含义进行分类号查询。

用户在输入框中输入一个指定的 IPC 分类号，选择查询方式为分类号，使用查询功能，系统会按照指定分类的上下级关系将查询结果以树形列表的形式展示出来，如图 6-8 所示。

图 6-8　IPC 分类检索

　　用户在输入框中输入一个指定的中文含义，选择查询方式为中文含义，使用查询功能，系统会按照指定分类体系的上下级关系将查询结果以树形列表的形式展示出来，并且用户输入的查询关键词会在中文含义显示区域中高亮显示。

　　用户在输入框中输入一个指定的英文含义，选择查询方式为英文含义，使用查询功能，系统会按照指定分类体系的上下级关系将查询结果以树形列表的形式展示出来，并且用户输入的查询关键词会在英文含义显示区域中高亮显示。

　　② 国别代码查询

　　国别代码查询主要用于浏览和查询国家／地区／组织代码及名称信息，通过国别代码查询中提供的功能，可以帮助用户快速找到所需要的国家／地区／组织代码信息。

　　在多功能查询器页面中，选择国别代码查询，系统显示"国别代码查询"页面上默认显示所有国家／地区／组织代码及名称信息。用户也可根据需要查询，如图 6-9 所示。

图 6-9　国别代码查询

　　③ 分类号关联查询

　　分类号关联查询主要用于查询指定分类体系的分类号在其他分类体系中的表现形式和含义以及该分类号的中英文含义。选择多功能查询器中的分类号关联查询功能，系统进入分类号关联查询页面；用户输入 IPC8 分类号，然后选择与 IPC8 关联的分类体系，此分类体系用户有以下 4 项可以选择：ECLA\UC\FI\FT。然后使用查询功能，系统将使用用户所输入的 IPC8 分类号信息到相应用户所选择的分类体系中去进行查询，并将查询后的关联关系分类号结果信息全部显示在下面的列表中；用户可以选择任意一个分类号，查看该分类号的中英文，如图 6-10 所示。

图 6-10　分类号关联查询

（4）检索结果

在当前检索结果列表页面存在已选择的记录时，可以进入浏览文献页面，如图 6-11 所示。在此基础上，可以进一步浏览全文，包括摘要、权利要求、附图等内容。

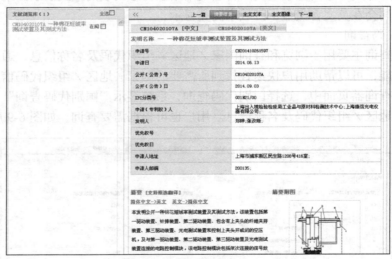

图 6-11　检索结果

6.2.4　中外常用专利检索网站和数据库

目前国内有许多免费专利数据库可供用户检索，如中国国家知识产权局、中国专利信息网、万方数据等提供的专利数据库。

1. 国家知识产权局

中国国家知识产权局专利数据库（http://www.sipo.gov.cn/sipo2008/wxfw/）收录了自 1985 年 9 月 10 日以来公布的全部中国专利信息，包括发明、实用新型和外观设计 3 种专利的著录项目及摘要，并可浏览到各种说明书全文及外观设计图形，面向公众提供专利信息检索服务。

此数据库分为简单检索和高级检索两种检索方式。其中简单检索界面较为直观，如图 6-12 所示。在网站左侧的专利检索下拉菜单中提供申请（专利）号、申请日、公开（公告）号、公开（公告）日、申请（专利权）人、发明（设计）人、名称、摘要、主分类号等检索字段，只需要填入其中一项检索条件，即可得到检索结果，如图 6-12 所示。

图 6-12　检索结果

如果在简单检索中检索到大量结果，这时就需要用到高级检索来优化检索。高级检索的检索方式提供申请（专利）号、摘要、公开（公告）日、分类号、申请（专利权）人、地址、颁证日、代理人、名称、申请日、公开（公告）号、主分类号、发明（设计）人、国际公布、专利代理机构和优先权共 15 项检索入口；并且在检索入口上方有发明专利、实用新型专利、外观设计专利 3 种形式。在默认状态下，检索范围是全部专利信息。系统支持布尔逻辑检索，各字段之间可利用布尔逻辑组配检索，如图 6-13 所示。

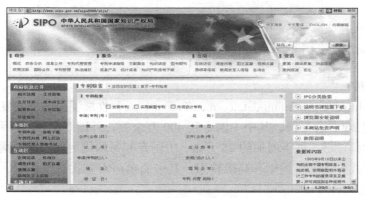

图 6-13　专利高级检索

2. 中国专利信息网

中国专利信息网（http://www.patent.com.cn/）由国家知识产权局咨询中心开发，始建于 1998 年 5 月，提供 1985 年至今的中国专利信息检索。其中检索方式包括简单检索（见图 6-14）、逻辑组配检索（见图 6-15）和菜单检索（见图 6-16）。在简单检索方式下，直接在检索栏中输入检索词等即可进行检索，检索词之间可用空格断开。

选择逻辑组配检索，首先要选择检索范围，包括全部专利、发明专利、实用新型专利和外观设计专利，然后通过输入检索式即可检索。

选择菜单检索，在菜单检索方式下，可用选择一个或多个字段进行组配检索。

图 6-14　中国专利信息网简单检索

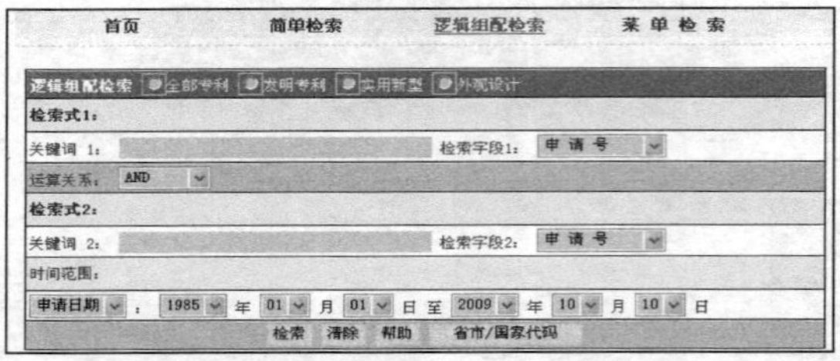

图 6-15　中国专利信息网逻辑组配检索

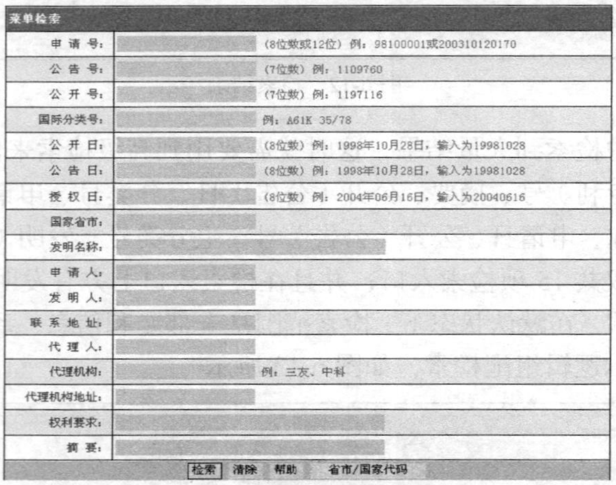

图 6-16　中国专利信息网菜单检索

3．万方数据

万方数据（http://c.g.wanfangdata.com.cn/Patent.aspx）收录了国内外的发明、实用新型及外观设计等专利 2600 余万项，其中中国专利 400 万余项，外国专利 2200 万余项。内容涉及自然科学各个学科领域，每年增加约 25 万条，中国专利每两周更新一次，国外专利每季度更新一次。检索方式分为简单检索和高级检索，其中简单检索方式简单易用，并且配有 IPC 国际专利分类导航。

高级检索方式专业且功能强大，可以通过专利名称、摘要、申请号、申请日期、公开号、公开日期、主分类号、分类号、申请人、发明人、主申请人地址、代理机构、代理人、优先权、国别省市代码、主权项、专利类型等检索项进行检索，提供专利全文下载。

4．海外专利数据库（知网版）

中国知网专利数据库（见图 6-17）包含美国、日本、英国、德国、法国、瑞士、世界知识产权组织、欧洲专利局、俄罗斯、韩国、加拿大、澳大利亚十国两组织的专利。截至 2015年 3 月，《海外专利全文数据库》共计收录 4100 多万条专利相关的文献、成果等信息。此数据库可以通过申请号、申请日、公开号、公开日、专利名称、摘要、分类号、申请人、发明人、优先权等检索项进行检索，专利说明书全文链接到欧洲专利局网站。

图 6-17　海外专利数据库（知网版）

5. 其他国家和地区专利信息网网址

① 《美国专利数据库》http://www.uspto.gov/

② 《加拿大专利数据库》http://patents1.ic.gc.ca/intro-e.html/

③ 《澳大利亚专利数据库》http://www.ipaustralia.gov.au/

④ 《德国专利数据库》http://www.dpma.de/suche/suche.html/

⑤ 《法国专利数据库》http://www.inpi.fr/brevet/html/

⑥ 《日本专利数据库》http://www.jpo.go.jp/

⑦ 《欧洲专利资料库》http://ep.espacenet.com/

⑧ 《世界知识产权组织 WIPO 网上专利检索数据库》http://www.wipo.int/

⑨ 《德温特专利数据库》http://www.derwent.com/

6.3　科技报告

6.3.1　科技报告概述

科技报告（Technical Report）是记录科技研究工作成果或进展情况的报告。因此，其主要用途是向上级、项目赞助机构或其他科研人员传递研究进展及成果信息。科技报告主要反映的是科技前沿和正在进行中的研究项目，在内容上详细记录了科研进展的全过程，多与高科技领域有关；在传播途径中，传播研究成果的速度较快，以内部发行为主，外界较难获得，因此学会使用这种报告的检索系统就显得格外重要。

1. 科技报告的产生

在第二次世界大战期间，西方国家根据战争需要特别加强了与战争关系密切领域的研究活动，研究出很多科技成果。但是当时出于保密的需要和纸张短缺，大量研究成果只能以内部报告的形式出现，由此产生了科技报告。

迄今为止，世界上出版量和影响力最大的当属美国政府的四大报告，分别是 PB 报告、AD 报告、NASA 报告、AEC/ERDA/DOE 报告。

2. 科技报告的特点

（1）能够迅速反映新的科技成果

在形式上，每份报告自成一册，有机构名称和统一编号，是独立的专题文献。在时间上，出版发行迅速，不定期出版，一般无固定出版时间，报告的页数多少不等。所以，比在科技期刊上发表这些成果一般要早一年左右。

（2）内容多样化

报道的内容包括研究的过程、数据、图表，甚至记载实验失败的典型事例分析，几乎涉及所有新兴学科。

（3）保密性

绝大部分科技报告都与政府的研究活动、高新技术有关，使用范围控制较为严格。

（4）报告质量参差不齐

大部分科技报告是合同研究计划的产物，由工程技术人员编写，由于撰写受时间限制、保密需要等因素影响，致使报告的质量相差很大。

3. 科技报告的类型

（1）按科技报告反映的研究阶段分

大致可分为两大类：一类是研究过程中的报告，如现状报告、预备报告、中间报告、进展报告、非正式报告；另一类是研究工作结束时的报告，如总结报告、终结报告、试验结果报告、竣工报告、正式报告、公开报告等。

（2）按科技报告的文献形式分

①报告书，是一种比较正式的文件；②札记，研究中临时记录或小结；③论文，准备在学术会议上或期刊上发表的报告；④备忘录，供同一专业或同一机构中的少数人沟通信息用的资料；⑤通报，对外公布的、内容较为成熟的摘要性文件；⑥技术译文。

（3）按科技报告的使用范围分

可分为保密报告、非保密报告、解密报告等。保密报告，按内容分成绝密、机密和秘密3 个级别，只供少数有关人员参阅。非保密报告，分为非密限制报告和非密公开报告。解密报告，保密报告经一定期限，经审查解密后，成为对外公开发行的文献。

6.3.2 科技报告的检索

1. 中国科技报告检索工具

（1）手工检索工具

《科学技术研究成果公报》，1963 年创刊，文摘性月刊，科学技术文献出版社出版；报道我国各行业较大的科研成果，其中包括基础科学、农业、林业、工业、交通、环境科学及医药卫生等，是了解我国科研水平和动态的重要手工检索工具。

《中国机械工业科技成果通报》，机械工业部科技信息研究所主办。本刊报道内容包括：基础理论研究成果、科研成果、新产品研制成果、软科学成果、专利成果等，所有内容按类编排。

《湖南省科学技术研究成果公报》，湖南省科委成果处编辑。该公报汇集了湖南省科技成果或国家级科技成果，款目按《中国图书资料分类法》划分的专业类别顺序排列。

《中国国防科技报告通报及索引》，月刊，国防科工委情报研究所编，原名《国防科技资料目录》。此刊报道与检索国防科工委情报研究所加工整理的中文国防科研、实验、生产和作战训练中产生的科技报告和有关科技资料。

（2）计算机检索工具

《中国知网国家科技成果库》收录了1978 年以来所有正式登记的中国科技成果，按行业、成果级别、学科领域分类。成果的内容来源于中国化工信息中心相关的文献、专利、标准等信息。可以通过成果名称、成果完成人、成果完成单位、关键词、课题来源、成果入库时间、成果水平等检索项检索出结果。该网站网址为 http://www.wanfangdata.com.cn。

国家科技成果网由国家科技部创建，1999 年开通服务，是以科技成果查询为主的权威性网站。收录了全国省、市、部委认定的科技成果十几万项，年增加 3 万~5 万项，有效促进了科技成果的市场化，避免了重复研究。该网站主要栏目有成果查询、成果公报、精品项目、成果推荐、合作转让、网上成果展等，提供免费检索。该网站网址为 http://www.nast.org.cn。

中国资讯行（www.chinainfobank.com）包括 12 个大型专业数据库，超过 1200 万篇的商业资料藏量，数据库容量逾 150 亿，每日新增逾 2000 万汉字，范围涵盖 19 个领域、194 个行业。收录时间：1992 年至今。其中，中国商业报告库是中国资讯行的子库之一，收录了经济专家及学者关于中国宏观经济、金融、市场、行业等的分析研究文献及政府部门颁布的各项年度报告全文，主要为用户的商业研究提供专家意见的资讯。数据库每日更新。

2. 国外科技报告检索工具

国外各个国家都有自己的科技报告，但数量最大、品种最多的是美国政府部门出版的政府报告，其收集、整理、加工和报道的工作做得非常规范，网上提供免费检索的网站也比较多。这其中美国政府四大科技报告较为著名，包括 PB 报告、AD 报告、NASA 报告和 AEC/ERDA/DOE 报告。

• PB 报告：1945 年 6 月美国成立商务部出版局，负责整理、公布从第二次世界大战战败国获取的科技资料，并编号出版，号码前统一冠以 "PB" 字样。20 世纪 40 年代的 PB 报告（10 万号以前），主要为战败国的科技资料。50 年代起（10 万号以后），则主要是美国政府科研机构及其有关合同机构的科技报告。PB 报告的内容绝大部分属于科技领域，包括基础理论、生产技术、工艺、材料等。20 世纪 70 年代以后，侧重于民用工程技术。

• AD 报告：AD 报告原为美国武装部队技术情报局（Armed Services Technical Information Agency，ASTIA）收集、出版的科技报告，始于 1951 年。由 ASTIA 统一编号，称为 ASTIA Documents，简称 AD 报告。AD 报告是美国陆海空三军科研机构的报告，也包括公司企业与外国的科研机构和国际组织的研究成果及一些译自苏联等国的文献。AD 报告的内容不仅包括军事方面，也广泛涉及许多民用技术，包括航空、军事、电子、通信、农业等 22 个领域。AD 报告的密级包括机密、秘密、内部限制发行、非密公开发行四级。报告号的编号方法起初采取混排，后在 AD 后再加一个字母，以区分不同密级，如 AD-A 表示公开报告、AD-B 表示内部限制发行报告、AD-C 表示秘密、机密报告等。

• NASA 报告：NASA 报告是美国国家航空和航天局（National Aeronautics and Space Administration，NASA）出版的科技报告。NASA 的前身是成立于 1915 年的美国国家航空咨询委员会（National Advisory Committee for Aeronautics，NACA）。苏联于 1957 年发射了世界上第一颗人造地球卫星后，美苏在宇宙空间技术方面的竞争日益加剧。于是，美国国会对 NACA 进行了改组，于 1958 年正式成立 NASA，负责协调和指导美国的航空和空间科研机构。NACA、NASA 及其所属的科研机构及合同户产生的大量科技报告均冠以 NACA 或 NASA 编号，故称为 NASA 报告。主要内容为空气动力学、发动机及飞行器结构、材料、试验设备、飞行器的指导及测量仪器等，但由于它本身是一门综合性科学，与机械、化工、冶金、电子、气象、天体物理、生物等都有密切联系。因此，NASA 报告实际上是一种综合性的科技报告，主要检索工具为《宇航科技报告》（STAR）。

• AEC/ERDA/DOE 报告：美国原子能委员会（Atomic Energy Commission，AEC）出版的科技报告，称 AEC 报告。AEC 组织成立于 1946 年，1974 年撤销，成立了能源研究与发展署（Energy Research and Development Administration，ERDA）。它除了继续执行前原子能委

员会的有关职能外，还广泛开展能源的开发研究活动，并出版 ERDA 报告取代原 AEC 报告。1977 年，ERDA 改组扩大为能源部，1978 年 7 月起，美国能源部（Department of Energy，DOE）出版的报告逐渐改以 DOE 编号出现取代 ERDA。AEC 报告的内容除主要为原子能及其应用外，还涉及其他学科领域。ERDA 和 DOE 报告的内容则由核能扩大到整个能源的领域。AEC/ERDA/DOE 报告不像 PB、AD、NASA 报告那样有统一编号，而是由各研究机构名称的缩写字母加数字号码构成。由于所属机构较多，编码较复杂，难以识别，可查找 1972 年再版的"TID-85-R12"一书，来判断是否 AEC/ERDA/DOE 报告。从 1981 年开始，能源部发行的报告都采用"DE+年代+顺序号"的形式，所以 DOE 报告 1981 年以后又叫 DE 报告。

（1）手工检索工具

美国四大报告的传统手工检索工具主要有：美国《政府报告通报及索引》（GRA&I）；《航空和航天科技报告》（STAR）；《能源研究文摘》（ERA）等。现分别介绍如下。

《政府报告通报及索引》（Government Report Announcements & Index，GRA &I），由 NTIS 编辑出版，主要是检索 PB 和 AD 报告的工具。这名称是从 1971 年开始使用的，其编排实际上也是《政府报告通报》和《政府报告索引》两部分。前者是文摘，后者是索引，是同一种检索工具的两个部分，相互配合使用，现为双周刊。

《宇航科技报告》（Scientific and Technical Aerospace Reports，STAR）由美国国家航空和宇航局（NASA）编辑出版，是系统报道 NASA 报告及其他有关的航天科技文献（不包括期刊）的文摘刊物。1963 年创刊，半月刊，1993 年改为月刊。STAR 报道范围包括：NASA 及其合同户编写的科技报告；美国其他政府机构、研制机构、大学及私营公司发表的科技报告；NASA 所拥有的专利、学位论文和专著；外国公开发表的科技报告；STAR 也转载了一定数量的 AD、PB、DOE 报告。

《能源研究文摘》（Energy Research Abstracts，ERA）由美国能源部科技情报局（OSTI）编辑出版。1976 年创刊，半月刊，是检索 DOE 报告的主要检索工具。ERA 报道的文献以美国能源部及其所属单位编写的全部科技报告、期刊论文、会议论文和会议录、图书、专利、学位论文和专著为主，也有其他单位（包括美国以外的单位）编写的与能源有关的文献，报道内容主要集中在能源的各个方面，也报道安全、环境科学、生物医学、物理学以及法规等领域。

（2）计算机检索工具

• NTIS 数据库：美国国家技术情报服务处（National Technical Information Service，NTIS）借助 Internet 提供 NTIS 目录数据库的检索服务，其商业目的在于提供在线科技报告全文的订购传递服务。通过该主页，可浏览或检索 20 世纪 90 年代以来有关科学、技术、工程和商业信息报告。该数据库为题录型，主要报道 PB 报告、非密或解密的 AD 报告、部分 NASA 报告和 DOE 报告及其他类型的科技报告。少量记录附有摘要，主要是 1999 年以来有关商业、环境和医疗卫生以及计算机产品方面的报告。该数据库提供 3 个检索框，每个检索框允许输入主题词、短语或检索式。网址为 http://www.ntis.gov。

• AD 报告数据库：通过国防技术情报中心的科学技术网络服务器（STINET）提供免费检索服务，其数据包括：1974 年至今非公开与非密类技术报告的文摘题录、1985 年以来限制发行报告的题录文摘、所有 1998 年至今非密公开发行和非密限制发行的报告全文以及 1999 年以后非公开限制发行的报告全文。内容涉及生物医学、环境污染和控制、行为科学以及社会科学等，并有简要说明和订购价格，其中 DOD 规范和标准为 PDF 格式的全文可直接下载。网址为 http://stinet.dtic.mil。

- DOE 报告数据库：美国能源部所属的科技信息办公室创立并维护的能源科学与技术虚拟图书馆，提供了经过整合的综合性科技信息资源。网址为 http://www.osti.gov。
- NASA 报告数据库：NASA 报告由所属各研究机构和合同单位按不同的研究课题提供，因此为分布式多个数据库的联合体。该数据库提供简单检索和高级检索两种检索模式，支持布尔逻辑运算，默认运算符默认为"OR"关系。在高级检索界面中提供多库和跨库检索，网址为 http://www.sti.nasa.gov/。

6.4　会议文献

6.4.1　会议文献概述

会议文献（Meeting Literature）是产生于各种学术会议的文献。随着科学技术的蓬勃发展，导致各国的学术性学会、协会、科研机构以及国际性的学术组织越来越多。因此各种类型的学术交流会议也越来越频繁，从而每年都产生大量的专业会议文献。

1. 会议文献的特点
（1）内容新颖，专业性和针对性强

它是科技文献的重要组成部分，能够及时反映科学技术中的新发现、新成果、新成就以及学科发展趋势，是一种重要的文献资源。

（2）会议文献的出版形式多样，不固定

据统计，以期刊形式出版的会议录约占会议文献总数的 50%。另外一些会议文献还常常汇编成专题论文集或以会议丛刊、丛书和科技报告的形式出版。除此之外，个别会议文献还以录音带、录像等视听资料形式出版。

2. 会议文献的类型
按照出版时间的先后，会议文献可分为 3 种类型：会前、会中、会后文献。

（1）会前文献

包括征文启事、会议通知书、会议日程表、预印本和会前论文摘要等。其中预印本是在会前几个月内发至与会者或公开出售的会议文献，比会后正式出版的会议记录要早 1～2 年，但内容完备性和准确性不及会议录。有些会议记录因不再出版，故预印本就显得更加重要。

（2）会中文献

是会议期间的会议文献，有开幕词、讲话或报告、讨论记录、会议决议和闭幕词等。

（3）会后文献

有会议录、汇编、论文集、报告、学术讨论会报告、会议专刊等。其中会议记录是会后将论文、报告及讨论记录整理汇编而公开出版或发表的文献。

6.4.2　会议文献的检索工具

1. 中国会议文献检索工具
（1）手工检索工具

《中国学术会议文献通报》（CACP），是由中国科技信息研究所与中国农业大学编辑，科技文献出版社出版。1982 年创办，原名为《国内学术会议文献通报》，季刊，1984 年改为双月刊，1986 年又改为月刊，1999 年停刊。该刊以题录、简介和文摘形式报道所收藏的国内学术会议论文，内容涉及数理科学和化学、农业科学、工业技术等学科，以自然科学为主，文献来源于全国重点学会举办的各种专业会议。停刊后，有关会议文献收入万方会议论文数据库。

（2）计算机检索工具

《中国学术会议论文全文数据库》（CACP）是万方数据资源系统之子库，收录了1998年至2001年国家一级学会组织召开的全国性学术会议近2000个，会议论文12万余篇，每年增补论文1.5万余篇，数据覆盖自然科学、工程技术、农林、医学等领域。该数据库是国内收集学科最全面、数量最多的会议论文数据库，属国家重点数据库。该数据库可以从会议信息和论文信息两个角度查找，查找途径包括会议名称、地点、时间、届次、主办单位、出版单位、分类号、关键词、论文题目、作者等。

《中国学术会议论文联合数据库》属于中文综合性文献型数据库，是由中国科技信息研究所、医科院科技情报所、农科院文献中心、林业部科技情报所共同研制，收录了1986年至今的会议文献，涉及我国130多个国家级学会、协会、研究会召开的全国性自然科学学术会议论文，所有论文均为以上4个研制单位的馆藏。收录范围有：数理科学和化学、无线电电子学和电信技术、自动化技术和计算机技术、化工、轻工业和手工业、建筑科学、水利工程、交通运输、航天航空、环境科学等多个领域的学科，并且提供联机检索服务。

《CALIS公共目录检索系统》中的会议论文数据库收录了来自于"211工程"的61所重点院校每年主持的国际会议的论文。根据目前的调查，重点大学每年主持召开的国际会议在20个左右，其中大多数会议都提供有正式出版号的会议论文集。年更新会议论文总数可达1.5万篇以上。

2. 国外会议文献检索工具

（1）手工检索工具

《科技会议录索引》（Index to Scientific &Technical Proceedings，ISTP）与EI、SCI并称为世界三大检索工具。ISTP创刊于1978年1月，月刊，由美国科学信息研究所（ISI）编辑出版。每年报道4000多种会议，全世界75%～90%的重要科技会议都被收录在内，涉及的学科领域包括物理、化学、工程、生命科学、生物科学、临床医学、环境及能源科学等。ISTP报道全面及时，辅助索引完善，使用方便，是查找国际科技会议论文的一种重要检索工具。ISTP主要由会议录目次和索引两大部分构成。会议录目次完整地描述了每个会议的相关信息，ISTP的各种索引通过会议录号码都能指引到这部分。会议录目次按会议录号码的顺序排序，每条记录除著录会议名称、主办者、会议召开的地点时间、会议录名称、出版信息、获取方式等基本信息外，还著录会议录所刊登的每篇论文的名称、作者、第一作者工作单位、地址以及每篇论文在会议录中的起始页码。

《会议论文索引》（Conference Papers Index，CPI）是由美国数据快报公司1973年创刊，原名为《近期会议预报》（Current Programs），1978年改为现名，月刊。1981年改由美国剑桥科学文摘社（Cambridge Scientific Abstracts，CSA）编辑出版。从1987年起改为双月刊。本索引每年报道约72000篇会议论文，报道自然科学、工程技术、医学等方面的会议论文，是目前检索外文会议文献最常用的检索工具之一。

（2）计算机检索工具

《ISI会议录数据库》分为两个版本，由ISTP（科学技术会议录索引）和ISSHP（社会科学及人文科学会议录索引）整合而成。ISTP数据库收录了1990年以来每年国际科技学术会议出版的共计190多万篇会议论文，提供了自1997年以来的会议录论文的摘要，涉及学科范围与纸质版本相似。ISSHP 收录了 1990 年以来每年 2800 多个国际学术会议出版的 20 余万篇会议论文，每年约增加 2 万余条记录，提供了 1997 年以来的会议论文摘要，包括管理、经济、心理学、社会学、公共健康、艺术、历史、文学和哲学等学科。进入 ISI 会议录数据库中，用户可以利用会议主题、主办单位、举办地点、日期或按作者、文章主题、来源期刊名、作者地址等与会议有关的信息进行检索，从中发现有关某个研究课题的会议文献。

6.5 学位论文

6.5.1 学位论文概述

学位论文（Degree Thesis）是为获得某种学位而撰写的论文。根据申请的学位不同，分为学士论文、硕士论文和博士论文。

学位论文的特点如下。

（1）出版形式比较特殊

撰写学位论文是为了毕业时审查答辩之用，一般以打印本和电子数据的形式保存在学位授予单位规定的收藏地点，通常只供本校师生查阅和复制。

（2）内容具有一定的独创性

一般学位论文论述的课题比较专深，但因为申请学位的等级不同，所以水平差异比较大。

6.5.2 学位论文的检索工具

1. 中国学位论文的检索

（1）手工检索工具

《中国博士学位论文提要》是由国家图书馆按年度编纂，北京图书馆出版社出版。每篇论文提要包括论文题目、作者、指导教师、学位授予机构、学位授予年代、页数、提要正文和关键词。正文提要在较短的篇幅内概括出了文章的中心思想和主要内容，揭示出文章的精神要义，反映出作者的学术观点和研究成果。书后还附有《著者索引》和《关键词索引》。

《中国学位论文通报》是报道我国自然科学领域学位论文的主要检索工具，由中国科技信息研究所编辑，科技文献出版社出版，1985 年创刊，原为季刊，1986 年以后改为双月刊。内容主要以题录、简介和文摘结合的形式，报道所收藏的我国高等院校和科研机构的博士和硕士论文。每期内容包括分类目录、正文和索引。分类目录按《中图法》分类，共设 9 个大类和 18 个子类；正文按《中图法》标引编排；索引部分有"机构索引"和"年度分类索引"。

（2）计算机检索工具

《万方数据资源系统中的中国学位论文数据库》（CDDB）始建于 1995 年，收录了我国自然科学和社会科学各领域的硕士、博士及博士后研究生论文的文摘信息，内容包括：论文题名、作者、专业、授予学位、导师姓名、授予学位单位、馆藏号、分类号、论文页数、出版时间、主题词、文摘等字段信息。该库提供了学科导航、字典检索、个性检索、专业检索等检索方式。其提供的字典检索功能非常强大，将数据库中使用的概念词都收录在系统提供的字典中，方便用户选词检索。

《中国优秀博/硕士论文全文数据库》由清华同方股份有限公司开发，是中国知识基础设施工程 CNKI（China National Knowledge Infrastructure）的组成部分之一，也是目前国内资源较完备、收录质量较高的权威性博、硕士论文全文数据库。其数据来源于全国 300 多家博硕士培养单位，至 2005 年已收录论文全文 27 万余篇。该数据库按学科划分为 9 个专辑，涵盖了理工、农林、医卫、社会科学等领域，产品服务形式有网上包库、镜像和光盘。该数据库分简单检索和高级检索两种检索形式，检索途径有分类、关键词、中文题名与副题名、中文摘要、作者、导师、论文级别、学科专业名称、学位授予单位、英文题名与副题名、英文关键词、英文摘要等。简单检索不支持布尔逻辑检索、不支持多字段同时检索；高级检索支持布尔逻辑检索和组合检索，检索方法和检索界面类同于"中国期刊网全文数据库"。

《CALIS 高校学位论文数据库》是在"九五"期间建的博硕士学位论文文摘数据库基础上建设的，为一个集中检索、分布式全文获取服务的 CALIS 高校博硕士学位论文文摘与全文数据库。输入网址 http://etd.calis.edu.cn/ipvalidator.do 即可进入学位论文中心服务系统，在这里用户可以通过"简单检索"和"复杂检索"来查找想要查看的内容。简单检索功能只允许用户输入一个检索条件（如前方一致或包含等），可以通过选择不同的检索方式和检索字段来获得自己想要的结果；复杂检索允许用户输入多个查询条件，以各种不同的检索方式和检索字段来查找相关内容并进行显示设置。另外还可以使用学科浏览，读者可以通过单击查看到相关学科的相关内容，再单击具体学科来查看属于该学科的已发布记录信息，通过检索可得到论文作者单位、毕业院校、导师、中文文摘、外文文摘以及关键字。

2. 国外学位论文的检索

（1）手工检索工具

《国际学位论文文摘》（Dissertation Abstracts International，DAI）由美国国际大学缩微品公司（UMI）编辑出版，1938 年创刊，月刊，原名《缩微胶卷文摘》，1952 年改名为《学位论文文摘》，1969 年又改为现名。它收录的学位论文来源于美国和加拿大等国家的 500 多所著名大学，是国外学位论文的主要检索工具之一，分 3 辑单独出版。A 辑：人文和社会科学，月刊，包括 5 大类：信息与艺术；教育、语言、文学和语言学；哲学；宗教和神学；社会科学，报道美国和加拿大约 500 所大学及研究机构的人文与社会科学博士论文。B 辑：自然科学与工程技术，月刊，包括 5 大类：生物科学、地球科学、健康与环境科学、自然科学、心理学，报道美国和加拿大约 500 所大学及研究机构的自然科学与工程技术博士论文。C 辑：欧洲学位论文文摘，季刊，1977 年起出版，收录了法国、荷兰、比利时等十几个欧洲国家的博硕士论文。DAI 各辑均由文摘和索引两部分组成，各辑每期首页有分类目次表，各级类目按字顺排列。正文按照 DAI 的主题范畴表中全部类目的名称字顺排列，每期附有关键词索引、著者索引，每年最后一期出版含 A、B 两辑的年度累积著者索引。根据 DAI 的编制体例，检索途径有分类途径、作者途径、关键词途径。

（2）计算机检索工具

PQDD（ProQuest Digital Dissertations，PQDD）是美国 UMI 公司出版的博硕士论文数据库，收录了欧美 1000 余所大学的 160 万多篇学位论文，内容覆盖理工和人文社科等广泛领域，是目前世界上最大和最广泛使用的学位论文数据库。网址为 http://www.lib.umi.com/dissertations。

PQDT（ProQuest Dissertations & Theses，PQDT）是 UMI 公司 1999 年推出的网络版博、硕士论文数据库，是世界上最具权威的学位论文数据库。收录了 1861 年以来世界上 1000 余所大学文、理、工、农、医等领域超过 200 万件博士、硕士论文的摘要及索引。每两周更新一次数据库。PQDT 目前已通过 ProQuest 平台进行检索，读者可以通过 ProQuest 平台选择"Dissertations & Theses"数据库进行检索。

第 7 章

信息利用与学术论文写作

信息是学习和研究的基础，获取信息是科学研究的前期劳动。获取的信息资源是否新颖、可靠、丰富，在很大程度上决定了学术论文写作的成功与否。研究者通过对原始信息资料的分类、归纳、总结和分析，可为科学发现、揭示自然现象的本质等聚集理论、技术和智慧的"能量"。而学术论文的写作，已成为高等学校教学、科研不可缺少的一部分。撰写学术论文与信息检索有着十分密切的关系。当今，信息的增长与传播达到了前所未有的高度，这就需要我们学会在这浩如烟海的信息中有效地获取、评价和利用自己所需要的特定信息。

信息作为记录人类知识最重要的手段，具有多种功能。在论文的写作过程中，离不开对信息的利用。信息的作用在于使作者了解有关学科领域的研究成果和研究动态、历史、现状以及当前面临的问题。具体来讲，信息在论文的写作过程中有以下作用。

（1）信息可以帮助作者选择和确定选题

创造性是论文的本质特性，因此论文的选题应该是具有新颖性的课题，即前人没有研究过或研究过但尚未解决的问题。如何了解前人没有研究过或研究过但尚未解决的问题呢？这需要广泛地查阅信息资源，了解某学科的研究动态，了解前人在这方面做了哪些工作、存在哪些问题，以作为发现问题和提出问题、最后确定选题的依据。

（2）信息可以为论文的写作提供依据

在论文的写作过程中，作者要提出自己的观点和看法。这些观点和看法要得到论证，需要材料作为依据。这些材料可以来自于科学实验和社会调查，但是大多数来自于信息资源。因为信息资源是前人或他人研究的成果，其中很多都是科学的观点，这些科学的观点往往就是论证最有力的证据。

总之，论文的写作离不开信息资源。从某种意义上讲，论文的写作就是对信息资源的收集、利用和再创造。

7.1　信息获取与加工

信息加工是对收集来的信息进行去伪存真、去粗取精、由表及里、由此及彼的加工过程。它是在原始信息的基础上，生产出价值含量高、方便用户利用的二次信息的活动过程。这一过程将使信息增值。只有在对信息进行适当处理的基础上，才能产生新的、用以指导决策的有效信息或知识。

7.1.1　信息加工内容

（1）信息的筛选和判别

在大量的原始信息中，不可避免地存在一些假信息和伪信息，只有通过认真的筛选和判别，才能防止鱼目混珠、真假混杂。

（2）信息的分类和排序

收集来的信息是一种初始的、凌乱的和孤立的信息，只有对这些信息进行分类和排序，才能存储、检索、传递和使用。

（3）信息的分析和研究

对分类排序后的信息进行分析比较、研究计算，可以使信息更具有使用价值乃至形成新信息。

7.1.2 信息加工过程的注意事项

① 信息加工要善于运用创造性思维，对信息内容进行定性分析和定量分析，从中找出本质的规律性的东西。如果只局限于情况介绍、数据罗列，这种信息加工的作用很小。

② 在信息加工过程中，要实事求是地对信息进行加工整理，切忌主观臆断，把不同时间、不同空间、不同性质的信息硬性拼凑，造成信息失真；切忌人为地加以夸大、缩小或在加工中使客观事物变样。

7.2 信息整理与利用

7.2.1 信息的整理

信息检索仅仅是文献信息利用过程的一部分，搜集到的文献信息都需要以某种便于理解和利用的方式体现出来，逐步形成研究问题的解决思路和论文思路。在对所研究问题的探索、思考和总结的整个过程中，还必须经过筛选、整理和分析，以浓缩有序的形式表达出来，才能真正达到为课题所利用。可以说，信息整理是整个信息工作的核心。

信息整理的方法包括以下内容。

（1）形式整理

首先对搜集的信息按题名、编著者、信息来源出处、内容提要顺序进行著录；其次按各条信息涉及的学科或主题进行归类，并著录分类号和主题词；最后对著录和归类后的信息按分类或主题进行编号、排序，使之系统化、有序化。

可利用计算机对搜集的信息进行规范化永久保存。①手工录入；②数据库检索批量导入。数据库一般支持多语言格式化输出，按照不同的出版要求格式输出参考文献。

（2）内容整理

通读经形式整理后的信息，从信息来源、发表时间、理论技术水平及适用价值等方面进行评价鉴别，剔除实际意义不高和参考价值不大的部分。对经通读选择出的各条信息中涉及与研究课题有关的观点（论点、论据、结论等）和图表数据提取出来，对相同的观点进行合并、相近的观点进行归纳、各种图表数据进行汇总，编号排序供下一步分析、利用。

7.2.2 信息的分析评价

所谓信息的分析评价，就是指对所搜集的文献信息资料进行分析与综合的过程。研究其是否真实可靠、典型新颖，对文献信息的价值进行客观、科学的评定。文献信息分析的目的是从繁杂的原始相关文献信息中提取共性的、方向性的或者特征性的内容，为进一步的研究或决策提供佐证和依据。

在科研实践中，由于各种主客观原因，搜集到的材料难免有失实、失当之处，这就需要对材料的真实性、准确性、创新性进行分析和比较，以求去伪存真、由表及里，抓住事物的本质，经过文献信息分析，由检索、搜集和整理而得的文献信息变成了某一个专题的信息精华。因此，文献信息的分析过程是一个由粗而精、由低级到高级的信息提炼过程。

信息分析评价包括以下注意事项。

① 对统计数据重新计算或验证——其中特别值得重视的是对无法查明原因的可疑数据的处理。这类数据的取舍切不可凭主观愿望和臆断，应根据数理统计原则，通过计算决定取舍。

② 对搜集材料的方法和渠道进行审查——对一些至关重要的材料，要了解其产生的过程；对于大规模调查的结果，要了解其调查方法和步骤。写作中使用的材料要有根据，要认真核查出处，尊重客观事实，以实事求是的态度对待材料，不夹杂个人的好恶和偏见。

③ 借助其他有关方面的知识材料，对难以判明其真实性和准确性的材料进行分析和评定。

④ 对材料的内容进行逻辑分析，看其是否存在前后矛盾、与实际不符等疑点。

⑤ 对有关实验结果方面的材料，还要再次考查其实验设计是否严密、方法是否科学、条件控制是否严格、数据是否可靠、记录是否有误、资料作为论据与论点之间有无自相矛盾之处等，仔细寻查材料中有无数据不正确和论点偏颇之处。

⑥ 对多处出现的同一内容的相关资料，要进行比较分析、仔细鉴别，做出科学的评价。对同一事物的不同数据要进行汇总分析，确定一个正确值和范围。

⑦ 通过对比分析，判定材料是否典型、新颖。所谓典型，就是能深刻揭示事物的本质，具有代表性的材料，典型材料说服力强。所谓新颖，是指新近出现或者不为读者所熟知的事实及观点，这样的材料可能有较强的创新性。新颖的材料是产生新颖思想的基础，唯有材料新颖，才能给人以新的启示。

7.3 专利情报分析

由于专利具有的创造性、新颖性和实用性特点，专利信息成为社会和企业科学研究成果及新产品开发的重要信息来源。通过专利信息分析不仅可以了解企业的技术开发信息水平和实力，而且可以用于竞争情报研究，使专利信息转换为有价值的情报。

专利情报分析方法是以文献计量学为基础、借助于其他学科的知识和有关工具而进行的。以前，专利情报分析主要是手工从专利文献中抽取大量的专利信息，利用有关统计方法，结合行业经验进行分析处理、探索隐藏在专利文献背后的情报，来为企业技术创新管理的决策服务。因此当时的主要分析方法有原文分析法、简单统计分析法、以简单统计为基础的图表法、动态矢量法等。

（1）原文分析法

通过检索竞争对手企业的专利说明书，对其进行仔细阅读、认真分析来掌握竞争对手新产品新技术的开发特点，包括寻找空隙法、技术改进法、技术综合法和专利技术原理法。

（2）简单统计分析

按照专利发明人、专利申请人、专利分类号和专利文献的数量分别进行统计分析。通过对相关情况的统计分析，能够了解各国科技进步的现状、技术研究兴趣或热点的转移情况、能在一定程度上摸清当前技术发明人的注意力以及该项技术领域发展的去向、可以看出某一技术领域的竞争情况，甚至可以判断出最活跃的领域。

（3）组配统计分析

通过对专利统计中专利分类号、专利权人、专利申请日（授权公布日）和专利申请国进行组配统计，由此获得各种统计信息，然后对这些统计信息进行分析。

（4）关键词频统计

① 删除重复申请的专利，然后从专利权项、摘要和标题中抽取若干带有技术实验概念的关键词。

② 对关键词的频数进行统计。

③ 对出现概率比较高的关键词进行逻辑组配，以及技术概念的再理解。

（5）技术细分后再统计

按等级树原则对某一技术进行技术细分展开，对其下位概念逐项进行统计。

（6）指标变化图表和技术动态及特性比较表

技术动态及特性表主要用来从技术领域、产品的某些功能等角度，反映不同年度和不同企业申请专利的技术动态和特性，从而比较诸企业的技术开发趋势和方向。主要形式有：企业在不同年度、不同技术领域中技术开发的比较，不同科研选题的比较，不同企业不同科研选题的比较，各种因素之间的回归分析。

（7）矢量动态模型法

专利文献除反映科学技术的量变关系外，还隐含着科技发展的方向，因此借用矢量的概念来加以表示。应用矢量模型法就是把统计的动态数据实行矢量模型化，尔后对科学发展动向加以评价和预测。

（8）专利引文分析法

对专利文献引用参考文献的现象进行分析研究，揭示其数量特征和内存规律，并据此进行技术发展趋势的评价。

（9）专题资料分析法

所谓"专题资料分析法"，就是根据专利文献在国际发明分类表中的分散性，对某专题文献资料的地理分布、研究内容等进行排列组合和分析研究，从中预测世界上创造发明活动最活跃的国家以及侧重研究的领域等。

7.4　竞争情报分析

7.4.1　竞争情报的定义

竞争情报是一种过程，在此过程中人们用合乎职业伦理的方式收集、分析、传播有关经营环境，竞争者和组织本身的准确、相关、具体、及时、前瞻性以及可操作的情报。它既是一个产品，又是一个过程；作为一个产品，它是一种信息。竞争情报工作就是建立一个情报系统，帮助管理者评估竞争对手和供应商，以提高竞争的效率和效益。情报是经过分析的信息，决策情报是对组织具有深远意义的情报。

竞争情报帮助管理者分析对手、供应商和环境，可以降低风险。竞争情报使管理者能够预测商业关系的变化，把握市场机会，抵抗威胁，预测对手的战略，发现新的或潜在的竞争对手，学习他人成功或失败的经验，洞悉对公司产生影响的技术动向，并了解政府政策对竞争产生的影响，规划成功的营销计划。竞争情报已成为组织的长期战略资产。

7.4.2　竞争情报分析的意义

竞争情报与企业的竞争力密切相关，企业的竞争实际上是企业各方面力量汇聚而成的企业竞争实力大小的较量。企业面对的竞争环境复杂多变，竞争对手的分布范围也十分广泛，竞争战略的制定和调整更是面临着巨大的不确定性，机遇与挑战并存。如何在强手如林、变幻莫测的市场竞争中站稳脚跟，缩短与竞争对手的差距，已经成为企业管理者特别是决策者关注的焦点话题。

7.4.3　竞争情报分析方法

1．SWOT 分析法

SWOT 分析法是企业竞争情报工作中最基本、有效而简明的分析方法，是竞争情报工作人员必须掌握的方法。不管是对企业本身或是对竞争对手的分析，SWOT 分析法都能较客观地展现一种现实的竞争态势；在此基础上，指导企业竞争战略的制定、执行和检验；且对总的态势有所了解后，才有利于运用各种其他分析方法对竞争对手和企业本身进行更好的分析与规划。

2．定标比超

我们所处的时代是全球经济迅猛发展的时代，各种新知识、新技术的涌现日新月异、一日千里。优胜劣汰、适者生存的市场竞争愈演愈烈，情报对企业的前途和命运起着越来越举足轻重的作用。各类企业无一例外地被推向了市场，企业的生存和发展全凭自身的战略决策、产品质量、管理水平、成本价格、营销手段是否优于竞争对手。这就迫使企业必须关注周围的竞争环境，全面掌握市场和竞争对手的各种情报；努力发现自身的不足和缺点，不断向竞争对手或者行业内外的一流企业学习，以摆脱自己的弱势，从而确保自己在市场竞争中的有利地位，争取赢得并保持自己的竞争优势。而定标比超正是这样一种帮助企业驰骋商场的重要且有效的竞争情报分析方法。

定标比超方法能很好地为企业树立自己的前进目标与方向，并不断向最先进的企业靠拢，最终走向成功之路。

3．专利分析

专利是竞争情报最重要的信息源之一，故自然成为竞争情报中信息分析的一部分。随着全球竞争的激化，知识产权的保护日益严密，跟踪、研究、分析竞争对手的专利发明，已成为获得超越竞争对手优势的一个重要手段。

4．财务分析

财务分析法是通过各种方法收集研究对象的财务报表，分析其经营状况、融资渠道以及投资方向等情报。财务情报的收集有一定的难度，但也有一些独特的方式，如政府有关部门、行业协会、市场调查公司、各种文献、上市公司中期报告和年度报告以及新闻报道等。虽然利用财务分析能够对竞争对手的经营状况及其资金流动方向与数量等进行有效跟踪，为财务会计报告使用者提供管理决策和控制依据的一项管理工作。

5．PEST 分析

即从政治（法律）的、经济的、社会文化的和技术的角度分析环境变化对本企业的影响。经济、社会、科技等诸多方面的迅速发展，特别是世界经济全球化、一体化过程的加快、全球信息网络的建立和消费需求的多样化，企业所处的环境更为开放和动荡。这种变化几乎对所有企业都产生了深刻的影响。正因如此，环境分析成为一种日益重要的企业职能。

6. 力量模型分析

五种力量模型是哈佛大学教授迈克尔·波特的名著《竞争战略》中，提出的一种结构化的环境分析方法。现有企业的竞争现状是，行业内竞争者的均衡程度、增长速度、固定成本比例、本行业产品或服务的差异化程度、退出壁垒等，决定了一个行业内的竞争激烈程度。显然，最危险的环境是进入壁垒、存在替代品、由供货商或买方控制、行业内竞争激烈的产业环境。

7. 核心能力分析

企业核心能力是指提供企业竞争能力和竞争优势基础的多方面技术、技能和知识的有机组合。企业核心能力的特征，实质上是企业能力理论的一般逻辑推理，它表明核心能力是企业持续竞争优势的源泉。关于企业核心竞争力，关键在于如何识别。只有在认识理解其含义的基础上，才能很好地运用它对企业自身、对竞争对手进行有效的分析与解剖。

8. 对手跟踪分析

竞争对手跟踪就是针对本行业内的竞争对手或先进企业，对其生产、经营、管理、开发等方面进行跟踪与监测，做到知己知彼，并据此对自己的战略战术作相应的调整与改进。企业对竞争对手的跟踪，是竞争情报工作的核心内容。在 SWOT 分析与核心竞争力分析的指导下，对企业自身、对竞争对手的价值链进行跟踪。

7.5 知识创新

美国学者艾米顿在 1993 年所写文章中提出："科学家和工程师进行跨学科、跨行业、跨国家合作，研究共同感兴趣的问题，其研究结果加速了新思想的创造、流动和应用，加速了这些新思想应用于产品和服务，以造福于社会，这就是知识创新。"1997 年她在《面向知识经济的创新战略》一书中提出："所谓知识创新，是指为了企业的成功、国民经济的活力和社会进步，创造、演化、交换和应用新思想，使其转变成市场化的产品和服务。"可以看出，艾米顿提出的知识创新内涵包含了知识创造和知识应用两个方面的内容。

人们通过社会实践（包括科学研究）获得新知识的活动。通过科学研究活动获得新的科学知识是知识创新的主要方法。科学知识包括基础科学知识和技术科学知识，是对人们从直接经验中获得的大量具体知识的抽象和概括，是最终形成的、系统的、抽象的一般规律性知识。科学研究活动是知识创新的基础形式。对于实践中遇到的各种问题，运用科学知识找出解决的办法，是获得知识应用经验的过程，也是知识创新的一个重要部分。把基础性的原理知识运用于解决具体的实际问题，大到社会性制度问题，小到产品工艺的细节，都要付出创造性的劳动，由此能够直接带来社会和经济效益。由于知识是一个宽泛的概念，所以知识创新可视为一切创新的总和。

7.6 信息知识创新成果的撰写

7.6.1 信息知识创新成果类型

根据信息研究加工的任务以及使用对象，信息研究创新成果有以下几种类型和表现形式。

（1）综述性研究报告

综述性研究报告是对某一课题相关的大量信息资料进行归纳、整理、分析、综合而形成的一种研究报告。它浓缩了大量原始文献的有关内容，使之集中化、系统化，以便掌握该课题的内容、现状和发展趋势。这类报告是对某学科或某课题研究成果全面系统的总结，属于这一类型的报告有"学科总结""年度进展""专题总结"和"综述"等。其特点是信息资料完整、归纳客观、综合叙述，基本上没有研究人员的评论、意见和建议。

（2）述评性研究报告

述评性研究报告是对某一学科、某一专业、某一课题有关方面的各种情况、数据、观点、方法进行综合叙述，并在对比、分析的基础上提出评价和建议的一种信息研究报告。它具有综述报告的基本特征，但又要对各方面的研究情况进行分析、对比，并提出作者自己的见解。其具体表现形式有"述评""评论""考察报告""专题报告""水平调查"等。

（3）预测性研究报告

预测性研究报告是根据与课题有关的大量科学数据、现状调查、文献分析，运用严密的逻辑方法和科学的想象力，借助某种模型或计算工具，对课题的发展前景及可能产生的影响进行分析、研究、推理、判断，作出预测的一种研究报告。属于这一类型的有"预测""展望"和"趋势"等。

（4）数据性报告

数据性报告是以研究课题的各种数据和统计资料为主要对象，经过分析、鉴定、归纳、整理、运算而成。这类成果以资料和数据的全面、综合、完善、准确为特点，有利于了解有关课题的基本情况、水平和动向，以及国内外、行业之间、单位、部门之间的差距等。

（5）学术论文

学术论文是信息经过搜集、整理、分析、研究之后所形成的又一成果形式。具体来讲，它是某一学术课题在理论性、实验性或观测性方面新的科学研究成果、创新见解和知识的科学记录，或是将某种已知理论和技术应用于实际所取得的新进展的科学总结，或是对国内外某一方面科技研究工作所作的评论。

（6）其他创新成果

信息分析研究还可以出其他创新性成果。如在全面搜集、整理、分析和信息浓缩的基础上，编撰类书、手册、字典、辞典、年鉴、百科全书、名录、专题文献通报，或组建各种信息系统等。

7.6.2　科学技术报告和论文的撰写

1. 科学技术报告和论文的格式

1987 年，我国国家标准局颁布了《科学技术报告、学位论文和学术论文的编写格式》（GB7713—87），对一般学术论文和学位论文的编写格式作了具体明确的规定，并从 1988 年 1 月 1 日起开始实行。国标 GB7713—87 规定【1】：学术论文的构成包括三个部分：前置部分包括题名、作者姓名、摘要、关键词；主体部分包括引言、正文、结论、致谢（必要时）、参考文献表；附录部分（必要时）附上论文的补充项目，按附录 A、附录 B 等排列。国标 GB7713—87 规定【2】：学术论文的章、条、款、项采用阿拉伯数字分级编号。

（1）题名

题名是论文和科学技术报告主题思想的概括。题名要确切表达论文的特定内容，恰如其分地反映研究的范围和深度、水平及价值，使读者一目了然，产生强烈的吸引力，引起读者的兴趣。文章的题名一定要与内容吻合，充分反映文章内容的主题思想，具体、新颖、有创意。题名要简短精练，一般控制在 20 个字以内。

（2）作者

论文和科学技术报告作者，既表示对作者的尊重及对其应有的贡献和荣誉的承认，又表示文责自负和文献标引的一个重要项目。一般署名写在题目下方，在括号内注明作者工作单位的全称。学位论文作者的署名惯例是学生名列前，导师名列后。

（3）摘要

摘要又称内容摘要、内容提要、提要或文摘，是论文的必要附加部分，是对论文内容不加注释和评论的高度概括、十分精练的简短陈述。摘要必须置于作者之后，正文之前。摘要虽然简短，但应包含正文的主要内容。语言要高度浓缩，准确、完整，能简练地介绍论文和报告研究的目的、方法、结果和结论。中文摘要一般为 200～300 字，外文摘要应在 250 个实词以内，特殊情况下字数可略多一些。

（4）关键词

关键词是从论文和报告中选取出来的，能表示全文主题内容的词或术语，用于表达论文的要素特征。为了用词规范化，尽可能选用专业主题词表中提供的词。一般选 3～8 个关键词。

（5）前言

前言又称引言、绪论或序，作为论文的开端，不能独立成篇。其作用主要是回答"为什么研究"这个问题，一般应简要说明研究的背景、目的、理由、范围、有关领域内前人的工作、水平、问题和知识空白；研究的理论基础、设想、意义、方法和实验设计、过程、结果等。使读者能够了解论文的主要内容和观点，感受论文的参考价值和通读全文的必要性。要言简意赅，但不要与摘要雷同，以 200～300 字为宜。

（6）正文

正文是论文和报告的主体部分，应占主要篇幅。正文可分为若干节，内容包括：信息综合、数据分析、模型构建、分析与论证、结果与建议、实验装置、仪表设备、材料、实验方法、实验过程和结果、计算方法和编程原理、数据及图表等。正文中应对实验结果进行讨论分析，并揭示出更加真实的规律性和事物的本质性。讨论的内容包括：用已有的理论解释和证明实验结果，对同自己预期不一致的结果作出合乎逻辑的解释，并将自己的实验结果及解释同别人的实验结果及解释相比较，弄清哪些部分是相同的，哪些是不同的。

（7）结论

结论是论文和报告正文的逻辑发展，是最终的、总体的结果。写结论应深入推敲，一定要准确、完整、明确、精练。在得不出明确的结论时，可经过必要的讨论，提出自己初步的看法、意见和尚待研究的问题。结论的内容应包括：简述由分析、实验或讨论所得出的最后结果，说明结论适应的范围，说明研究成果的意义，并指出自己对公认的旧假说、理论或原理做了哪些改进，以及对该项研究工作发展的展望。

（8）致谢

感谢在课题研究中给予人力、物力、资金、技术指导，提供文献资料等帮助和做出过贡献的单位和个人，名字按贡献大小排列。

（9）参考文献

论文、报告所引用和参考的全部或主要的文献依文中出现的先后次序排列，也可以作者的名字顺序排列。参考文献的著录格式必须符合国家标准《GB／T 7714—2005 文后参考文献著录规则》的要求。

（10）附录

附录也是论文内容的组成部分，是正文的补充。主要内容有：实验测得的重要原始数据、有代表性的计算实例、重要的公式推导、计算框图、主要设备的技术性能、建议阅读的参考文献题录以及不便于写入正文的有重要参考价值的材料等。

2. 创新性科学技术报告和论文的写作步骤

科学技术报告和论文的写作步骤主要包括材料收集、全文构思、拟写提纲、撰写初稿、修改定稿等。

（1）材料收集

材料收集是课题研究和撰写论文的基础。学术研究必须建立在对前人研究成果的继承和最新科学技术的吸收基础之上。在每一项学术研究中，必须通过搜集到的材料，了解课题已有的成果及目前状况。只有这样，才能避免重复他人研究的课题，才能把学术研究放到一个新的起点上，在继承他人已有成果的基础上发展创新。学术论文是科研成果的记录，写作时同样要有充足的材料，材料是写作论文的物质保障。所以说，搜集材料是课题研究和撰写论文的基础。材料收集应从两个方面入手：一是亲自进行调查和研究工作，把观察到的现象与测量到的数据详细记录下来；二是通过信息检索获取与研究课题有关的各种资料。通过调查研究能够获取写作的第一手材料。在实施调查研究的过程中，应掌握社会调查的方法与技术，如调查内容的设计，是否具有合理性、针对性，调查对象的选择是否具有代表性、准确性，调查过程是否具有及时性、连续性。掌握这些调查研究的方法与技术，才能获取真实、可靠的材料，高质量的学术论文才有保障。通过信息检索收集材料应有明确的目的，充分利用信息检索理论与实践的知识与技能，准确选择检索途径、检索方法，有效利用检索工具，选择最有代表性的材料。具体来说，在信息搜集过程中，主要应搜集以下 3 方面的资料：有关该课题研究的最新资料；该课题已有的研究成果资料；与课题相关的其他资料。

（2）全文构思

全文构思包括选定主题，拟定结构、层次和段落。

主题是论文和科学技术报告所需表达的中心思想，是全文思想内容的高度概括和集中表现。一篇论文或科学技术报告的材料取舍、结构安排、论点、论证、结论等都要服务于主题。论文或科学技术报告主题应根据作者自己的科技成果或信息分析研究成果以及搜集的相关文献资料，经过反复思考、分析比较、提炼、推敲，从中找出内在的联系及规律而形成。主题贯穿于论文和报告的始终，应具有鲜明、集中、深刻、新颖、科学、有创意的特点，并应用充分的例证、数据、结果及引用文献进行明确、突出的论证和表达。

论文和科学技术报告的结构是形成文章的框架，是论文和科学技术报告内在逻辑的体现。论文和科学技术报告的分段、分行、分句，形成文章的外部轮廓。结构的本质在于体现作者的写作思路和事物客观规律，即按照科学的逻辑规律对论文和科学技术报告的内容进行科学合理的组织安排；结构可分成若干部分，这样才层次分明、步步深入、逼近主题，最后得出令人满意的结论。如文章论点从什么地方说起才能最切题、最有吸引力；阐析、推理或反驳等论证的实质问题如何穿插、展开，才能全面、准确、简明、精辟地说明问题，而且最有说服力；文章各部分论述，用什么方式和语言最为适宜和最为圆满有力。论文和科学技术报告结构中起重要作用的是层次。层次划分要按主题需要把材料分门别类，按轻重缓急、主次有序地表达，而且前后呼应。论文和科学技术报告要分成若干段落，每一段落表达一个完整的意思。虽然在形式上是相对独立的最小单元，但段落之间有着非常密切的逻辑关系。段落能体现作者思想发展中的间歇，又可使读者易于理解论文和科学技术报告的层次和各段的中心意思，从而理解全文的思想发展和完整的主题思想。要想一篇文章各个部分能够层次清楚、段落分明，使用恰当标题和序号十分重要。

（3）拟写提纲

论文和科学技术报告提纲是作者对文章内容和结构做的初步轮廓安排。按照文章主题思想和逻辑规律，作者经过反复思考，由略到详，并进行多次补充、取舍、增删和调整，逐步修改写出提纲。提纲是文章的蓝图，是寻找文章最佳组织、形式和思维的过程。有了提纲，作者的主题构思才具体化、条理化，行文有了依据，才能顺利地进入下一步起草工作。

（4）撰写初稿

撰写初稿，要紧紧围绕主题，按提纲的编排进行。写初稿要纵观全局，如何开头，提出论点，展开讨论，恰如其分地使用论据、论证。层次之间如何衔接，段落之间如何前后呼应，如何得出结论，如何结尾等，都要周密思考，胸有成竹，并力争篇幅简短，段落、层次清晰，重点突出，论点明确，论据、论证充分而恰当，结论切题，语言流畅、简练，逻辑性强。

（5）修改定稿

论文和科学技术报告经过多次修改，最后方能定稿。修改文稿应严肃认真，不厌其烦，精益求精，去掉那些冗长累赘或重复的部分，删去那些可有可无的叙述。修改过程中，还可请他人批评指正。经过多次修改，使文章达到论点明确、论据确凿、论证有力、逻辑性强、结构紧凑、词语搭配得当，语义清楚，文字简练流畅，文采出众，使读者易读、易理解、易吸收。修改工作包括：篇幅压缩、内容修改、结构修改、段落修改、句子修改、文字和标点符号修改、图表修改，以及引文、参考文献、疏误等检查核实。在多次修改过程中，前几次修改着重进行结构、内容、篇幅的修改，使必须表达的思想内容充分表达，将不要的内容全部删去，反复核阅保留的内容，作必要的调整或增补，使其顺序、层次、段落的安排恰到好处。最后一两次的修改则应着重于文体、文字方面的修改，使论文的叙述、分析、综合、判断、推理、结论等有条不紊，顺理成章，语言精确、简练、清晰、平实、通顺流畅，直至符合要求为止。

7.7　个人文献管理软件及其利用

7.7.1　E-Learning（数字化学习与研究平台）

E-Learning 旨在为量身定做探究式学习工具，展现知识的纵横联系，洞悉知识脉络，有效管理学习资料，通过对学习资料按照不同的学习单元进行分类，理清知识脉络，提供多种格式文件的管理、阅读、记录笔记等功能的一站式服务。不仅支持常用的文献格式，如 CAJ 文件、KDH 文件、NH 文件、PDF 文件和 TEB 文件，还可以将 Word 文件、PowerPoint 文件、Excel 文件和文本文件自动转换为 PDF 文件阅读，便于统一管理和记录笔记。

E-Learning 构建便利的文献阅读和笔记管理平台：可以对多种格式的文献进行深入研读，直接在文献全文上记录笔记和标注，将文献越读越少、越读越精；基于 WORD，E-Learning

提供了各种写作辅助工具。撰写论文时，可以直接将文献作为引文插入 WORD 中，也可以直接引用笔记中的内容，并自动生成笔记来源的参考文献。同时 E-Learning 为提供数千种期刊模板，可以直接打开预投稿期刊的模板进行论文撰写，并帮助作者解决批量参考文献格式修改困难的问题；支持数千种中外文期刊的在线投稿。撰写论文后，可快速进入该期刊的作者投稿系统进行论文投稿。

1. 学习单元

学习单元是查找资料、阅读文献、知识管理的最好媒介。通过学习单元可以有计划、有目的、有组织地获取领域知识和技术，实现对新知识的意义建构和对原有知识的改造及重组。在达到探究式的学习过程中，更好、更快地解决学习中的问题。

可以将本地计算机上的文献添加到不同的学习单元内进行分类阅读和管理；在学习单元内还可以创建多层级文献夹，用于有效管理文献、构建知识脉络。可以对学习单元内的文献记录笔记，并将笔记与文献一起保存在学习单元内。每次打开 E-Learning，"学习单元"会按照上次学习时间从近到远的顺序排列，即默认打开最近学习的学习单元。

要添加文献，鼠标右键单击准备添加文献的文献夹，单击"添加文献"，如图 7-1 所示。

鼠标右键单击准备添加文献夹的学习单元或文献夹，单击快捷菜单上的"新建文献夹"，如图 7-2 所示。

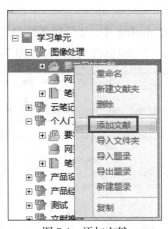

图 7-1　添加文献

图 7-2　新建文件夹

2. 题录

题录是描述文献外部特征的条目，例如文献的重要度、标题、作者、发表时间等。E-Learning 的主界面即文献的题录列表，如图 7-3 所示。

序号	状态	重要度	标题	作者	发表时间	来源	类型	上次学习时间	附件
1	未读	..ıll	中学数字图书馆建设之我见	孙敏杰;吴振新	2011-03-15	图书馆杂志	各种未...	2012-03-09 09:28:15	📎
2	未读	..ıll	浅谈人物角色在交互设计中的应用研究	王先华;	2008-06-15	艺术与设计(...	期刊	2012-03-12 17:13:37	📎
3	未读	..ıll	产品交互设计中的人物角色的研究	朱琪琪;蒋晓;	2008-04-08	消费导刊	期刊	2012-03-16 15:43:02	📎
4	未读	..ıll	目标导向设计中人物角色的应用与研究	王兆	2011-03-01	东华大学	学位论文	2012-03-16 16:09:38	📎
5	未读	..ıll	基于产品设计的人物角色模型构建研究	张超	2009-04-28	湖南大学	学位论文	2012-03-16 15:42:58	📎
6	未读	..ıll	基于人物角色的DTV交互设计研究	王先华	2008-05-08	湖南大学	学位论文	2012-03-01 13:54:03	📎

图 7-3　题录列表

文献管理软件（如 Note Express）将文献题录导入 E-Learning，如图 7-4 所示。

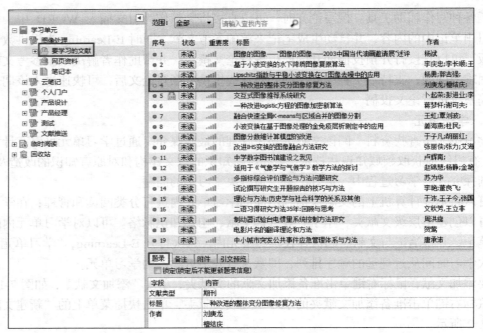

图 7-4　导入文献题录

从 CNKI 或其他文献数据库中将文献题录导入 E-Learning 中，此处以 CNKI 数据库为例。从 CNKI 数据库中选择想要导出题录的文献，单击"导出/参考文献"，如图 7-5 所示。

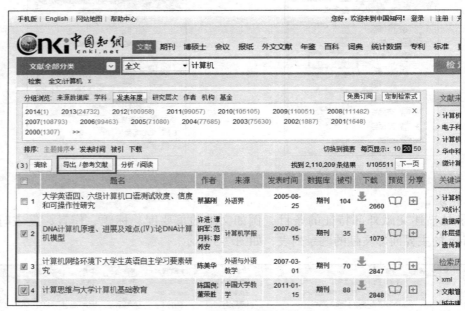

图 7-5　选中导出参考文献

① 单击"导出/参考文献"，如图 7-6 所示。

② 选择"CNKI E-Learning"，单击"导出"按钮，如图 7-7 所示。

③ 使用任意浏览器，从 CNKI 数据库中下载的文献，可以直接弹出选择题录分类的窗口。选择想要导入的文献夹，单击"确定"按钮即可导入，如图 7-8 所示。

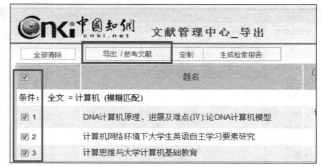

图 7-6　导出参考文献

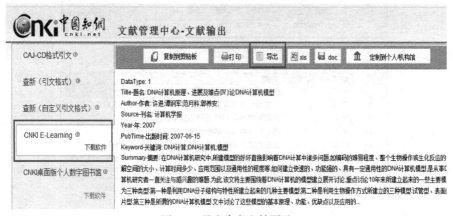

图 7-7　导出参考文献题录

3. 导出全文

① 鼠标右键单击准备导出全文的题录，单击快捷菜单上的"导出全文"，如图 7-9 所示。

图 7-8　导入文件

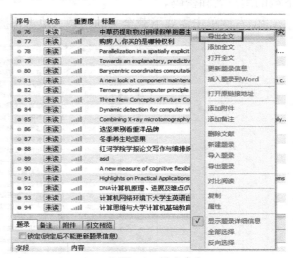

图 7-9　导出全文

② 在计算机上选择文献全文，单击"打开"，如图 7-10 所示。

③ 全文添加成功后，列表的全文图标会从 ○ 变为 ●，并在底边栏的"附件"中列出了所导入的全文附件，类型自动定义为"全文"，如图 7-11 所示。

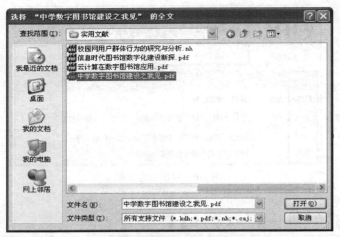

图 7-10　选中导出文献

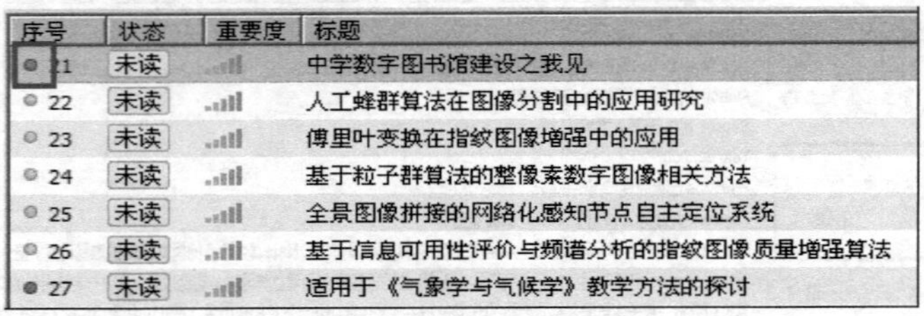

序号	状态	重要度	标题
●21	未读	..ıll	中学数字图书馆建设之我见
●22	未读	..ıll	人工蜂群算法在图像分割中的应用研究
●23	未读	..ıll	傅里叶变换在指纹图像增强中的应用
●24	未读	..ıll	基于粒子群算法的整像素数字图像相关方法
●25	未读	..ıll	全景图像拼接的网络化感知节点自主定位系统
●26	未读	..ıll	基于信息可用性评价与频谱分析的指纹图像质量增强算法
●27	未读	..ıll	适用于《气象学与气候学》教学方法的探讨

图 7-11　附件全文列表

4．下载全文

CNKI 数据库内导出到 E-Learning 的文献题录可以通过"下载全文"功能实现文献的直接下载。

① 在菜单"工具">"系统设置…">"文献下载设置"中设置登录 CNKI 数据库进行下载的用户名和密码。

② 右键单击需要下载全文的题录，单击快捷菜单上的"下载全文"，如图 7-12 所示。

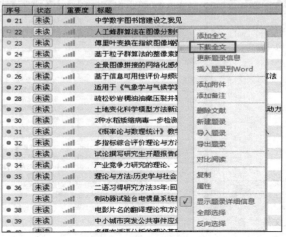

图 7-12　下载全文

③ 系统会自动在 CNKI 网站上为登录，并下载所选择的文献，可以连续选择多篇文献，系统会依次为下载，如图 7-13 所示。

图 7-13　全文下载管理

④ 文献下载完成后，全文会自动添加到对应题录，可以继续阅读全文。

5. 记录笔记

① 在工具栏中进行笔记操作：选中一段文字后，单击工具栏上的"添加笔记"，如图 7-14 所示。

图 7-14　记录笔记

② 笔记工具除了位于工具栏中之外，当用户单击"选择文本"　，在选择文字附近会自动浮现一条快捷工具条，可以更简单方便地进行笔记记录，如图 7-15 所示。

打开文献全文后，右键单击菜单中的"文献笔记"　，如图 7-16 所示。

图 7-15　"笔记记录"快捷工具　　　　　　　　图 7-16　文献笔记

在文献全文和导航栏之间即列出该文献的所有笔记，可以对笔记进行通览和编辑。单击其中一条笔记，则右侧全文即可在视图上方出现该笔记在全文中的记录位置；也可以在此处编辑文献笔记，如图 7-17 所示。

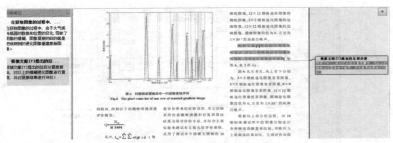

图 7-17 浏览并编辑笔记

6. 写作和投稿

① CNKI E-Learning 提供了数千种论文模板和相应的参考文献样式,以实现选刊投稿。可以在菜单栏中选择"写作和投稿">"选择出版物撰写论文",如图 7-18 所示。

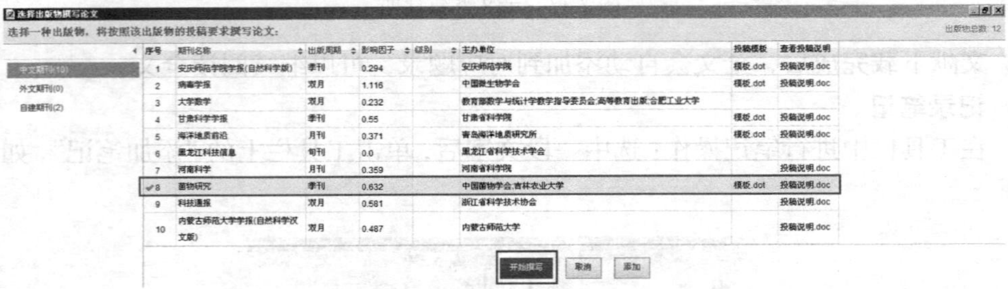

图 7-18 选刊投稿

② 选择一种出版物,单击"开始撰写",即可打开该出版物的模板,如图 7-19 所示。

图 7-19 出版物模板

③ 也可以在 Word 文档 CNKI E-Learning 插件中,选择"选择出版物撰写论文",如图 7-20 所示。

④ 在菜单栏中选择"写作和投稿">"进入 Word 撰写",即可打开当前活动的 Word 文档继续撰写论文;若当前没有打开 Word 文档,即新建 Word 文档,如图 7-21 所示。

图 7-20 选择出版物撰写论文

图 7-21 进入 Word 撰写

7.7.2 NoteExpress

NoteExpress 是由北京爱琴海软件公司开发的专业文献管理软件，提供了以文献的题录为核心的科研模式，读者先阅读题录、文摘后，再有针对性地下载有价值的全文。这样既提高了电子数据库的利用率，避免了恶意下载，又节约了读者的时间。

1. 界面

在 NE 中，我们提供诸如标识、文件夹、笔记、附件、查重、批量编辑和替换、批量链接附件等非常有用的管理模块。你可以为题录添加任意格式的文件，如常见的 PDF、Doc、MP3、JEPG 等文件，添加文件夹和关联数据库中的其他题录；当然你也可以为题录添加关联笔记，并且插入图片、表格和公式等。在软件界面的左列，你可以查看和管理数据库。在 NE 2.x 的版本中，你可以同时打开多个数据库。单击"题录列表"中的某条题录，你可以在软件的右下窗口中预览相关的题录信息，如附件和笔记等，如图 7-22 所示。

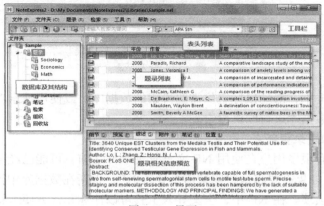

图 7-22　界面

2. 创建数据库

在 NE 中，你可以通过单击工具栏上的图标，或者选择菜单"文件>新建数据库"创建自己的数据库，并定义数据库的存放位置和保存名称。NE 数据库的文件后缀为".nel"，所以如果你在 Windows 资源管理器中没有隐藏文件后缀的话，你的数据库将以"数据库名.nel"的形式呈现，如图 7-23 所示。

图 7-23　创建数据库

3. 导入题录

单击工具栏上该图标 右侧的小箭头，或单击菜单"检索>在线检索"，选择"选择数据库"（NE 会记录最近的检索记录，如果记录中有需要检索的数据库请直接选择），如图 7-24 所示。

图 7-24　导入题录

在弹出的对话框中，滑动鼠标定位需要检索的数据库，或使用搜索功能快速定位目标数据库，然后双击该数据库进行联机检索。

4. 全文导入和题录更新

通常情况下，有很多用户在使用 NE 文献管理软件之前，可能已经下载了众多的文献全文，如 PDF 全文。如果需要将这些题录信息导入 NE，重新在数据库中搜索再导入 NE 无疑会使任务变得非常烦琐。在 NE 中，全文导入工具可以让你非常方便地将这些题录信息导入软件，然后借助题录更新再补充全题录的其他信息，方法如下。

① 单击"文件"菜单，然后从下拉菜单中选择"导入文件"，如图 7-25 所示。

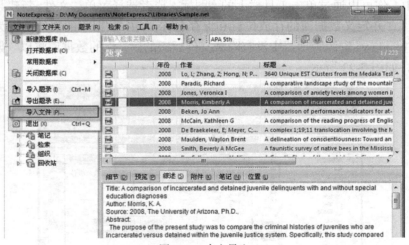

图 7-25　全文导入

② 如果需要导入单个文件，单击"添加文件"；如果需要导入多个文件，单击"添加目录"，然后选择题录保存的文件夹，如图 7-26 所示。

图 7-26　添加目录

③ 在弹出的对话框中，选择需要导入的文件（按下"Ctrl"键单击选择多个文件）或目录，然后依次单击"打开""导入"，如图 7-27 所示。

图 7-27　文件导入

5．标记

在 NE 中，你可以对题录使用标记以突出题录。默认情况下，NE 已经设置了带圈的数字标记。

① 需要标记题录时，右键单击该题录，从列表中选择"标记"，如图 7-28 所示。

图 7-28　标记

② 当单击"自定义"后，你可以编辑标记名称，添加或删除更多标记，如图 7-29 所示。

图 7-29　自定义标记名称

6. 题录统计

在 NE 中提供了基本的统计功能，以方便你了解数据库中的题录信息。如果需要对某个虚拟文件夹进行统计，鼠标右键单击该文件夹，从列表中选择"文件夹信息统计"。在弹出查看中，选择需要统计的字段进行统计，NE 将会推送相应的统计结果（统计结果可输出另存）。方法如下：右击文件夹，选择"文件夹信息统计"，如图 7-30 所示。

图 7-30　题录统计信息

7. 笔记

设想你现在正在阅读文献，突然一个很有价值的研究想法跃入你的大脑。你可能会随手在笔记本上记录你的想法，也可能会新建一个电子文档记录你的笔记。但很有可能你记完笔记后就随手放在了一边，这对于研究者来说是极大的浪费和损失。在 NE 中，你可以随时在题录下面记下笔记，而且永远跟你看的题录信息关联在一起，这样就提高了研究效率。

（1）快速添加笔记

单击需要添加笔记的题录，切换到笔记窗口，然后添加内容即可，NE 会自动保存笔记，如图 7-31 所示。

图 7-31　笔记窗口

（2）高级笔记功能

单击需要添加笔记的题录，按 F4 键，或选择"题录"菜单，从下拉选项中选择"为题录新增笔记"。NE 会自动弹出笔记编辑窗口，你可以加入文字内容，也可添加图片、表格和公式等，如图 7-32 所示。

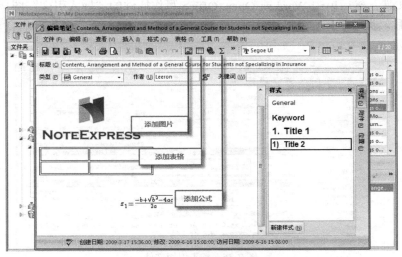

图 7-32　高级笔记功能

（3）命名

注意 NE 会自动以题录名称命名笔记，如果有需要可以重命名。当你插入笔记后，NE 会自动在笔记文件夹下创建同名文件夹以存放笔记。

8. 文章撰写

对大多数用户来说，使用 NE 的主要目的是帮助后续的文章或论文撰写。当你写文章时，可以随时方便地在 NE 中选择引用的文献，然后添加到 Word 或 Open Office 等文字处理工具。当你安装 NE 后，NE 会为文字处理工具添加写作插件，文献信息的插入和参考文献格式的调整都需要借助这个插件。NE 内置了常见的中文和英文期刊的参考文献样式，你可以很方便地在不同参考文献格式之间进行转换。

Word 2003 插件，如图 7-33 和图 7-34 所示。

图 7-33　Word 中 NE 插件

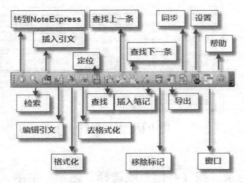

图 7-34　Word 中 NE 插件

　　当你写作时，如果要插入引用文献，先将光标放置在需要插入文献的地方，切换到 NE，选择引用的文献，然后单击 Word 或 Open Office 写作插件的"插入引文"图标，NE 将会自动添加引用文献到文字编辑工具，并在文末生成参考文献列表（需要先开启自动生成引文），如图 7-35 所示。

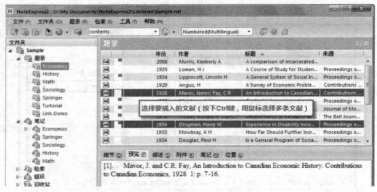

图 7-35　插入引用文件

　　NE 在文末自动生成参考文献列表，如图 7-36 所示。

图 7-36　生成参考文献

7.8　学术论文撰写

一般来说，学术论文写作的程序为：选题——获取资料——提炼观点——列提纲——拟草稿——修改——定稿。可见，作为"获取资料"的重要方式——文献信息检索，是论文选题和写作过程中不可或缺的阶段。另外，文献信息检索与学术论文写作也是相辅相成的关系：文献信息检索（沉浸在文献中）的最终目的之一是撰写学术论文，论文的写作与发表过程有助于作者在文献中找到自己所需要的东西。学术论文的撰写与投稿行为可以反映一个人的科研能力、学识水平、写作功底和信息素养等方面的综合能力。同时学术论文的撰写与投稿必须遵循一定的规范与约定，否则即使是一篇优秀论文也有被期刊编辑部退稿的可能。因此，掌握学术论文撰写的基本规范，了解论文投稿的相关要求，是一名科研工作者取得成功、获得同行认可的前提。

7.8.1　学术论文的要求

（1）客观性

科学研究的任务是要揭示事物发展的客观规律，探求客观真理，推动文化科学技术的进步与发展。学术论文应是科学研究的结晶，客观真理的书面反映。因此，作者在论述科研过程、反映科研成果时，要进行深入的分析探讨，才能提出可以反映客观本质的论点，选择符合客观实际的论据，进行符合客观规律的论证。

（2）创新性

科学研究是对新知识的探求，创造性是科学研究的生命。学术论文的创造性在于作者要有自己独到的见解，能提出新的观点、新的理论。学术论文的任务就是通过科学研究提出新的见解，探讨新的方法，发表新的成果，要提出别人没有发现过或没有涉及过的有意义的问题。这是衡量学术论文价值的根本标准。任何新的发明创造都是在学习、借鉴前人取得的有关成就的基础上发展起来的，但是又不能受到前人经验的束缚，应该综合进行创新。初搞科研学写论文的人，不一定都能提出别人没有涉及过的问题，但也要求在论文中有自己的见解，或综述前人的研究成果，加以分析比较，指出争论热点，提示争论方向；或披露新的事实，证明新的材料。不要去重复已有定论的问题，因为没有创新性，学术论文就没有科学价值。

（3）专业性

科学研究的对象十分广泛，内容十分丰富。但各学科之间的内涵有着明显区别，即使是对那些前沿学科和交叉学科的研究，也有明确的研究对象、具体的研究分工。因此，作为表述科研成果的学术论文便具有很强的专业性。学术论文是对某一学科领域某一问题的专题探讨，它的内容有很强的专业性。在论文的语言表述方面也常用专门科学术语，论文的论据离不开本学科范围的客观事实和公理、原理、原则、定律等。

（4）理论性

学术论文与一般议论文不同，必须具有自己的理论系统，不能只是材料的罗列，应对大量的事实、材料进行分析、研究，需要理性的认识。一般来说，学术论文要有科学的理论依据、合理的研究方法、正确的结论。

（5）议论性

学术论文要揭示事物的客观规律，论证论文观点的正确性，就必须运用立论、驳论等论证方法，通过提出问题、分析问题、解决问题的论证过程，运用逻辑推理达到以理服人的目的。学术论文的议论性还表现在写作方法方面，论文要说理明意，说理的过程就是分析、评议的过程。

（6）可读性

论文作者应考虑到学术论文是进行学术交流的重要工具，语言应力求深入浅出，平易通俗，不仅要做到文从字顺，而且要准确、鲜明、和谐、力求生动，从而使科研成果能为人们所认识掌握，推广运用，更好地发挥其社会效益和经济效益。

7.8.2 学术论文的格式

根据国家标准 GB 7713—87《科学技术报告、学位论文和学术论文的编写格式》的要求，学术论文由标题、署名、摘要、关键词、前言、本论、结论、致谢、参考文献、附录及其他等 10 个方面的内容构成。

（1）标题

标题又称题目，是对文章内容的高度概括或是对学术研究过程或成果的直接阐述。中文标题以 20 字以内为好，英文标题一般以 10 个左右单词为宜。学术论文的标题一般有 3 种类型：一是以研究对象或研究范围为题，如《试论某市文化资源的旅游价值》，这类标题最为常见；二是以研究结果为题，论文的标题即文章的论点，如《调动职工积极性，必须重视人的情感因素》；三是正副标题，将以上两种形式结合起来，如《象牙塔内的困惑与思考——浅谈大学生心理障碍与心理保健》。标题要求简明概括、准确恰当、引人注目，既不要用口号式、口语化语言，也不要用艺术加工的文学语言。

（2）署名

作者署名一般在文章标题正下方，要求用真实姓名，不用笔名。同时，还要在下一行标明作者所在单位名称和邮政编码。署名一则表明作者对研究成果拥有著作权，是其辛勤劳动的体现和应得荣誉的象征；二则体现了作者的责任感，表明作者要对论文的观点、数据、社会效益等负责；三则便于读者与作者进行联系。

署名的方法一般为：个人的研究成果只需个人署名；集体的研究成果应按贡献大小，先后署名；在集体研究成果基础上撰写的，个人只能以执笔人的身份署名。署名一般不能超过 4 人，如果人员过多，可先将主要人员的姓名署上，其余可在前言或结尾处表明。

（3）摘要

摘要是论文内容高度客观的概述，一般都是在文章的其他部分完成后提炼出来的。摘要位于署名之后、前言之前。报告、论文一般均应有摘要，为了国际交流，还应有外文（多用英文）摘要。摘要即一篇完整的短文，可以独立使用。摘要的目的，一则是便于科技情报工作或资料工作者做文摘或索引；二则是方便读者概略地了解论文的内容。摘要的内容要素一般包括：研究范围和目的、主要内容和方法、结果和结论等。写摘要时不列举例证，不用图、表、化学结构式，不加注释，也不用自我评价。一般中文摘要不超过 200～300 字，外文摘要不宜超过 250 个实词。

（4）关键词

关键词置于摘要的下面，一般可选 3～8 个。同时，尽可能用《汉语主题词表》等词表提供的规范词。

（5）正文

学术论文的正文包括绪论、本论、结论 3 部分。

① 绪论，也称引言

绪论是全文的开头部分，简要说明研究目的、研究范围、研究方法、主要观点及成果、评价意义等方面的内容。绪论应言简意赅，不要与摘要雷同，不要成为摘要的注释。一般教科书中有的知识，在绪论中不必赘述。比较短的论文可以只用小段文字，起到引言的作用。

② 本论

本论是论文内容的核心，占主要篇幅，作者的观点和研究成果主要是通过正文表述出来的。在这一部分，作者要充分展开论题，对所研究的课题和获得的成果作详细的表述，进行理论推导和理论分析，通过周密的论证，切实阐明自己的观点和主张。

由于研究工作涉及的学科、选题、研究方法、工作进程、结果表达方式等有很大的差异，对正文内容不能作统一的规定，但必须实事求是、客观真实、合乎逻辑、层次分明、通俗易懂。

③ 结论

结论是论文最终的、总体的结论，是对论文的全面概括，是在论文研究结果的基础上进一步得出的科学结论，是论文的价值所在。结论应该准确、完整、集中、精练。

（6）致谢

致谢是对论文写作中曾给予自己支持、指导和帮助的相关人员或部门表示谢意的文字。致谢的对象有：国家科学基金、资助研究工作的奖学金基金、合同单位、资助或支持的企业、组织或个人；协助完成研究工作和提供便利条件的组织或个人；在研究工作中提出建议和提供帮助的人；给予转载和引用权的资料、图片、文献、研究思想和设想的所有者；其他应感谢的组织和个人。

致谢一般写在正文后，言辞应恳切朴实、实事求是。

（7）注释

论文中生僻词语、引述别人著作等，应加注释。注释应统一编流水序码，文中注释序码和文尾注释序码相同。

（8）参考文献

论文篇末附参考文献，这是传统的惯例。论文中凡参阅和引用他人论文、报告中的观点、材料、数据和研究成果等，均应列出出处。列出参考文献的目的，不仅是便于读者查阅原始材料，也是对他人劳动成果的尊重。参考文献一般包括图书、期刊、专利文献及未发表的论文、报告等。

参考文献应依次标上序码、作者姓名、书或杂志的名称[文献类型标识]、出版地、出版社、出版年等。参考文献（即引文出处）的类型以单字母方式标识：M－专著，C－论文集，N－报纸文章，J－期刊文章，D－学位论文，R－报告，S－标准，P－专利；对于不属于上述的文献类型，采用字母"Z"标识。常用的参考文献格式如下。

专著：

[序号]袁行霈. 中国文学史[M]. 北京：高等教育出版社，1999.

期刊文章：

[序号]王茂林. 从执政党的地位看加强党的作风建设[J]. 求是，2001（20）:5-7.

报纸文章：

[序号]张金修，徐德学. 抓住核心问题，加强作风建设[N]. 光明日报，2002-10-29（1）.

需要说明的是，以上是有关学术论文写作的基本格式要求，不同的期刊编辑部对论文格式可能会有不同的要求，因此在投稿前务必按照要求认真对格式进行修正。

此外，每篇论文都要求列出"中图分类号"。分类号是分类语言的文字表现，功能与主题词一样，同属于情报信息检索语言。如果一篇论文涉及多学科内容，可以同时给出几个分类号，但主次分类号须按先后顺序排出。分类号一般由作者给出，也可交编辑部处理。

7.8.3 学术论文的撰写

（1）构建学术论文的层次和结构

确定选题之后，就是构思论文的框架。论文的框架非常重要，起到布局谋篇的作用，就好比大厦的钢筋水泥骨架一样。有了文章的架构就可以根据论文架构来查找相对应的资料、论据去填充自己的框架，使之丰富充实，否则就会由于盲目寻找资料而导致事倍功半的结果。因此，构建合理的文章骨架是写好文章的关键。

构建学术论文的结构和层次应做到详略得当，条理清晰，结构分明。一般而言，从一篇文章的大纲中即可窥到文章的全貌。论文大纲的构建应做到周密翔实，符合逻辑。这样写出来的文章才可能有严密的论证，而符合逻辑正是一篇好论文的基础。因此，构建大纲应作为论文写作中重要的步骤加以重视，否则文章很可能出现连篇累牍、词不达意的现象。如果已确定了一个严密的提纲，文章的结构就不宜再做大的变动了。

（2）查找素材

撰写论文必须详尽地占有资料，写成一篇五千字左右的论文，可能要收集几万甚至几十万字的资料。资料是论文写作的基础，没有资料，就会陷入"巧妇难为无米之炊"的困境。文献资料是形成学术论点和提炼主题的基础。只有掌握足够的资料，才能了解自己研究学科的发展阶段、发展动向、研究范围和深度、存在的问题等。一般的资料主要包含以下几个方面。

① 通过自己实验、调查得来的资料

这是最主要的，也是最根本的素材，是论文中提出论点的基本依据。收集资料应注意其真实性、典型性、新颖性和准确性。这是撰写论文的出发点，也是论文质量高低的前提。但值得注意的一个倾向是局限于自己的直接感官素材，从而不去参考或钻研他人的研究成果会导致立意不高、眼界不宽，影响论文的写作质量。

② 其他学者的论文和科研成果

需要注意的是，任何科研都不可能是一个人独自完成的，正确的科研方法应该是在大量掌握前人的研究成果后，将自己的新发现结合已有的成果展现出来，这是一项新发现得以立足的重要因素。收集和研读前人的研究成果可以使我们避免重复，站在新的高度，用更长远的眼光审视科研，做出具有前瞻性的成绩。

（3）正文写作

在合理地选题和构建出清晰的提纲后，我们应该做的是大量查找提纲中所列出的相关资料，对文章各部分内容进行合理的扩充。正文的撰写要有论点、论据和论证，内容要求实事求是、客观真实、材料可靠、数据准确、方法合理、合乎逻辑、层次分明、脉络清晰、纲举目张、简明易懂。而正文的写作形式，由于论文涉及的学科类型不同也会有差异。

关于正文部分，如涉及实验就要写明研究对象、研究方法、工具及详细的实验步骤。对于那些众所周知的方法应简单介绍但要给出文献，而对于经过改进的方法要适当说明采用理由并预测估计出其使用限度。写作过程凡是可以使用图形或表格说明的部分，尽量不用文字描述。合理地使用图形和表格可以更简洁、更形象、更直观地表述文章内容。图、表在文章中用文字导出，本身应具有"自明性"，即读者在看到图表和表格时，就能理解图表的含义。

论文的书写应做到工整、规范，符合学术论文的写作要求。这不仅可以避免误解的产生，同时也体现了写作者严谨的科学态度。

（4）论文的检查和修改

写论文，从本质说是一个认识过程。在论文写作过程中，多一次修改就多一次认识，多一次修改就前进一步，至少可以减少失误和克服不足。修改的过程是作者反复思考的过程，修改中的灵感有时可以比写作时产生更大的启迪作用。同时对论文的修改还包括对句式的选检、词汇的斟酌、推敲，以期能够增强叙述的逻辑性，更好地表达出中心论点。

7.8.4　学术论文投稿与发表

一篇论文完成后，作者要考虑将稿件投到期刊或会议上发表。有些人不知道向何处投稿，将文章投向了与论文不相关的期刊，影响了论文的刊用；有些人过高地估计了自己的论文水平，一开始就向一些权威期刊投稿，结果石沉大海，挫伤了投稿的积极性。如何选择期刊投稿呢？

（1）期刊的选择

影响一个学术期刊的因素是多方面的，期刊的影响因子是用期刊论文的平均被引用率揭示论文学术思想传播的深度和广度，使得期刊学术质量的评价以量化的方式加以测量，因此成为世界上独特的期刊评估的重要指标之一。用影响因子评价分析是一种量化的显示度分析，也是科学家用来作为选刊投稿的依据，是国际上通行的一种期刊评价方法。由于它是一个相对统计指标，所以用来评价各类期刊应该是比较公平的。一般某种期刊的影响因子值越大，该期刊的学术影响力和作用越大。

国际刊物的影响因子可以从 JCR（Journal Citation Reports）上查找。投国际刊物，请参考 JCR（包括科技版和社科版），选择自己想要找的学科类目，按照影响因子排序，挑选适合的刊物。然后上《乌利希国际期刊指南》网站查找刊物的地址或网站信息，登录刊物的网站，查找在线投稿信息。

投国内刊物，请参考《中文核心期刊要目总览》和《中国科技期刊引证报告》，从中选择自己想要找的学科类别，然后按照刊物的影响力挑选适合的刊物。其实在选择刊物时，只考虑期刊的影响因子远远不够，同时还要考虑期刊的主编和编辑的声誉、论文的发表周期、期刊是否被著名检索工具收录等指标因素。

（2）论文投稿

① 投稿

投稿有两种方式：邮递和网上投稿。如果文稿以印刷型寄出，需要先从杂志上或网络上查找编辑部的详细地址，然后通过邮局或特快专递寄出；如果期刊编辑部可以接受电子招稿，即以 E-mail 或网络电子投稿平台接受稿件，则作者可以将稿件的电子版传送给编辑部。在网络化的时代，很多人更愿意选择电子投稿，因为电子投稿不仅可以提高稿件的接受和处理速度，还可以节省昂贵的国际邮费。因此投国际稿件时，能采用电子投稿的尽量采用电子投稿。目前国内的期刊和出版社有小部分开始设立网上提交平台，例如《中国科学》杂志。国外很多期刊，特别是著名期刊基本都可以进行网上投稿。在向核心期刊投稿的过程中需要注意：尽量不要投增刊；单位署名要规范；作者署名要规范。

② 稿件修改

审稿人审完稿件后，将稿件返回到编辑部，编辑会根据审稿人的意见确定稿件的接受、修改或退稿。退稿的文章可以根据情况另投档次稍低的期刊，对于修改的稿件一定要根据审稿人的意见，仔细修改或补充试验数据，然后将修改后的稿件连同修改内容的详细说明寄给编辑部。

③ 接受通知

稿件被接受后，投稿人会收到接受通知。一段时间以后，投稿人会得到稿件的清样，需要认真阅读，发现是否有印刷及其他错误，如有错误请及时回复编辑部，如超过规定的时间则很难修改。

④ 不能"一稿多投"

投稿时要遵循一定的道德规范，不能一稿二投甚至一稿多投。"一稿多投"是指同一作者的同一论文，同时投寄给多家报刊。这样可能造成稿件同时或先后刊载，导致"一稿多刊"，有损作者和报刊社的声誉，也损害了刊物读者的权益，会受到他人的谴责。按照我国《著作权法》以及各报刊的一般约定，如果投出的文章 3 个月内没有得到采用的消息，作者可以再投稿。如果方便的话，可以向投稿的编辑部询问一下文章的处理结果，以免产生不必要的误会。因为有些刊物发现作者有一稿多投的行为后，会不再刊登作者的其他稿件，对初次投稿者而言损失颇大。

在西方国家几个主要的学术机构，如英国皇家学会、美国化学学会等，都对重复发表有详细的条文。关于重复发表科研结果，英国皇家学会的道德准则是这样阐述的："不要过多地发表论文。"这种情况是指两篇或多篇论文在互相不引用的情况下，合用相同的假定、数据、讨论要点或者结论。已经发表的论文摘要或会议文集预印本不影响以后的投稿，但是在投稿时应说明全部情况。用另一种语言重新发表论文是可以接受的，只要在投稿时完全地、显著地说明稿件的原始来源。因此我们可以看到，重复发表科研结果并不是完全不可以，而是必须做得规范。

第 8 章

互联网新技术及新资源

20 世纪 90 年代以来，互联网的飞速发展和普及，把人类带入了一个全新的信息时代。互联网作为一种广义的、宽泛的、公开的、对大多数人有效的传媒，通过大量的、每天至少有几千人乃至几十万人访问的网站，实现了真正的大众传媒的作用。互联网可以比任何一种方式都更快、更经济、更直观、更有效地把一个思想或信息传播开来。未来的互联网将摆脱以电脑为中心的形象，越来越多的新技术、新资源将被应用到互联网上。今后，互联网将越来越深刻地改变着人们的学习、工作以及生活方式，甚至影响着整个社会进程。

8.1　新媒体

新媒体是指 20 世纪后期在世界科学技术发生巨大进步的背景下，在社会信息传播领域出现的，建立在数字技术基础上的，能使传播信息大大扩展、传播速度大大加快、传播方式大大丰富、与传统媒体迥然相异的新型媒体。就其外延来讲，新媒体主要包括光纤电缆通信网、都市型双向传播有线电视网、图文电视、电子计算机通信网、大型电脑数据库通信系统、通信卫星和卫星直播电视系统、高清晰度电视、互联网、手机短信和多媒体信息的互动平台、多媒体技术以及利用数字技术播放的广播网等，如图 8-1 所示。

图 8-1　新媒体

8.1.1 微博

1. 微博概述

微博是微型博客（MicroBlog）的简称，即一句话博客，是一种通过关注机制分享简短实时信息的广播式的社交网络平台。它是一个基于用户关系信息分享、传播以及获取的平台。用户可以通过 WEB、WAP 等各种客户端组建个人社区，以 140 字（包括标点符号）的文字更新信息，并实现即时分享。2014 年 3 月 27 日晚间，在中国微博领域一枝独秀的新浪微博宣布改名为"微博"，其月活跃用户 1.438 亿，日活跃用户 6660 万，其中包括大量政府机构、官员、企业、个人认证账号，开放的传播机制使新浪微博成为中国的"公共议事厅"。

2. 微博主要功能

（1）发表微博

发表微博包括文字、图片、视频等多种形式。

（2）删除微博

在自己的微博列表中可以对已发表的微博进行删除。

（3）评论、转发、收藏微博

可以对微博进行评论，也可转发、收藏别人发表的微博及评论。

（4）关注粉丝

访问他人博客或对他人博文进行评论时可选择对该用户进行关注，关注后成为该用户的粉丝；查看用户关注列表，可以取消对某人的关注。

（5）发表私信

可以通过私信功能查看好友发送给自己的消息，也可以给自己的粉丝发送消息，仅发送双方可见。

（6）@别人

如果你想对某人说话，或想将某人的微博推荐给朋友，都可以使用@。发微博的时候只要在用户名之前加上@即可。

（7）发起话题

发起话题的时候用两个#将文字内容包起来。

（8）搜索功能

首先发起话题，用鼠标单击两个#之间的关键字，就能搜出所有含有关键字的微博。

（9）微博广场

微博广场为用户提供了一个宽松的交流平台，用户可以在这里随便看看，也可以根据喜好自行搜索话题或者人物参与交流、进行关注。

（10）微刊

只在新浪微博上存在，是一个基于兴趣的内容阅读和分享平台，包括美食、旅行、影视、科技、财经、明星、情感、搞笑等领域。用户可以订阅微刊，也可以自己创建微刊，可以把感兴趣的东西分享到自己的微博中，也可以申请成为小编投稿。

（11）微公益

用户可以发起求助，也可以关注求助，可以支持求助信息，也可以通过网络捐助，整个捐赠过程都可以在网上随时查询。

（12）写心情

等同于 QQ 上的心情日志，每天都有一次发表心情的机会。用户只需选择与心情相符的表情，并配以文字提交即可。

（13）投票

可以发起文字或者图片投票，自己创建标题和选项，并注明是多选或者单选，供别人选择。也可以给别人发起的活动投票。

（14）位置

位置里有一个位置签到功能，用户可以分享地理位置，告诉微博好友你在哪里；也可以查看个人足迹，完成微博位置旅程；还可以通过别人的位置签到，查看别人的"足迹"。

8.1.2 腾讯 QQ

1. 腾讯 QQ 概述

腾讯公司于 1998 年 11 月在深圳成立，是中国最早也是目前中国市场上最大的互联网即时通信软件开发商。腾讯 QQ 是 1999 年 2 月腾讯正式推出的第一个即时通信软件。腾讯以"为用户提供一站式在线生活服务"作为自己的战略目标，并基于此完成了业务布局，构建了 QQ、QQ.com、QQ 游戏以及拍拍网这四大网络平台，形成中国规模最大的网络社区。截至 2007 年 6 月 30 日，腾讯即时通信工具 QQ 的注册账户数已经超过 6.471 亿，活跃账户数超过 2.732 亿，QQ 个人空间的活跃账户数超过 5700 万，QQ 游戏的同时在线人数突破 317 万。QQ.com 已经成为了中国浏览量第一的综合门户网站，电子商务平台拍拍网也已经成为了中国第二大的电子商务交易平台。

2. 腾讯 QQ 的功能

① 聊天：双击好友图标，单击"📷▼"图标，等待对方同意接收后，就可以看到双方的视频了；同时也可以通过麦克风与对方视频聊天，有时由于对方电脑上没有摄像头，则可选择进行语音聊天。

② 发送文件：可以通过 QQ 将本地计算机上的文件发送给对方。在打开的聊天对话框中，单击"📄"在聊天框右侧会出现要传输的文件，对方只要在线，就可接受并且查看文件。

③ 文件转发功能，已传过的文件可以转发给其他好友，单击传文件信息右下角下拉箭头，选择"转发"即可方便快捷地把文件分享给好友。

④ 电脑手机互传文件，不需要实物的数据线，电脑与手机间可轻松传文件。电脑端：单击主面板："我的设备"即可；手机端：动态中找到"传文件到我的电脑"即可进行传输。

⑤ 消息读写性能提升，信息存储更加稳定；借助先进的消息记录存储异步化技术，大幅度降低消息记录丢失概率，大大增强信息存储的稳定性。

⑥ 群视频支持屏幕分享，支持共有区域分享和窗口分享两种模式。既可划定电脑桌面的部分区域进行分享，也可选中具体窗口进行分享。

⑦ 图片视频，音乐文件，群内的分享互动更顺畅；群内图片查看器支持浏览聊天消息中的所有图片，还可以直接评论互动。此外，还有带图片的群公告、大界面的群空间、种类多的群应用。

⑧ 贴心的传文件助手；有了传文件助手的帮助，传文件时聊天窗口不会所有文件操作汇集一身，日常使用更贴心。

⑨ QQ 群公告支持添加图片封面；QQ 群界面进行全新设计，群公告支持设置图片封面。新增设计的"空间"和"应用"页卡，方便承载更多精彩好玩的内容。

⑩ 远程桌面自动受控，控制无人电脑很轻松。当你需要远程控制自己的另一台电脑或者获取电脑上的文件等资源时，在家中电脑上登录一个 QQ 账号，再单击顶部工具栏倒数第二个大图标选择菜单第二项"设置自动接收控制"。

⑪ 会话面板新增"好友验证"与"群系统消息"；在办公室无暇顾及的加好友或申请加群请求，在家里也可处理，异步化处理消息让时间更加自由。

⑫ 讨论组支持传送文件。讨论组可以传文件，无论是文档、照片还是压缩文件都可以。单击会话窗口上方的大工具栏中"发送文件"的按钮，选择你要发送的文件。或者，直接将要发送的文件拖曳到输入框中，分享给其他好友。

⑬ 讨论组支持发语音消息。不管对方在电脑上 QQ 还是用手机上 QQ，都可以非常方便地接收与发送语音消息；工具栏中的"语音消息"行录音，完成后发送即可，最多可录制 60 秒。

⑭ 新增文件管理器。有了文件管理器的帮助，发给父母的照片、好友分享的视频、同事发的加班文档全都能够轻松管理。

⑮ 增加屏幕共享，文档、照片快速演示；视频聊天中，用"屏幕共享"就能演示，还可演示照片或者教对方如何使用你想分享的软件。

⑯ 电脑轻松共享手机上的照片，支持隔空取图。

8.1.3 飞信

1. 飞信概述

飞信（Fetion）是中国移动通信公司推出的一款综合即时通信工具，主要用于手机和电脑用户进行即时通信。它融合语音（IVR）、GPRS、短信等多种通信方式，覆盖三种不同形态（完全实时的语音服务、准实时的文字和小数据量通信服务、非实时的通信服务）的客户通信需求，实现互联网和移动网间的无缝通信服务。

飞信除具备聊天软件的基本功能外，还可以通过 PC、手机、WAP 等多种终端登录，实现 PC 和手机间的无缝即时互通，保证用户能够实现永不离线的状态；同时，飞信所提供的好友手机短信免费发、语音群聊超低资费、手机电脑文件互传等更多强大功能，令用户在使用过程中产生更加完美的产品体验；飞信能够满足用户以匿名形式进行文字和语音的沟通需求，在真正意义上为使用者创造了一个不受约束、不受限制、安全沟通和交流的通信平台。

2. 飞信的功能

① 免费文字聊天、移动速配。PC 对 PC 语音视频聊天免费，PC 对手机语音视频聊天双向收费，手机对手机语音视频聊天也是双向收费。

② 通过电脑或手机的飞信客户端免费发送短信到你好友的手机上。

③ 使用手机语聊功能，随时随地组织或者参与两人或多至 8 人的语音聊天。

④ 将实现与腾讯 QQ 的互通，可以查找 QQ 的用户添加好友，和合并移动 QQ（并不是把 QQ 跟飞信合成一个软件，而是飞信跟 QQ 增加了一个业务，这个业务也要钱，开通后就可以飞信跟 QQ 的用户互相聊天）。

⑤ 飞信（晨曦版及以上版本）对联通、电信用户开放注册。三网合一，移动、联通、电信都可以注册并使用飞信，互加飞信好友。

8.1.4 微信

1. 腾讯微信

微信（WeChat）是腾讯公司于 2011 年 1 月 21 日推出的一个为智能终端提供即时通信服务的免费应用程序。微信支持跨通信运营商、跨操作系统平台通过网络快速发送免费（需消耗少量网络流量）语音短信、视频、图片和文字，同时也可以使用通过共享流媒体内容的资料和基于位置的社交插件"摇一摇""漂流瓶""朋友圈""公众平台""语音记事本"等服务插件。截至 2013 年 11 月注册用户量已经突破 6 亿，是亚洲地区最大用户群体的移动即时通信软件。

2. 微信功能服务

（1）基本功能

① 聊天

支持发送语音短信、视频、图片（包括表情）和文字，是一种聊天软件，支持多人群聊（最高 40 人，100 人和 200 人的群聊正在内测）。

② 添加好友

微信支持查找微信号，输入想搜索的微信号码，然后单击查找即可）、查看 QQ 好友添加好友、查看手机通讯录和分享微信号添加好友、摇一摇添加好友、二维码查找添加好友和漂流瓶接受好友等 7 种方式。实时对讲机功能：用户可以通过语音聊天室和一群人语音对讲，但与在群里发语音不同的是，这个聊天室的消息几乎是实时的，并且不会留下任何记录，在手机屏幕关闭的情况下仍可进行实时聊天。

③ 微信支付

微信支付是集成在微信客户端的支付功能，用户可以通过手机完成快速的支付流程。微信支付向用户提供安全、快捷、高效的支付服务，以绑定银行卡的快捷支付为基础。用户只需在微信中关联一张银行卡，并完成身份认证，即可将装有微信 APP 的智能手机变成一个全能钱包，之后即可购买合作商户的商品及服务。用户在支付时只需在自己的智能手机上输入密码，无需任何刷卡步骤即可完成支付，整个过程简便流畅。

（2）其他功能

① 朋友圈

用户可以通过朋友圈发表文字和图片，同时可通过其他软件将文章或者音乐分享到朋友圈。用户可以对好友新发的照片进行"评论"或"赞"，用户只能看相同好友的评论或赞。

② 语音提醒

用户可以通过语音告诉 Ta 提醒打电话或是查看邮件。

③ 通讯录安全助手

开启后可上传手机通讯录至服务器，也可将之前上传的通讯录下载至手机。

④ 查看附近的人

微信将会根据用户的地理位置找到附近同样开启本功能的人。

⑤ 语音记事本

可以进行语音速记，还支持视频、图片、文字记事。

⑥ 微信摇一摇

是微信推出的一个随机交友应用，通过摇手机或单击按钮模拟摇一摇，可以匹配到同一时段触发该功能的微信用户，从而增加用户间的互动和微信黏度。

⑦ 微博阅读

可以通过微信来浏览腾讯微博内容。

8.1.5 易信

1. 易信概述

易信是由网易和电信联合开发的一款能够真正免费聊天的即时通信软件，独特的高清聊天语音、免费海量贴图表情及免费短信和电话留言等功能，让沟通更加有趣。易信支持跨通信运营商、跨手机操作系统平台，可以通过手机通讯录向联系人发送免费短信，向手机或固定电话发送电话留言，同时也可以向好友发送语音、视频、图片、表情和文字。此外，还可以通过"朋友圈"拍照记录生活，上传文字、图片与好友们分享自己的近况。易信支持 Wi-Fi、2G、3G 和 4G 数据网络，目前支持 iPhone、Android 手机系统版本。2015 年 2 月，由网易和中国电信联合推出的移动社交 APP 易信正式上线 2.9.6 版本。

2. 易信的聊天功能

易信提供多聊天方式，人性化设计，可以跟手机中的联系人进行实时的沟通。

（1）丰富的聊天方式

易信可以发送语音短信、视频、图片、表情和文字。其中，语音短信采用独家降噪技术，使发送的语音更加清晰、声音更接近真声。

（2）贴图家族

易信原创免费的贴图家族，能丰富表达情感，让聊天变得更生动活泼、更有趣。

（3）显示信息状态

易信提供"已读"和"对方正在输入"的人性化设计，以便知道对方是否有收到、读到消息。

（4）连续播放

连续语音聊天时，易信提供自动播放语音的聊天模式，享受类似语音电话的体验。

3. 易信的其他功能

（1）免费短信

易信可以给电信、移动、联通用户发送免费短信，即使对方没有使用易信或对方没有手机网络，消息也能马上送达。

（2）电话留言

用户可以通过易信向手机或固定电话发送电话留言。

（3）语音助手

易信可以语音识别找到好友。通过下拉，念出对方姓名，就能识别出想要聊天的人。

（4）二维码

易信二维码可以扫描易信账户，添加好友，将二维码图案置于取景框内，易信会找到好友的二维码，并自动进行添加。

（5）音乐分享

易信拥有海量的音乐曲库，可以向好友发送推荐的音乐。

8.2 数字图书馆

数字图书馆的研究起始于 20 世纪 80 年代末的西方发达国家，随后向全球扩展。数字图书馆是采用现代高新技术所支持的数字信息资源系统，是下一代互联网上信息资源的管理模式，将从根本上改变目前互联网上信息分散、不便使用的现状。数字图书馆是对以数字化形式存在的信息进行收集、整理、保存、发布和利用的实体，其形式可以是具体的社会机构或组织，也可以是虚拟的网站或者任何数字信息资源集合。在计算机界也通常指与此相关的非常广泛的技术研究领域。数字图书馆的内容特征是数字化信息，结构特征是无论其资源组织或用户利用都可以通过网络进行分布式的管理和存取，并具有个性化、人性化和动态化特征。

8.2.1　数字图书馆的综合定义

数字图书馆（Digital Library）是用数字技术处理和存储各种图文并茂文献的图书馆，实质上是一种多媒体制作的分布式信息系统。它把各种不同载体、不同地理位置的信息资源用数字技术存储，以便于跨越区域、面向对象的网络查询和传播。它涉及信息资源加工、存储、检索、传输和利用的全过程。通俗地说，数字图书馆就是虚拟的、没有围墙的图书馆，是基于网络环境下共建共享的可扩展的知识网络系统，是超大规模的、分布式的、便于使用的、没有时空限制的、可以实现跨库无缝链接与智能检索的知识中心。

8.2.2　数字图书馆的特点

探讨数字图书馆的特点是为了更好地利用数字图书馆。当前数字图书馆在网络环境下呈现出 6 大特征：信息资源数字化、信息内容动态化、信息组织智能化、信息服务网络化、信息利用共享化、信息服务知识化。

（1）信息资源数字化

信息资源数字化是数字图书馆的内容特征。数字图书馆与传统图书馆的最大区别在于数字图书馆的本质特征就是信息资源存储与传递的数字化。数字是信息的载体，信息依附于数字而存在，离开了数字化的信息资源，数字图书馆就成了无源之水、无本之木。所以在数字图书馆建设初期，主要任务是资源的数字化。只有拥有充足的数字化资源，数字图书馆才有了根基，才能利用各种技术手段为用户提供服务。

（2）信息内容动态化

信息内容动态化是数字图书馆的形式特征。数字图书馆将图书、期刊、数据库、网页、多媒体资料等各类信息载体与信息来源在知识单元的基础上有机地组织并连接起来，以动态分布方式为用户提供服务。

（3）信息组织智能化

信息组织智能化是数字图书馆的结构特征。数字图书馆不仅组织和提供信息，而且还是一个促进信息传递、获取、交流的知识网络，能够提供附加值更高的知识以及知识导航的服务。随着计算机技术和网络技术的发展，数字图书馆将不断向智能化方向发展。

（4）信息服务网络化

在信息资源数字化的基础上，数字图书馆需要通过以网络为主的信息基础设施来实现，其服务范围是传统图书馆无法比拟的。计算机网络把分散在各地的网络资源有效地连接起来，通过网络进行分布式的管理和存取，使用户能够在网络到达的任何地方，不受时间、地点的约束，自由而便捷地利用多种方式获取自己所需的信息。网络化技术的发展为数字图书馆无缝服务提供了便捷，数字图书馆可以在任何时间、任何地点、为任何人提供所需要的服务。

（5）信息利用共享化

在数字化和网络化的基础上，数字图书馆的信息利用既体现出跨地域、跨行业的资源无限与服务无限的特征，又体现了跨地域、跨国界的资源共建的协作化与资源共享的便捷性。信息传递的网络化，使得众多图书馆能够借助网络获取各类数字信息，以满足用户日益增长的信息需求。世界各地的人们都可以通过互联网访问任何一个数字图书馆，对其信息资源进行权限内的自由使用。这种使用不受地理位置和时间的影响，使数字图书馆真正实现了信息资源在全球范围内的充分共享。

（6）信息服务知识化

知识服务是以互联网信息进行搜索查询为基础，为用户提供有用的信息和知识。一般来说，知识服务可以提供：新闻摘要、问答式检索、论坛服务、博客搜索、网站排名、情感计算、倾向性分析、热点发现、聚类搜索、信息分类等知识服务。知识服务的提出与知识管理等概念的提出同技术的发展密切相关，其内涵在不断发展变化之中。

8.2.3　数字图书馆的作用

信息技术、通信技术、网络技术等发展推动了数字图书馆建设的迅速发展。数字图书馆建设对一个组织、一个国家，甚至全世界影响重大。其作用具体可以概括为以下几点。

（1）数字图书馆是一个数字资源中心

传统图书馆向数字图书馆转化过程中，积累了大量的资源。为了能更好地保存资源、利用资源，资源的数字化是一种有效手段。经过十多年的发展变化，日积月累，数字图书馆拥有了海量的数字资源，包括卫星、遥感、地理、地质、测绘、气象、海洋等科学技术数据和人口、经济统计数据等。数字图书馆的建设在很大程度上首先是一个数字资源中心的建设。数字图书馆的资源主要来源于早期的纸质资源数字化。近几年随着网络技术的发展，电子出版物日益成为数字图书馆数字资源的主要来源。目前互联网也是数字图书馆数字资源一个庞大的来源地，通过对网络资源的加工整理，有越来越多的资源可供数字图书馆使用。

数字图书馆首先是资源的数字化，只有充足的数字化资源，才能通过网络为广大用户提供优质的信息服务与知识服务。

（2）数字图书馆是一个教育平台

现代社会工作生活环境下，需要人们进行终生教育学习。但受限于时间，每个人重新走入大学学习是不太现实的。网络化数字环境下，数字图书馆成为业余教育中心、在职教育中心，甚至趣味教育中心。人们在这里可以开展各种有益的学习与沟通，进行文化的、休闲的、娱乐的学习，为丰富人们的生活、促进人们素养的提高及整个人类发展做出了贡献。

（3）数字图书馆是传承文化的平台

图书馆承担着保存和传承人类文明的重要职责。在人类社会数千年的历史发展进程中，图书馆随着社会的发展而发展。在我国，图书馆的发展已有百年历史。改革开放后，我国形成相对完善的公共图书馆服务体系，为提升全民族素质、推动社会文明进步做出了重要贡献。

8.3　大数据

大数据（Big Data）是一场革命，将改变我们的生活、工作和思维方式。继物联网、云计算后，大数据逐渐成为对于信息、通信和技术（Information and Communications Technology，

ICT）产业具有深远影响的技术变革。大数据技术的发展与应用，将对社会的组织结构、国家的治理模式、企业的决策架构、商业的业务策略以及个人的生活方式产生深刻影响。

从目前学术界对大数据的研究看，大数据的出现是跨学科技术与应用的发展结果。很多情况下，大数据将自然科学的方法应用到社会科学领域方面。自然科学家强调网络虚拟环境下对于密集型数据的研究方法，社会科学家则看重密集型数据后面隐藏的价值与推动社会发展的模式。然而，无论从哪个角度看，大数据越来越重要的作用是国内外科技界的共识。

8.3.1 大数据的定义

大数据或称巨量资料，其中的"大"是指大型数据集，一般在 10TB 规模左右。大多用户把多个数据集放在一起，形成 PB 级的数据量。同时这些数据来自多种数据源，以实时、迭代的方式来实现。大数据的数据规模超出传统数据库软件采集、存储、管理和分析等能力的范畴，涉及多种数据源、数据种类和格式，冲破了传统的结构化数据范畴。社会向着数据驱动型的预测、发展和决策方向转变，决策、组织、业务等行为日益基于数据和客观分析做出，而非基于主观经验和直觉。通过海量数据的整合共享，交叉复用，组合分析，可以从中获得新知识、创造新价值。

8.3.2 大数据的结构

（1）理论

理论是认知的必经途径，也是被广泛认同和传播的基线。在这里从大数据的特征定义理解行业对大数据的整体描绘和定性；从对大数据价值的探讨来深入解析大数据的珍贵所在、洞悉大数据的发展趋势；从大数据隐私这个特别而重要的视角审视人和数据之间的长久博弈。

（2）技术

技术是大数据价值体现的手段和前进的基石。在这里分别从云计算、分布式处理技术、存储技术和感知技术的发展来说明大数据从采集、处理、存储到形成结果的整个过程。

（3）实践

实践是大数据的最终价值体现。在这里分别从互联网的大数据，政府的大数据，企业的大数据和个人的大数据 4 个方面来描绘大数据已经展现的美好景象及即将实现的蓝图，如图 8-2 所示。

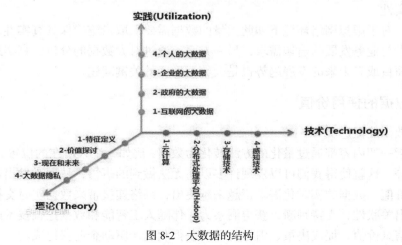

图 8-2　大数据的结构

8.3.3 大数据的特征

大数据不能简单看成数据的集合，而是代表着一个由量到质的变化过程。这个数据规模质变后带来新的问题，即数据从静态变为动态，从简单的多维度变成巨量的维度，而且其种类日益丰富、无法控制。这些数据的分析处理涉及复杂的多模态高维计算过程，涉及异构媒体的统一语义描述和数据模型建设。

大数据的基本特征可以从规模、变化频度、种类和价值密度等几个方面进行理解。对于大数据特征的描述集中为 5V，即规模化（Volume）、多样化（Variety）、快速化（Velocity）、潜藏价值（Value）以及真实性（Veracity）。

（1）规模化

聚合在一起供分析的数据规模非常庞大。谷歌执行董事长艾瑞特·施密特曾说，现在全球每两天创造的数据规模等同于从人类文明至 2003 年产生的数据量的总和。"大"是相对而言的概念，对于搜索引擎，EB（1024×1024）属于比较大的规模；但是对于各类数据库或数据分析软件而言，其规模量级会有比较大的差别。

（2）多样化

数据形态多样，从生成类型上分为交易数据、交互数据、传感数据；从数据来源上分为社交媒体、传感器数据、系统数据；从数据格式上分为文本、图片、音频、视频和光谱等；从数据关系上分为结构化、非结构化、半结构化数据；从数据所有者上分为公司数据、政府数据和社会数据等。

（3）快速化

一方面是数据的增长速度快，另一方面是对数据访问、处理、交付等速度的要求快。美国的马丁·希尔伯特说，数字数据储量每三年就会翻一倍。人类存储信息的速度比世界经济的增长速度快 4 倍。

（4）潜藏价值

尽管我们拥有大量数据，但是发挥价值的仅是其中非常小的部分。大数据背后潜藏的价值非常巨大。美国社交网站 Facebook 有 10 亿用户，网站对这些用户信息进行分析后，广告商可根据结果精准投放广告。对广告商而言，10 亿用户的数据价值上千亿美元。据某资料报道，2012 年运用大数据的世界贸易额已达 60 亿美元。2016 年，这个数字预计将达 200 亿美元。

（5）真实性

一方面，对于虚拟网络环境下如此大量的数据需要采取措施确保其真实性、客观性，这是大数据技术与业务发展的迫切需求；另一方面，通过对大数据的分析，真实地还原和预测事物的本来面目或者未来的发展趋势也是大数据发展的关键问题。

8.3.4 大数据的使用价值

（1）大数据能促进决策

数据化指一切内容都通过量化的方法转化为数据，比如一个人所在的位置、引擎的振动、桥梁的承重等。这就使得我们可以发现许多以前无法做到的事情，从而激发出此前数据未被挖掘的潜在价值。数据的实时化需求正越来越突出，网络连接带来数据实时交换，促使分析海量数据找出关联性，支持判断，获得洞察力。伴随人工智能和数据挖掘技术的不断进步，大数据提高信息价值、促成决策、引导行动、获得利润、驱动企业获得成功。

（2）大数据的市场价值

大数据不仅仅拥有数据，更在于通过专业化处理产生重大市场价值。大数据在当代社会成为一种人人可以轻易拥有、享受和运用的资产。好的数据是业务部门的生命线和所有管理决策的基础，深入了解客户带来的是对的竞争优势，数据应该随时为决策提供依据。数据的价值在于即时把正确的信息交付到恰当的人。那些能够驾驭客户相关数据的公司与公司自身的业务结合将发现新竞争优势。拥有大量数据的公司进行数据交易得到收益，利用数据分析降低企业成本，提高企业利润。数据成为最大价值规模的交易商品。大数据体量大、种类多，通过数据共享处理非标准化数据可以获得价值最大化。大数据的提供、使用、监管将大数据变成大产业。

（3）大数据的预测价值

如今是一个大数据时代，85%的数据由传感器和自动设备生成，采集与价值分离，全面记录即时系统，可以产生巨大价值。记录数据与利益并不直接相关，仅仅是对操作过程的次序和具体内容进行采集，网络时代不同主体之间有效连接，实时记录会提高每个主体对自己操作行为的负责程度。随着互联网经济与实体经济的融合，网络操作记录已经成为网络经济发展的基本保证。信息系统运行会出现差异，打破平衡，适当的外部资源微调可以避免系统崩溃，确保系统良性运行。预测未来是目前大数据最突出的价值体现。考察数据记录发现其规律特征，从而优化系统以便预测未来的运行模式实现价值。无论企业还是国家都开始通过深入挖掘大数据来了解系统运作，相互协调优化。大数据连接交互个体，简化交互过程，减少交易成本。

8.3.5　大数据的发展前景

大数据是由人类日益普及的网络行为所伴生的，受到相关部门、企业采集的，蕴含数据生产者真实意图、喜好的、非传统结构和意义的数据。

2013 年 5 月 10 日，阿里巴巴集团董事局总裁马云在淘宝十周年晚会上，将卸任阿里集团 CEO 的职位，并在晚会上做卸任前的演讲。马云说，大家还没搞清 PC 时代的时候，移动互联网来了；还没搞清移动互联网的时候，大数据时代来了。

大数据正在改变着产品和生产过程、企业和产业，甚至竞争本身的性质。把信息技术看作辅助或服务性的工具已经成为过时的观念，管理者应该认识到信息技术的广泛影响和深刻含义，以及怎样利用信息技术来创造有力而持久的竞争优势。无疑，信息技术正在改变着我们习以为常的经营之道，一场关系企业生死存亡的技术革命已经到来。

借着大数据时代的热潮，微软公司生产了一款数据驱动的软件，主要是为工程建设节约资源提高效率。在这个过程中，可以为世界节约 40%的能源。抛开这个软件的前景不看，从微软团队致力于研究开始，可以看出他们的目标不仅是为了节约能源，更加关注智能化运营。通过跟踪取暖器、空调、风扇以及灯光等积累下来的超大量数据，捕捉如何杜绝能源浪费。"给我提供一些数据，我就能做一些改变。如果给我提供所有数据，我就能拯救世界。"微软史密斯这样说。而智能建筑正是他的团队专注的事情。

随着全球范围内个人电脑、智能手机等设备的普及和新兴市场内不断增长的互联网访问量，以及监控摄像机或智能电表等设备产生的数据爆增，使数字宇宙的规模在 2012～2013年翻了一番，达到惊人的 2.8ZB。IDC 预计，到 2020 年，数字宇宙规模将超出预期，达到 40ZB。由此可见，大数据的应用几乎是一块未被开垦的处女地。

8.4 云计算

8.4.1 云计算内涵

1. 云计算的概念

云计算就是一种商业计算模式。它将计算任务分布在大量计算机构成的资源池上，以满足不同用户需求。用户根据自己的需要选择不同的服务，按需付费。用户不需要搞清楚计算所需要的硬件、软件、数据的存储，而只需要选择服务。

云计算也是一种基于互联网的超级计算模式。在远程的数据中心，成千上万的计算机、服务器、存储器连成一片电脑云。其计算能力是超强的，可以体验每秒 10 万亿次的运算能力，可以模拟核爆炸、预测天气预报以及市场发展的趋势。用户可以通过终端设备及互联网接入数据中心，选择自己需要的服务。

2. 云计算的基本特征

互联网上的云计算服务特征和自然界的云、水循环具有一定的相似性，因此云是一个相当贴切的比喻。通常云计算服务应该具备以下几个特征。

（1）资源池

云计算将它的计算资源汇集在一起并部署成各种不同的应用供用户使用，用户按需付费即可。

（2）按需、自动服务

用户可以根据自己的需求，通过 Internet 网络申请服务、调研。当用户不用或不需要服务时，服务商可以及时进行资源的回收以及重新配置。

（3）快速弹性

表现在可以动态伸缩，满足应用和用户的变化需求。服务商可以根据访问用户的多少，增减 IT 资源（包括 CPU、存储、宽带和软件应用等），从而快速并弹性地为用户提供不同的服务。

（4）超大规模

云计算具有超大规模，Google 的数据中心已经有 100 多万台服务器，亚马逊、IBM 等公司的云均有十几万台服务器，云在这些超大集群中才能提供超强的计算能力。

（5）虚拟化

通过虚拟技术，云计算使这些硬件设备形成资源池并部署在不同的物理服务器中，用户使用云服务无须了解这些服务具体到哪一台物理设备上，它们都来自于云。

（6）高可靠性

云计算采用多副本的容错机制来保证数据的高可靠性。

（7）价格低廉

云的规模是超大的，通过自动管理使得它的运维成本很低，因此在向用户提供服务时，价格也是低廉的。

（8）安全性高

云计算提供了安全性极高的数据存储中心。

3. 体系架构

截至 2009 年，大部分云计算基础构架是由通过数据中心传送的可信赖的服务和创建在服务器上的不同层次的虚拟化技术组成的。人们可以在任何有提供网络基础设施的地方使用这些服务。"云"通常表现为对所有用户的计算需求提供单一访问点。人们通常希望商业化的产品能够满足服务质量（QoS）的要求，并且一般情况下要提供服务水平协议。开放标准对于云计算的发展是至关重要的，并且开源软件已经为众多的云计算实例提供了基础。

云的基本概念，是通过网络将庞大的计算处理程序自动分拆成无数个较小的子程序，再由多部服务器所组成的庞大系统搜索、计算分析之后将处理结果回传给用户。通过这项技术，远程的服务供应商可以在数秒之内，达成处理数以千万计甚至亿计的信息，达到和"超级电脑"同样强大效能的网络服务。它可分析 DNA 结构、基因图谱定序、解析癌症细胞等高级计算，例如 Skype 以点对点（P2P）方式来共同组成单一系统；又如 Google 通过 MapReduce 架构将数据拆成小块计算后再重组回来；而且 Big Table 技术完全跳脱一般数据库数据运作方式，以 row 设计存储又完全地配合 Google 自己的文件系统（Google 文件系统），来帮助数据快速穿过"云"。

云计算的产业三级分层：云软件、云平台、云设备。

① 上层分级：云软件 Software as a Service（SaaS，软件即服务）

打破以往大厂垄断的局面，所有人都可以在上面自由挥洒创意，提供各式各样的软件服务。参与者：世界各地的软件开发者。

② 中层分级：云平台 Platform as a Service（PaaS，平台即服务）

打造程序开发平台与操作系统平台，让开发人员可以通过网络撰写程序与服务，一般消费者也可以在上面运行程序。参与者：Google、微软、苹果、Yahoo!。

③ 下层分级：云设备 Infrastructure as a Service（IaaS，基础设施即服务）

将基础设备（如 IT 系统、数据库等）集成起来，像旅馆一样，分隔成不同的房间供企业租用。参与者：英业达、IBM、戴尔、升阳、惠普、亚马逊，如图 8-3 所示。

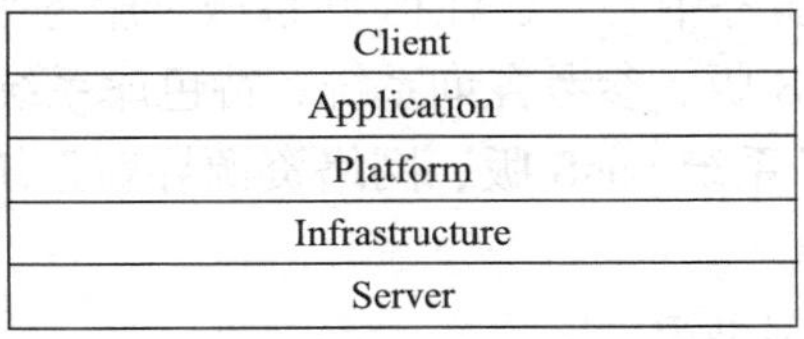

| Client |
| Application |
| Platform |
| Infrastructure |
| Server |

图 8-3　云层次结构

8.4.2　云计算的一个应用实例：CALIS 的云服务

云计算是云服务的基础支撑，而云服务才真正让云计算落地。在教育领域，要更多地明确"云服务"而非"云计算"；在云计算的概念中，更多的是计算资源、平台，是科研路线；而云服务则是从用户需求着眼，为用户提供技术支持，提供服务，这是两种不同的路线。

1. CALIS 迎来云时代

中国高等教育文献保障系统（China Academic Library & Information System，CALIS）是经国务院批准的我国高等教育"211 工程"中"九五""十五""十一五"总体规划中 3 个公共服务体系之一。它从"十一五"开始，采用云计算在全国构建分布式的数字图书馆云服务平台，这是一个信号，意味着高校数字图书馆迎来云时代。CALIS 管理中心在其"十一五"项目（即三期项目，总投资 2.1 亿元）建设中，采用云计算技术来构建新一代中国高等教育数字图书馆，旨在为全国近 2000 所高校的成员馆提供标准化、低成本、自适应、可扩展的高校数字图书馆云服务平台，为高校师生提供全方位的文献服务、咨询服务、电子商务和个性化服务。

从 2008 年起，CALIS 陆续推出了支持 SaaS（Software as a Service）的新一代馆际互借与文献传递系统共享版（即 SaaS 版）、支持分布式"云"服务的 CALIS 数字图书馆云平台（CALIS EasyCloud Platform）以及其他一系列云应用系统。CALIS 第一个云服务分中心试点于 2009 年 3 月首先在 CALIS 天津分中心上线，为天津高校馆提供 CALIS 馆际互借与文献传递系统 SaaS 服务。在 2010 年，CALIS 其他云服务系统也陆续上线提供服务。2010 年 9 月 20 日，CALIS 国家云服务中心的主站点正式开通服务（www.calis.edu.cn）。除了天津分中心之外，还有多家 CALIS 省级云服务中心（包括重庆、山东、云南、新疆、吉林等）也相继建立。

该三期建设项目的创新在于既要建立两级支持共建和共享的云服务中心，又要为高校图书馆提供基于"混合云"的本地数字图书馆解决方案；同时，这些中心和成员馆又能彼此协作和集成，形成全国范围内互联互通的高校数字图书馆服务体系。

2. CALIS 云服务平台

CALIS 数字图书馆云服务平台，采用了云计算、Web2.0、SOA、社会网络、语义网等技术进行开发。整个 CALIS 数字图书馆平台由 4 个主要部分组成。

① 中心云服务平台

用于构建 CALIS 国家云服务中心。CALIS 中心云服务平台由多个应用系统组成：会员管理与应用系统注册中心系统、用户统一认证中心系统、馆际互借与文献传递中心系统、参考咨询中心系统、个性化门户系统、馆际互借调度与结算中心系统、全国高校图书馆资源统一搜索系统、面向图书馆的个性化统一搜索系统、外文期刊服务平台、高校古文献服务系统、多馆联合资源订购系统、高校联合目录 OPAC 系统、高校多馆联机编目系统、CALIS 直通车服务平台等。

② 共享域云服务平台

用于构建 CALIS 省级云服务中心。CALIS 共享域云服务平台由统一认证系统 SaaS 版、馆际互借与文献传递系统 SaaS 版、参考咨询系统、特色库系统 SaaS 版、学位论文系统 SaaS 版、教学参考信息管理与服务系统 SaaS 版、网络资源导航系统 SaaS 版等组成，能为各个高校馆提供应用系统租用服务。

③ 本地服务平台部署在图书馆

用于构建图书馆混合云。CALIS 本地服务平台包括统一认证系统本地版、馆际互借与文献传递系统本地版、参考咨询系统本地版等多个系统，并能与图书馆其他本地系统和 CALIS 各级中心系统实现集成。

④ CALIS 云联盟服务平台

用于将不同的图书馆本地服务、CALIS 云服务以及第三方服务集成起来。CALIS 云联盟服务平台能对来自 CALIS 中心云服务平台、CALIS 省级云服务平台、图书馆本地平台提供统一的 API 托管服务，以统一的标准和规范供图书馆实现集成，以降低图书馆服务集成的困难和成本，并为图书馆带来新的服务模式。

3. CALIS 云服务内容

① 资源共享和租用服务

针对数据／知识的 SaaS 服务。

② 服务共享和集成

以统一身份认证／联合认证为基础，构建全国性的读者认证中心，实现跨馆、跨域的单点登录，并为跨域的 SNS 社区的互联奠定基础；以 OpenAPI 和统一标准为依托，支持嵌入式整合、馆间协作、文献资源跨馆调度，支持对云服务的整合。

③ 应用共享服务

包括基于 SaaS 模式的应用软件租用服务、基于 OpenSocial gadget 的应用组件共享、其他程序模块／代码的共享等。

④ 跨域的资源整合和系统互操作

CALIS 提供的数字图书馆云服务解决方案能实现国家中心、省中心、图书馆之间的三级互联互通，能方便实现图书馆混合云。各个省中心或区域图书馆联盟利用 CALIS 平台很容易构建区域性数字图书馆，并能与 CALIS 国家中心和成员馆实现相互集成，实现区域范围内的资源共建、共享。

4. 高校图书馆使用 CALIS 云服务方式

① 中心级云服务租用模式

使用／租用 CALIS 中心云平台提供的服务，包括全局租用服务、数据／知识共享和个性化服务（Global、Local）、业务与业务支撑服务、接口服务等。

② 共享域级云服务租用模式

从共享域平台租用至少一个应用软件。

③ 本地模式

在图书馆部署 CALIS 本地平台，对原有本地系统进行改造（包括开放部分 API，支持相关标准规范等），并实现多层次集成（包括统一认证／联合认证集成、数据异步交换、数据实时传输、内嵌式集成等）。

利用 CALIS 本地平台，通过对图书馆原有系统进行改造（以支持 CALIS 相关接口规范），与 CALIS 共享域云服务平台、CALIS 国家中心云服务平台实现集成，图书馆能很方便地构建自己的混合云，实现高校读者在 CALIS 国家云中心、省级云中心、图书馆本地系统之间及跨域的统一认证和单点登录，实现中心服务在本地的内嵌式集成，实现图书馆之间的协作服务，实现高校资源在 CALIS 三级服务体系中的资源交换和共享。

5. CALIS 各级平台之间的统一认证、馆际互借调度与结算

在上述三级平台的互联中，CALIS 通过建立国家级馆际互借调度与结算中心，并由各馆部署 CALIS 馆际互借与文献传递系统 ILL 本地版或租用 CALIS 共享域云服务中心提供的 ILL 租用版，能实现全国高校范围内文献资源的自动调度和结算，即调度中心能根据需求馆对文献的实际要求，自动寻找合适的文献服务提供馆，将文献自动发送给最终读者，同时自动完成结算，形成智能化的 CALIS 全国文献传递服务网络。

CALIS 数字图书馆云服务平台作为构建大型分布式的高校数字图书馆公共服务网络体系的基础性平台，为区域或学科型的图书馆联盟的公共云和图书馆混合云的构建以及跨域整合提供了有效的解决方案，能将分布在互联网中各个区域中心和图书馆的资源和服务整合成为一个整体，支持成员馆之间透明的服务协作和资源获取，支持馆际协作的社会网络的构建，支持多馆资源的共建和共享。

对于高校数字图书馆服务体系而言，云计算的最大价值在于能让 CALIS 各类共享域和成员单位快速建立和完善自己的数字图书馆平台，降低数字图书馆系统的管理难度和维护成本，专注于图书馆业务和服务，开展服务创新，方便整合各类云服务，形成学科性、区域性和全国性的协作和共享，大大提高中国高等教育数字图书馆整体服务水平，为用户提供更好的资源个性化定制和推送服务，提高资源利用率，共同为高校师生提供更优质的资源和服务。一

年多来的实践表明，唯有利用云计算，才能在较短时间内实现服务于全国 2000 所高校馆及其读者的 CALIS 三期建设目标。

8.5 物联网

物联网的基本思想出现于 20 世纪 90 年代末，作为一个新兴的信息技术领域，物联网引起了各国政府、学者及相关企业的极大关注。

8.5.1 物联网的概念和基本特征

1. 物联网的概念

目前，国内外对物联网尚没有一个统一的标准定义，比较公认的定义是：通过射频识别技术、传感器技术、智能嵌入技术、全球定位系统、激光扫描器等信息设备，按约定协议将任何物品与互联网连接以进行物品标识、感知、信息处理、通信，实现对物品及物物之间智能化识别、定位、跟踪、监控和管理的一种网络。

物联网的核心是实现事物（包含人）之间的互联，从而能够实现所有事物之间主动的信息交换和通信，物体的信息通过网络传输到信息处理中心后可实现各种信息服务和应用。

2. 物联网的基本特征

（1）全面感知

利用射频识别、二维码、传感器等感知、捕获、测量技术随时随地对物体进行信息采集和获取。

（2）可靠传送

通过将物体接入信息网络，依托各种通信网络，随时随地进行可靠的信息交互和共享。

（3）智能处理

利用各种智能计算技术，对海量的感知数据和信息进行分析并处理，实现智能化的决策和控制。

3. 物联网的信息功能

按照信息科学的观点，围绕信息的流动过程，可以抽象出物联网的信息功能模型，以便更清晰地描述物联网的关键环节。以下是物联网的 4 个信息功能。

（1）信息获取功能

包括信息的感知和信息的识别，信息感知指对事物状态及其变化方式的敏感和知觉，而信息识别指能把所感受到的事物运动状态及其变化方式表示出来。

（2）信息传输功能

包括信息发送、传输和接收等环节，最终完成把事物状态及其变化方式从空间（或时间）上的一点传送到另一点的任务，这就是一般意义上的通信过程。

（3）信息处理功能

指对信息的加工过程，其目的是获取知识，实现对事物的认知以及利用已有的信息产生新的信息，即制定决策的过程。

（4）信息施效功能

指信息最终发挥效用的过程，具有很多不同的表现形式。其中最重要的就是通过调节对象事物的状态及其变换方式，使对象处于预期的运动状态。

8.5.2 物联网的关键技术

国际电联报告提出物联网主要有 4 个关键性的应用技术：标签事物的 RFID、感知事物的传感网络技术（Sensor technologies）、思考事物的智能技术（Smart technologies）、微缩事物的纳米技术（Nanotechnology-RFID）。

1. 射频识别（Radio Frequency Identification，RFID）

RFID 是一种非接触式的自动识别技术，通过射频信号自动识别目标对象并获取相关数据，识别过程无需人工干预，可工作于各种环境下。RFID 技术可识别高速运动物体并可同时识别多个标签，操作快捷方便。RFID 技术与互联网、通信等技术相结合，可实现全球范围内物品跟踪与信息共享。

2. 传感器网络与监测技术

传感器是机器感知物质世界的"感觉器官"，可以感知热、力、光、电、声、位移等信号，为网络系统的处理、传输、分析和反馈提供最原始的信息。无线传感器网络是集分布式信息采集、信息传输和信息处理技术于一体的网络信息系统。物联网正是通过遍布在各个角落和物体上的形形色色的传感器以及由它们组成的无线传感器网络，来最终感知整个物质世界的。

3. 智能技术

智能技术是为了有效地达到某种预期的目的，利用知识所采用的各种方法和手段。通过在物体中植入智能系统，可以使物体具备一定的智能性，能够主动或被动地实现与用户的沟通。

4. 纳米技术

纳米技术是研究结构尺寸在 0.1～100mm 范围内材料的性质和应用。使用传感器技术就能探测到物体的物理状态，物体中的嵌入式智能能够通过在网络边界转移信息处理能力而增强网络的威力，而纳米技术的优势意味着物联网当中体积越来越小的物体能够进行交互和连接。

8.5.3 RFID 图书馆应用

如前所述，RFID 射频识别是一种非接触式的自动识别技术，它通过射频信号自动识别目标对象并获取相关数据，识别工作无需人工干预，可工作于各种恶劣环境。RFID 技术可识别高速运动物体并可同时识别多个标签，操作快捷方便。

RFID 是一种简单的无线系统，只有两个基本器件，该系统用于控制、检测和跟踪物体。一套完整的 RFID 系统由阅读器（Reader）与电子标签（TAG）也就是所谓的应答器（Transponder）及应用软件系统三个部分所组成，其工作原理是 Reader 发射一特定频率的无线电波能量给 Transponder，用以驱动 Transponder 电路将内部的数据送出，此时 Reader 便依次接收解读数据，送给应用程序做相应的处理。

RFID 系统在图书馆的应用已经有了 10 年左右的历史。据 Checkpoint 统计，截至 2007 年全球有超过 2000 家图书馆采用了 RFID 技术。新加坡国家图书馆是亚洲最早使用 RFID 技术的代表，可以说图书馆采用 RFID 已经是比较成熟的产品，正在推动着图书馆自动化事业的发展。在国内，集美大学诚毅学院图书馆是国内首个部署 RFID 系统的图书馆，已于 2006 年 2 月投入使用，它是 RFID 在中国图书馆应用的里程碑。国家图书馆、杭州图书馆均在 2008 年进行了 RFID 系统的项目部署，并投入使用。越来越多的图书馆已认识到 RFID 给图书馆带来的变革，国内大部分公共图书馆和高校图书馆均已开始规划 RFID 系统。RFID 图书管理系统硬件部分一般由图书管理系统服务器、制作工作站、电子标签、电子侦测门、柜台工作站、自助借还书机、自助还书箱、盘点工作站、智慧书架等几部分组成。智能管理软件应用系统应包括手持设备查询系统、馆员工作站应用功能集成系统、RFID 标签初始化转换系统、读者自助借阅及借还系统、顺架及盘点系统、安全管理系统。物联网技术在数字图书馆服务中发挥了重要作用，极大地深化了数字图书馆服务的深度，为用户在信息资源的获取等方面提供便捷。RFID 智能图书馆管理的系统结构，如图 8-4 所示。

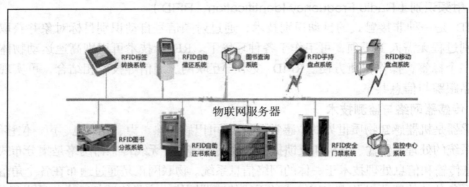

图 8-4　RFID 智能图书馆管理的系统结构示意图

8.6　MOOC

8.6.1　MOOC 的概念及其特征

1. MOOC 的概念

所谓 MOOC（慕课）是 Massive（大规模的）、Open（开放的）、Online（在线的）、Course（课程）四个词的缩写，意为大规模的网络开放课程；指课程提供方将课程的相关资源，如视频、学习材料等置于特定的网络平台，供注册者学习，并开辟相应的渠道供学习者相互交流、讨论，教师负责答疑辅导，最后通过某种形式的考试进行学业测评并为成绩合格者颁发相应证书。MOOC 是加拿大学者戴维·科米尔（Dave Cormier）和布莱恩·亚历山大（Bryan Alexander）于 2008 年首次提出的课程概念。2011 年，斯坦福大学的萨巴斯坦·斯朗（Sebastian Thrun）和彼得·诺威（Peter Norvig）采用 MOOC 的形式推出一门名为《人工智能导论》的课程，吸引了大约 16 万人注册学习；该校稍后推出的《机器学习》和《数据库导论》两门课程也分别有 10 万和 9 万人注册学习。MOOC 由此受到社会各界的广泛关注，众多教育机构纷纷参与到大规模开放式网络课程的建设中。目前，提供 MOOC 资源的教育平台主要有 Coursera、edX 和 Udacity 三大巨头，吸引了众多世界顶尖高校参与其中。随着网络技术的发展，MOOC 以其区别于传统课堂教学和普通网络课程的独特优势，受到越来越多学习者的青睐，在教育领域发挥着更大的作用。

2. MOOC 的特征

作为一种新兴的网络教育模式，MOOC 既不同于传统的课堂教学形式，又与普通的网络课程存在显著差异，呈现鲜明特征。

（1）可扩张性

MOOC 的可扩张性特征是指其教育规模不受空间限制，可根据注册人数的增加而不断扩充教育容量。该特征由两方面因素决定：一方面，作为一种网络教育模式，MOOC 得益于具有无限空间的网络平台，相对于传统课堂具有无可比拟的空间优势，因而在单一课程的教育容量上具有无限扩张的特性；另一方面，由于 MOOC 提供者无法准确预测课程学习者的数量，因而必须赋予 MOOC 无限扩充容量的特性。正是因为 MOOC 具有传统课堂所不具备的可扩张性特征，许多在线课程能容纳成千上万名学习者同时进行同一课程的学习，一些顶尖大学的知名课程教学规模更是达到惊人的程度。例如，世界三大 MOOC 供应平台之一、由麻省理工学院和哈佛大学联合建立的 edX 于 2012 年 3 月推出首个在线课程《电路与电子》，吸引了来自全世界 160 多个国家的 154763 人注册学习。MOOC 的可扩张性大大拓展了单一课程的容量，提高了教育资源特别是优质教育资源的利用效率。在教育资源供需矛盾日趋紧张的时代，无论对于政府还是学习者个人，MOOC 都将成为重要的选择对象。

（2）开放性

开放性是指 MOOC 提供方将课程相关资源置于特定的网络空间内，任何人都可注册学习。MOOC 的开放性主要体现为两点：一是空间的开放性，即 MOOC 的资源大多呈现在相应的网络平台上，人们只要具备该网络平台所需要的基本软硬件条件即可注册学习；二是学习人员的开放性，指 MOOC 没有限制学习者的身份，无论是否本校学生，无论国籍和年龄，只要对该课程感兴趣，就可以注册学习。世界知名 MOOC 供应平台 edX 在其网站介绍中清晰地表明了开放性这一基本特征："我们提供最优秀的在线高等教育，为任何希望成就自我、不断进步的人提供发展机会。"

（3）交互性

交互性是指在 MOOC 教学过程中，教师和学生通过该课程提供的网络平台进行双向乃至多向交流的特性。MOOC 提供方充分运用现代网络通信技术，搭建社交网络平台，供教师和学生进行交流互动。MOOC 的这一特性增强了网络课程的情景性，使网络课程学习更加接近真实课堂教学，激发了学习者的积极性，提高了教学效果。2012 年 3 月，edX 开通了首个在线课程《电路与电子》，并为该课程配备由 4 位教师、5 位教学助理和 3 位实验助理组成的强大师资阵容，为教学过程中的辅导答疑奠定了良好的人员基础。此外，edX 还通过在线作业、学习论坛、考试等方式进行师生间的双向、多向交流和互动，为该课程营造了良好的学习氛围。课程结束后，MIT 和哈佛大学组建了一个由多位不同学科专家组成的研究团队。通过对该课程的实施情况进行评估，他们发现在该课程教学过程中，师生之间的交流互动次数达到 2 亿 3 千万之多。

（4）国际化

MOOC 的另一个重要特征是国际化。由于 MOOC 秉承开放性的教育理念，几乎所有的教学环节都通过网络进行，因而无论是课程提供方还是学习者，都呈现出明显的国际化特征。就课程提供方而言，世界各国的众多高校和教育培训公司已开始行动，希望在 MOOC 这一新兴领域占得先机。以 edX 为例，这个由美国哈佛大学和麻省理工学院主导的 MOOC 平台已经吸引了德国、加拿大、澳大利亚、荷兰、瑞典、瑞士、比利时、日本、韩国、印度等十几个国家和地区的 30 所高校参与其中。2013 年 5 月，清华大学和北京大学相继宣布加入 edX 平台，成为首批提供 MOOC 资源的中国大陆高校。就学习者而言，注册学习 MOOC 的学生也呈现出明显的国际化特征。例如，edX 开设的首门课程《电路与电子》的注册学习者就广泛分布在全世界 194 个国家和地区。

（5）自主性

MOOC 的自主性是指学习者在课程学习过程中，较少受外界的约束或影响，更多依靠个人的主观努力，或在学习者自主建立的学习社区的帮助下进行学习。由于 MOOC 注册者的学习动机源于对知识的兴趣与渴求，因而在课程学习中更能发挥主动性和积极性，而且对知识的共同兴趣又促使学习者更容易结成网络学习社区，以相互借鉴和交流。麻省理工学院在对已开设的 MOOC 进行分析时发现，学习者自主开发了许多工具和软件供大家使用，以共同解决在学习中遇到的各种问题，一个有序的学习生态社区正在逐步形成。

8.6.2 世界三大 MOOC 平台

1. Coursera 平台

（1）Coursera 平台简介

Coursera 平台（https://www.coursera.org）是由斯坦福大学计算机科学的两位教授安德鲁·吴和达芙妮·科勒于 2011 年年底建立的一个营利性 MOOC 运营机构。该机构与全球 20 多个国家和地区的 110 多所高等院校和科研机构合作，提供免费公开的在线课程。截至 2014 年 8 月，共有超过 900 多万的学习者在 Coursera 平台上学习，并且数量还在快速增长。Coursera 平台共建设了包括计算机科学、经济和金融、生命科学、人文、社会科学、医学、工程和教育等涵盖 25 个学科门类的 2202 门课程，并提供包括英语、汉语、西班牙语、法语、葡萄牙语等在内的 28 种语言。目前，Coursera 已经成为提供开放课程数量最多、规模最大、覆盖面最广的免费课程在线学习平台。

（2）Coursera 平台使用

下面以 Coursera 平台使用为例，其他 MOOC 平台可以类推。

① 打开 Coursera 平台首页，单击右上角的"注册"按钮，如图 8-5 所示。

图 8-5　Coursera 平台首页

② 在注册页面输入姓名和邮箱、密码，其中姓名会出现在你的课程学习档案或学习证书中，因此建议填写真名；接下来选择同意条款和条件，然后单击"注册"按钮，等收到注册成功的邮件后，就可以选课了，如图 8-6 所示。

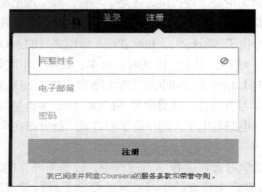

图 8-6　Coursera 平台注册界面

③ 登录 Coursera 平台，进入 Coursera 平台课程界面，如图 8-7 所示。

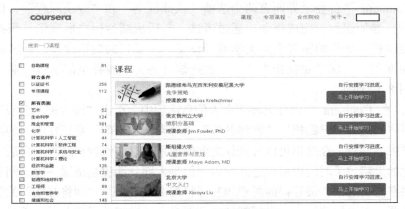

图 8-7　Coursera 平台课程界面

④ 搜索一个课程，通过搜索框来查找课程，如图 8-8 所示；也可以通过左边"语言"和"类别"的选项进行分类查找，如图 8-9 和图 8-10 所示；或直接在页面中给出的课程中挑选，如图 8-7 所示。

图 8-8　搜索框搜索

☑ **所有语言**		☑ **所有类别**	
☐ 英语	847	☐ 艺术	53
☐ 中文（简体）	62	☐ 生命科学	131
☐ 西班牙语	54	☐ 商业和管理	170
☐ 法语	35	☐ 化学	32
☐ 葡萄牙语	33	☐ 计算机科学：人工智能	44
☐ 中文（繁体）	29	☐ 计算机科学：软件工程	74
☐ 俄语	26	☐ 计算机科学：系统与安全	41
☐ 中文	18	☐ 计算机科学：理论	64
☐ 意大利语	8	☐ 经济和金融	127
☐ 乌克兰语	6	☐ 教育学	123

图 8-9　语言选项搜索　　　　　　　图 8-10　类别选项搜索

⑤ 以"杰斐逊时代"课程为例，单击该课程的标题，你会看到该课程的详细介绍，如图 8-11 所示。

图 8-11　课程介绍页面

⑥ 如果想继续，那么只需单击"开始学习"按钮，就可以开始学习了。

⑦ 在 Coursera 平台登录界面有两个选项"认证证书"和"专项课程"，认证证书课程可以通过付费，参加课程，完成作业，通过考试，最后成绩达标之后拿到一张拥有效力的证书；对于专项课程，如约翰霍普金斯大学就开设了一个系列的数据课程，难度从低到高，参加了这个专项课程，全部学完就相当于一个数据统计的大学教程全部学过一遍，当然这是要学费的，如图 8-12 所示。

⑧ 另外，在 Coursera 平台登录界面个人信息选项中，单击"课程控制面板"，会出现你选的课，按照"当前""已归档""即将开始"来分类，"当前"是正在学习的课程。"已归档"是已经结束的课程，在这里可以看到你之前的课程。许多课程在结束了之后，它的教学内容还在，因此如果错过了时间也可以进入学习。但是大部分课程在结课一段时间后就会全部关闭，所以如果有需要的话，最好提前把视频和资料都下载下来。"即将开始"的课程，都有标注还有多久开课，可以提前加入，订阅邮件，开课时会通过邮件提醒上课。不过，因为开课的学校在全球各地，因此很多时候这里的时间是不对的，需要我们自行换算时区，如图 8-13 所示。

图 8-12　认证证书和专项课程选项

图 8-13　个人信息选项

2. edX 平台

EdX 平台（https://www.edX.org）是由麻省理工学院和哈佛大学在 2012 年 5 月共同创建的 MOOC 非营利性组织。edX 的目标是与世界一流的名校合作，建设全球范围内含金量和知名度最高的在线课程 MOOC，提高教学质量，推广网络在线教育。edX 的课程内容来自于MITx、Harvardx、Berkeleyx、UTx 和其他学校的交互式在线课程和 MOOC，如图 8-14 所示。目前，该平台主要采用开源软件开发，提供计算机科学、电子学、化学、金融和工程等 30个学科门类 475 门课程。截至 2013 年 10 月，共有 29 所教育机构参与 edX，包括中国的 4所院校，分别为清华大学、北京大学、香港大学、香港科技大学，注册学员超过 90 多万人。

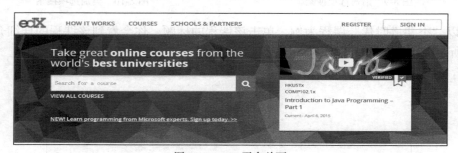

图 8-14　edX 平台首页

3. Udacity 平台

Udacity 平台（https://www.udacity.com）是 3 个 MOOC 平台中创建最早的一个，是由斯坦福大学的 3 位教授塞巴斯蒂安·特龙、大卫·史蒂文斯和迈克·索科尔斯基共同创建的

MOOC 营利性组织。Udacity 最早源于塞巴斯蒂安·特龙、彼得·诺维格把他们的课程"人工智能导论"通过互联网免费共享。当时，就有来自 190 多个国家、超过 16 万名学生注册并在线免费学习。Udacity 的发展方向以问题解决型课程为主，包括科学、技术、工程和数学领域，上课方式和学习时间灵活，不受限制，如图 8-15 所示。目前，该平台已经建设了计算机科学、数学和物理等方面的 71 门课程。

图 8-15　Udacity 平台首页

8.6.3　国内 MOOC 平台

1. 中国大学 MOOC

中国大学 MOOC（http://www.icourse163.org）是由"网易云课堂"与教育部"爱课程网"（国家精品开放课程共享系统）携手推出的在线教育平台，承接教育部国家精品开放课程任务，向大众提供中国顶尖高校的 MOOC 课程，如图 8-16 所示。在这里，每一个有意愿提升自己的人都可以免费获得最好的高等教育。学生修完课程后由学校和授课老师联合颁发证书，证书将考虑通过权威认证和身份识别，将教学、学分与就业紧密结合，其本地化的教学模式更加符合中国学生的学习习惯和教学模式。

图 8-16　中国大学 MOOC 平台首页

中国大学 MOOC 提供线上开放考试，学习过程中必须提交作业，参加教师设定的互评任务和讨论。平台课程团队将根据最后得分判断是否颁发证书。在获得结业证书的基础上，表现优异的学生将获得杰出证书。

2. 学堂在线

学堂在线（http://www.xuetangx.com）是清华大学基于 edX 开放源代码研发的中文在线教育平台，合作伙伴包括北京大学、浙江大学等部分 G9 联盟高校；面向全球免费提供在线课程，已初步完成中文本地化；除了 edX 本身的视频、考试等功能外，还增加了许多新的功能，开发了不依赖 YouTube 的 HTML5 视频播放器，建立了系统性的测试框架；引进 edX 上的国外热门课程并做了翻译字幕；关键词检索可以直接定位到视频中的内容；编程作业自动评分，解决了万人大课堂的评分问题；可视化公式编辑，手写汉字与公式识别解决了理工科网上教学一大难题，如图 8-17 所示。

图 8-17　学堂在线平台首页

学堂在线直接对社会开放，所有人均可注册学习，并且单纯学习过程完全免费。平台分为在线学习系统和课程管理系统，系统会根据听课进度给出练习题目及评分；教师则可通过系统及时查看学习反馈情况，上传上课视频、添加教学资料及练习题。清华大学已使用学堂在线支撑校内课堂教学。

3. 好大学在线

好大学在线（http://www.cnmooc.org/home/index.mooc）由上海交通大学自主研发，并与百度合作，应用云技术建立了基于云题库的练习和测试系统，如图 8-18 所示。支持课程成绩设定及学习成绩自动统计，具有学生的作业自评与互评功能，部分实现了针对移动智能设备的 MOOC 课程学习应用 APP；最初是东南部 19 所高校 MOOC 联盟的官方网站，现在又有华南、西北、北京等地的全国共 33 所高校参加。

图 8-18　好大学在线平台首页

好大学在线也对社会开放，按春秋学季分别开设课程。最终的综合成绩通过者，可向该平台申请相关证书认证。加盟合作院校的在校生，若该课程符合其学校当下学期的选修课计划，且综合成绩通过，则可向其所在学校申请学分认证。

4. 东西部高校课程共享联盟

东西部高校课程共享联盟（WEMOOC）（http://www.zhihuishu.com/ableucc/union/pages/Unionhome/unionhome.jsp）由重庆大学发起，如图8-19所示。目前加盟的高校已有中国人民大学等73所，联盟的特色是校际校区课程视频共享。平台采用混合式教学，分为3种基本模式：第一种模式由直播课堂大班授课，本校小班课堂研讨，在线课堂进阶式学习。第二种模式由本地课堂大班授课小班研讨，在线课堂进阶式学习。第三种模式是直接进行在线课堂进阶式学习和在线课堂研讨。3种模式均有辅导、作业和考试，采用何种模式授课由主讲教师决定。联盟内部各高校承认共享课程的考核成绩，并记载于学生的成绩档案中。联盟内部学生可以选修所有课程，免交选课费，课程费用由参与高校按照联盟制定的规则结算。

图8-19 东西部高校课程共享联盟平台首页

东西部高校课程联盟主要采用网络直播课堂的形式，有一部分为认证课程。学生使用校内的选课系统按规定选课，免费参加，考核方式包括在线学习测试、见面课考核（出勤情况和课堂表现）、期末考试（线上和线下）3部分，完成考试后可向所在学校教务处申请学分认证。如果平台课程学习进度在某个截止时间为零，系统则自动对学生做退课处理。直播课堂教师为了照顾线上同学，其讲课速度和课程灵活性在一定程度上受到约束，可能影响本地学生的学习效果。

8.6.4 选课平台

国内公司与国外MOOC课程平台的合作先锋：果壳网和网易——主要和Coursera合作。

1. MOOC学院

MOOC学院（http://mooc.guokr.com）隶属于果壳网，是一个专门讨论MOOC课程的典型的网络学习社区，如图8-20所示。它将具有三驾马车之称的Coursera、Udacity、edX课程平台的所有课程收到旗下，并翻译了多数课程的课程简介，以便国内用户了解。由于使用果壳网学习的用户本来就很多，因此它成为国内最大的MOOC课程讨论社区。用户可以在MOOC学院给上过的MOOC课程点评打分，还可以与其他学习者共同探讨课程问题，整理课上记录的笔记等。MOOC有两个特点。

（1）定位和功能定位：MOOC学院不直接收录课程内容，用户在其他课程平台学习，然后在MOOC学院讨论、点评和记录课程。MOOC学院的功能是帮助学习者发现课程，交流互动。用户可以在课程讨论平台上点评已学过的课程，供后来的成员参考以决定是否选择该课程；也可以在笔记模块记录作业、上传资料和发表学习体会，同其他学习者分享知识、答疑、探究问题等交互活动；还可以在课程讨论区或综合讨论区发帖，探讨学习课程过程中遇到的疑难问题。

图 8-20　MOOC 学院平台首页

此外，用户还能在课程列表中关注自己喜欢的新课程。MOOC 学院希望做到，学习者在MOOC 课程平台听完课后，无论身在何处，就像在大学一样，找到一间教室和一群同学，用中文与同学们轻松愉快地探讨和分享学习内容，相互交流、帮助，以达到对课程的深入理解。

（2）字幕组相关：MOOC 学院的热心用户共同组建了一个字幕小组，叫作"果壳教育无边界"，翻译各大 MOOC 平台上的课程，以方便国内用户学习。

目前 MOOC 学院有 3 个主要模块，一是"课程区"，以课程为基本单元，聚合了该课程的中文简介、学习笔记、课程点评，通过这些基本信息，可以让学习者对该门课程有初步了解，还可以找到兴趣相投的同学；二是"讨论区"，用户可以用发帖、回帖的形态与大家展开关于课程疑问或心得的讨论，同时还有官方征集翻译课程的字幕组、线下活动、晒结课证书等内容；三是"笔记"，汇集了所有课程的笔记，并以文档的形式呈现在网站首页。

2．网易公开课

网易公开课（http://open.163.com）是网易于 2010 年 11 月推出的"全球名校视频公开课项目"，首批 1200 集课程上线。用户可以在线免费观看来自世界级名校的公开课课程，如图8-21 所示。多数课程经过翻译之后，都有中英文字幕。2011 年网易公司加入国际开放课件联盟，力求为爱学习的网友创造一个公开的免费课程平台。目前除国际名校公开课外，网易公开课新增了国内大学视频公开课、TED 演讲（Technology Entertainment Design，即技术、娱

图 8-21　网易公开课平台首页

乐、设计）和可汗学院（可汗学院是由孟加拉裔美国人萨尔曼·可汗创立的一家教育性非营利组织，旨在利用网络影片进行免费授课）3 个栏目，除中国大学视频公开课只能在线观看外，其他课程内容既可以在线观看，也可以下载。

国际名校公开课是网易公开课最早的服务内容，收集了耶鲁大学、斯坦福大学、牛津大学、麻省理工学院、巴黎高等商学院 5 所大学的部分公开课程，并翻译成中文。这些课程分为人文科学、社会科学和自然科学 3 个大类，其下设 23 个小类，共 424 门课程。课程可按学校或者学科分类进行浏览。目前，网易公开课收集了中国大学视频公开课 809 门课程，课程来自浙江大学、武汉大学、山东大学、东北大学、中国人民大学、吉林大学、北京航天航空大学、复旦大学、南开大学和北京大学 10 所大学，可分为文学艺术、哲学历史、经管法学、基础科学、工程技术和农林医药 6 个类目，并设特别栏目：师说微访谈。此外，网易公开课收集了 TED 共 1353 门课程；收集了可汗学院（Khan Academy）63 门课程，内容涉及关于数学、科学、金融经济、考试准备和人文等科目。

参考文献

[1] 艾媒咨询集团. 2013 中国微信公众平台用户研究报告[EB/OL]. [2013 – 06 – 07]. http://wenku.it168.com/d_0001049072.shtm.

[2] 卜欣欣. 环境科学信息资源检索[M]. 北京：中国环境科学出版社，2012.

[3] 蔡翠平等. 计算机网络应用技术[M]. 北京：北方交通大学出版社；北京：清华大学出版社，2002.

[4] 蔡金燕. 国内外开放课程资源的调查与分析[J]. 新世纪图书馆，2013，07:31-34.

[5] 蔡丽萍. 文献信息检索教程[M]. 北京：北京邮电大学出版社，2013.

[6] 曹彩英. 科技信息资源检索[M]. 北京：海洋出版社，2013.

[7] 柴晓娟. 网络学术资源检索与利用[M]. 南京：南京大学出版社，2009.

[8] 陈炽，陈楚立，钟建华. 微信营销实战宝典[M]. 广州：广东经济出版社，2013.

[9] 陈春阳. 对互联网搜索引擎的初步认识[J]. 硅谷，2009（10）.

[10] 陈氢等. 信息检索与利用[M]. 北京：清华大学出版社，2012.

[11] 陈树年. 大学文献信息检索教程[M]. 上海：华东理工大学出版社，2006.

[12] 陈蔚杰等. 信息检索与分析利用[M]. 北京：清华大学出版社，2013.

[13] 陈盈. 微信公众平台及其在图书馆移动服务中的应用与研究[J]. 科技情报开发与经济，2014（09）.

[14] 程发良，陈伟. 信息资源检索与利用[M]. 北京：国防工业出版社，2011.

[15] 崔旸等. 搜索引擎的工作机理及发展前景[J]. 科技资讯，2007（6）.

[16] 笪佐领. 网络信息检索及应用教程[M]. 南京：南京大学出版社，2011.

[17] 邓发云. 信息检索与利用[M]. 北京：科学出版社，2013.

[18] 邓学军等. 科技信息检索[M]. 西安：西北工业大学出版社，2006.

[19] 丁琳. 网虫 QQ[M]. 北京：海洋出版社，2003.

[20] 董素音，蔡莉静. 机电信息检索与利用[M]. 北京：海洋出版社，2008.

[21] 方东权，王琼. 现代图书馆及数字资源利用[M]. 北京：中国书籍出版社，2013.

[22] 费业昆. 信息检索综合教程[M]. 北京：中国电力出版社，2013.

[23] 奉国和. 数字图书馆[M]. 北京：北京大学出版社，2013.

[24] 符绍宏等. 因特网信息资源检索与利用[M]. 北京：清华大学出版社，2005.

[25] 高祀亮，顾海明. 人文社科信息检索[M]. 北京：社会科学文献出版社，2010.

[26] 郭爱章等. 网络应用与综合信息检索[M]. 北京：清华大学出版社，2014.

[27] 郭振安. 网络信息资源重组理论与实践[M]. 北京：兵器工业出版社，2004.

[28] 韩翠峰. 大数据带给图书馆的影响与挑战[J]. 图书与情报，2012，05:37-40.

[29] 好大学在线[EB/OL]. http://www.cnmooc.org/home/index.mooc. 2015-04-09.

[30] 何立民. 知识信息的获取与利用[M]. 北京：科学普及出版社，2009.

[31] 何燕，何天云. 信息检索教程[M]. 北京：人民邮电出版社，2011.

[32] 洪全，金渝光，伍雪梅，周洪力等. 信息检索与利用教程[M]. 北京：清华大学出版社，2009.

[33] 洪全. 信息检索与利用[M]. 北京：人民邮电出版社，2011.

[34] 胡春等. 现代信息检索教程[M]. 北京：北京交通大学出版社，2008.

[35] 胡光林等. 电子文献检索教程[M]. 北京：北京理工大学出版社，2010.

[36] 胡琳等. 现代信息检索[M]. 北京：科学出版社，2012.

[37] 黄军左. 文献检索与科技论文写作[M]. 北京：中国石化出版社，2010.

[38] 计斌. 信息检索与图书馆资源利用[M]. 北京：人民邮电出版社，2013.

[39] 江波，覃燕梅. 基于微信的移动图书馆 APP 服务系统设计与实现[J]. 现代情报，2013（6）:4.

[40] 蒋宏. 新媒体导论[M]. 上海：上海交通大学出版社，2006.

[41] 金秋颖，李瑞斌. 信息资源检索与利用[M]. 北京：石油工业出版社，2014.

[42] 金泽龙. 信息情报与检索[M]. 广州：华南理工大学出版社，2008.

[43] 靳小青. 医学文献检索[M]. 北京：人民邮电出版社，2010.

[44] 晶辰创作室. 如何在因特网上聊天打电话[M]. 北京：科学普及出版社，2009.

[45] 来玲，庞恩旭，吴凤玉. 信息资源检索与利用[M]. 大连：东北财经大学出版社，2011.

[46] 李开复. 微博改变一切[M]. 上海：上海财经大学出版社，2011.

[47] 李武. 开放存取出版的两种主要实现途径[J]. 大学图书馆学报，2005（4）.

[48] 李宪莉，李超，玩转我的乐 PAD，机械工业出版社，2012.

[49] 梁国杰. 文献信息资源检索与利用[M]. 北京：海洋出版社，2011.

[50] 梁平等. 网络信息资源理论与实践研究[M]. 北京：中国书籍出版社，2012.

[51] 梁平等. 网络信息资源优化配置研究[M]. 北京：中国书籍出版社，2013.

[52] 梁晓天. 信息检索基础教程[M]. 北京：科学出版社，2011.

[53] 林刚. 新媒体概论[M]. 北京：中国传媒大学出版社，2014.

[54] 刘红光，周金元. 科技信息检索与利用[M]. 南京：东南大学出版社，2004.

[55] 刘培兰. 现代信息检索与利用教程[M]. 北京：北京交通大学出版社，2009.

[56] 刘霞等. 网络信息检索[M]. 北京：清华大学出版社，2011.

[57] 刘英华，赵哨军，汪琼. 信息资源检索与利用[M]. 北京：化学工业出版社，2007.

[58] 吕珂. 概述网络环境下信息资源的种类和特点[J]. 教育前沿•理论版，2011（3）.

[59] 马费成，宋思梅. 《信息管理学基础》案例与实验教程[M]. 武汉：武汉大学出版社，2012.

[60] 孟小峰，慈祥. 大数据管理：概念、技术与挑战[J]. 计算机研究与发展，2013，01:146-169.

[61] 乔好勤，冯建福，陈爱军. 文献信息检索与利用第 2 版[M]. 武汉：华中科技大学出版社，2013.

[62] 乔颖. 信息检索实用指南[M]. 北京：中国农业科学技术出版社，2013.

[63] 饶宗政. 现代文献检索与利用[M]. 北京：机械工业出版社，2012.

[64] 沈固朝. 信息检索多媒体教程[M]. 北京：高等教育出版社，2002.

[65] 史维. 网络信息检索工具浅析[J]. 科技情报开发与经济，2010（11）.

[66] 孙培梁. 社区矫正信息化[M]. 武汉：华中科技大学出版社，2013.

[67] 图书馆[DB/OL]. 中国大百科网，2012. 6.

[68] 万川梅. 云计算应用技术[M]. 成都：西南交通大学出版社，2013.

[69] 王春梅等. 文献信息检索与知识建构[M]. 北京：高等教育出版社，2012.

[70] 王弘，张著. 玩转微博个人、企业、政府微博实用指南[M]. 北京：机械工业出版社，2012.

[71] 王建娟. 中国高校移动图书馆服务研究[D]. 郑州大学，2013.

[72] 王靖会. 信息检索与应用[M]. 北京：北京理工大学出版社，2012.

[73] 王良超，高丽. 文献检索与利用教程[M]. 北京：化学工业出版社，2014.

[74] 王明华. 搜索引擎检索网络信息的方法和技能运用分析[J]. 科技情报开发与经济，2005（6）.

[75] 王庆民. 互联网搜索引擎的发展[J]. 应用和特点. 农业网络信息，2009（5）.

[76] 王永华. 美国 Coursera、Udacity 和 edX 三大 MOOCs 网络教学平台的分析与比较[J]. 吉林省教育学院学报（下旬），2015，02:25-26.

[77] 网易公开课[EB/OL]. http://open.163.com.2015-04-09.

[78] 文远竹. 转型中的微力量：微博公共事件中的公众参与. 世界图书出版广东有限公司，2014. 01-4.

[79] 翁永卫，蒋媛媛. 现代文献信息检索教程[M]. 合肥：安徽大学出版社，1997.

[80] 吴朝晖，陈华钧. 空间大数据信息基础设施[M]. 杭州：浙江大学出版社，2013.

[81] 伍雪梅. 信息检索与利用教程[M]. 北京：清华大学出版社，2014.

[82] 谢德体，陈蔚杰. 信息检索与分析利用[M]. 北京：科学出版社，2010.

[83] 新思维工作室. QQ 全攻略[M]. 北京：北京希望电子出版社，2003.

[84] 徐魁鸿. MOOC 内涵、特征及其对我国终身教育的启示[J]. 职业技术教育，2014，28:60-63.

[85] 徐庆宁，陈雪飞. 新编信息检索与利用[M]. 上海：华东理工大学出版社，2014.

[86] 徐勇等. 网络开放存取期刊数据库的分析与利用[J]. 浙江高校图书情报工作，2008（8）.

[87] 许忠锡等. 信息检索与利用新编教程[M]. 杭州：浙江大学出版社，2007.

[88] 学堂在线[EB/OL]. http://www.xuetangx.com.2015-04-09.

[89] 杨丽娟，曾家琳. 辽宁省高校共建 MOOC 平台运营模式及策略[J]. 图书馆学研究，2015，04:51-54.

[90] 杨青等. 信息检索与利用[M]. 北京：人民邮电出版社，2012.

[91] 叶勤. 农业信息检索[M]. 北京：高等教育出版社，2006.

[92] 佚名. 新媒体[EB/OL]. [2015-0407]. http://baike.baidu.com/link?url=yibNHYas7A0Q1q4_shFcXRMqd ORpNv9ZAhVFC3-vG6SNsZF3EjLKr8JkoONlin2FCZFglR0cpSmwY0EoXXmLsOGL5vz-WfyaUlhcJ7FAldG.

[93] 殷俊等. 新媒体产业导论基于数字时代的媒体产业[M]. 成都：四川大学出版社，2009.

[94] 于光. 信息检索[M]. 北京：电子工业出版社，2010.

[95] 于新国. 现代文献信息检索实用教程（第 2 版）[M]. 北京：石油工业出版社，2012.

[96] 袁润，沙振江. 大学生信息素质初级教程[M]. 镇江：江苏大学出版社，2013.

[97] 袁新芳，武伯军. 科技信息检索[M]. 徐州：中国矿业大学出版社，2011.

[98] 曾健民. 信息检索技术实用教程[M]. 北京：清华大学出版社，2012.

[99] 曾祥云. 信息检索基础[M]. 成都：四川科学技术出版社，2005.

[100] 张厚生. 信息检索（第 4 版）[M]. 南京：东南大学出版社，2006.

[101] 张怀涛等. 信息检索新编[M]. 武汉：武汉大学出版社，2012.

[102] 张树忠等. 信息检索与利用[M]. 南京：东南大学出版社，2012.

[103] 张旭，罗诗妍，金京培，裴海英. 移动互联网跨媒体信息检索技术[J]. 数字通信. 2013（01）.

[104] 张志军等. 文献信息检索与利用新编[M]. 长春：吉林大学出版社，2012.

[105] 张志强等. 加强科技信息资源共建共享[J]. 支撑区域科技自主创新发展. 甘肃科技，2007（7）.

[106] 赵黎. 玩转微信实用攻略[M]. 北京：石油工业出版社，2013.

[107] 赵生让. 信息检索与利用[M]. 西安：西安电子科技大学出版社，2013.

[108] 赵岩碧. 信息检索原理与方法教程[M]. 北京：化学工业出版社，2005.

[109] 赵志坚. 网络信息资源组织和检索[M]. 北京：人民邮电出版社，2004.

[110] 郑珊珊. 高校移动图书馆服务评价研究[D]. 安徽大学，2014.

[111] 郑晓琳等. 一种异构系统间的通信平台的设计与实现[J]. 科技资讯. 2007（6）.

[112] 郑瑜等. 信息检索教程[M]. 北京：人民邮电出版社，2012.

[113] 郑云武等. 现代信息检索教程[M]. 北京：人民邮电出版社，2012.

[114] 中国大学 MOOC[EB/OL]. http://www.icourse163.org. 2015-04-09.

[115] 朱江岭. 网络信息资源检索[M]. 北京：海洋出版社，2010.

[116] 朱俊波等. 实用信息检索[M]. 成都：西南交通大学出版社，2007.

[117] 朱维. 2013 电脑上网完全自学手册. 北京：电脑报电子音像出版社，2013.

[118] 朱亚东. 移动搜索现状及发展趋势[J]. 科技创新导报. 2011（28）.

[119] 郑建明. 数字图书馆建设体制与发展模式[M]. 北京：科学出版社，2013.